P.31
새끼들을 등에 태운 **버지니아주머니쥐**

옹기종기 모인 가족 **노랑반점바위너구리**

P.69
어미의 보살핌에서 독립하기까지
치타

P.96
새하얀 털을 가진 모자
북극곰

M!OVE 알아보자!
동물 패밀리

이 책에서는 다양한 포유류를 소개하고 있어요. 포유류는 새끼들에게 젖을 먹여 키우는 동물이에요. 그러니 이들과 육아는 떼려야 뗄 수 없는 밀접한 관계에 놓여 있지요. 여기서는 새끼와 함께 지내는 모습이 포착된 동물들의 모습을 소개할게요. 더 많은 정보는 본편에서 즐겨 주세요.

P.147
위험으로부터 새끼를 보호하는
사향소

P.178
새끼에게 기술을 전수하는
검은줄무늬카푸친

P.187
성체와 새끼는 다른 몸빛 **동부콜로부스**

감수 혼고 슌
교토대학 하쿠비 센터
아시아·아프리카 지역연구 연구과 특별 교사

감수 야마기와 주이치
종합 지구환경학 연구소 소장

움직이는 도감
MO!VE
동물
[포유류]

차례

움직이는 도감 MOVE **동물** [포유류]

동물 패밀리 ·· 앞면지
이 책의 사용법 ··· 4
포유류는 어떤 생물인가요? ······························ 6
대자연의 생활 ·· 8

혼고 박사의 해설! 다양한 환경에 서식하는 동물들
열대 우림의 동물들 ······································ 12
사바나의 동물들 ·· 14
사막의 동물들 ··· 16
툰드라의 동물들 ·· 18
일본 마을 근처 산의 동물들 ··························· 106

혼고 박사의 특별 리포트! 동물의 생태를 탐구하면 사냥꾼의 생활에 이른다?! ·········· 188

알려줘! 동물 칼럼
유대류 ·· 22
경우제목 고래류 ·· 152

단공목 동물 ·· 20

캥거루목 동물 ··· 23
캥거루 무리 ··· 23
코알라 등의 무리 ·· 26

주머니고양이목 동물 ···································· 30

반디쿠트목 동물 ··· 30
주머니두더지목 동물 ··································· 30
주머니쥐목 동물 ··· 31
장비목 동물 ··· 32
바다소목 동물 ·· 38
바위너구리목 동물 ······································ 40
관치목 동물 ··· 41
아프리카땃쥐목 동물 ··································· 42
코끼리땃쥐목 동물 ······································ 43
유모목 동물 ··· 44
개미핥기 무리 ··· 44
나무늘보 무리 ··· 46

피갑목 동물 ··· 48

진무맹장목 동물 ··· 50
두더지 무리 ·· 50
땃쥐 무리 ··· 52
솔레노돈 무리 ··· 54
고슴도치 무리 ··· 54

박쥐목 동물 ··· 56
소형 박쥐 ··· 56
큰박쥐 무리 ·· 60
일본에 서식하는 박쥐 무리 ··························· 62

유린목 동물 64	**날원숭이목 동물** 165
식육목 동물 66	**영장목 동물** 166
고양이 무리 66	로리스, 갈라고 무리 168
집고양이의 품종 79	여우원숭이 무리 170
몽구스 무리 80	안경원숭이 무리 174
사향고양이 등의 무리 82	사키원숭이 무리 175
하이에나 무리 83	마모셋원숭이 무리 176
개 무리 84	카푸친원숭이 무리 178
집개의 품종 92	올빼미원숭이 무리 179
곰 무리 94	거미원숭이 무리 180
레서판다 무리 100	긴꼬리원숭이 무리 182
미국너구리 무리 101	긴팔원숭이 무리 190
족제비, 스컹크 무리 102	사람 무리 192
물범 무리 108	**토끼목 동물** 200
바다코끼리, 바다사자 무리 112	토끼 무리 200
기제목 동물 114	우는토끼 무리 203
말 무리 114	**설치목 동물** 204
말의 품종 118	다람쥐 무리 204
맥 무리 119	산미치광이 무리 210
코뿔소 무리 120	쥐 무리 215
경우제목 동물 122	**색인** 222
낙타 무리 124	**계통수 포유류의 구분** .... 뒤면지
멧돼지 무리 125	
페커리 무리 126	
작은사슴, 사향노루 무리 127	
기린 무리 128	
가지뿔영양 무리 131	
사슴 무리 132	
소 무리 136	
소, 돼지의 품종 148	
염소, 양의 품종 149	
하마 무리 150	
이빨고래 무리 153	
수염고래 무리 160	
나무두더지목 동물 164	

이 책의 사용법

『MOVE 동물』 도감에서는 다양한 포유류의 특징을 '목'이라고 불리는 그룹으로 나눠 소개하고 있어요. 이 도감을 이용해 동물들의 재미를 찾아봅시다.

목
최신 분류 방법에 따라 25개의 '목'으로 나눠 소개해요. 목은 유전자나 겉모습 등의 특징을 기준으로 '과'라는 그룹으로 나뉘어요.

어떤 동물인가요?
감수자 혼고 슌 선생님이 각종 '목'의 특징을 알기 쉽고 친절하게 해설해 줘요. 이 부분을 읽고 동물들을 자세히 보면 두 배로 재미있을 거예요.

무리
'목'을 유전자나 몸의 특징에 따라 세분화해 '무리'로 소개해요.

크기 체크
신장 170cm의 성인과 그 페이지 또는 옆 페이지에 등장하는 동물의 크기를 실루엣으로 비교해요.

Q&A
해당 페이지에 실려 있는 동물들의 신기한 일면이나 편집부에 들어온 질문을 Q&A 형식으로 알기 쉽게 해설해요.

더 알고 싶어!
특이한 동물의 생태나 몸의 특징, 최신 연구 등을 더 깊게 파고들어 칼럼 형식으로 소개해요.

쁘띠 짤막 지식
이 도감에서 소개된 동물들의 알아 두면 재미있고, 다른 사람에게 말하고 싶어지는 짤막 지식을 소개해요.

동물의 해설

큰개미핥기 큰개미핥기과 ◇
큰개미핥기과 중 가장 커요. 등에 업힌 새끼는 부모와 같은 색깔과 형태이므로 눈에 띄지 않아요. 📏 100~140cm, (꼬리 길이) 60~90cm ⚖ 22~45kg
🌎 중앙아메리카~남아메리카 🌳 초원, 습지, 삼림 🍽 흰개미, 개미

종명 · 과명

'큰개미핥기'와 같은 생물의 이름을 '종'이라 해요. 이 책에서는 국내에서 자주 쓰이는 이름을 실었어요. 종명 뒤에는 과명이 적혀 있어요. 괄호 ( ) 안에 적힌 것은 별명이에요.

예: 둥근귀코끼리(아프리카숲코끼리)
　　└─ 종명 ─┘└─── 별명 ───┘

마크

한국에 서식하는 동물에는 🇰🇷, 한국에 서식하는 외래종에는 ⦿, 천연기념물에는 천연기념물 가 달려 있어요. 멸종위기종으로 지정된 동물에는 ◇가 달려 있어요.

⦿ 멸종위기종의 기준

IUCN(International Union for Conservation of Nature and Natural Resources, 국제자연보호연합)이 공표한 2023년판 적색 목록에 근거하여, 멸종 위험성에 따라 절멸 위급(CR), 절멸 위기(EN), 취약(VU) 상태인 종에는 멸종위기종 마크를 달았어요. 또한, 한 나라의 고유종인 생물일 경우, 그 나라의 기준에 따라 멸종위기종 마크를 붙였어요.

아종 마크

같은 종이지만 서식하는 지역에 따라 색이나 형태가 다른 집단이 생길 수 있어요. 그 지역의 집단을 아종이라 불러요.

데이터를 보는 법

📏 …몸길이를 나타내요. (꼬리 길이) 등의 표시도 종종 되어 있어요.
📐 …몸높이를 나타내요. 개나 말의 품종 등에 실려 있어요.
⚖ …체중을 나타내요.
🌎 …지구상의 서식 범위(분포 지역)를 나타내요.
🌳 …서식 환경을 나타내요.
🍽 …주된 먹이를 나타내요.
◆ …원산지를 나타내요. 말과 소의 품종 등에 실려 있어요.

작은개미핥기 큰개미핥기과
남부작은개미핥기라고도 해요. 북부작은개미핥기와 비교하면, 몸의 색이 개체에 따라 차이가 있어요.
📏 47~77cm, (꼬리 길이) 40~67cm
⚖ 3.5~8.4kg 🌎 남아메리카 북부~중부
🌳 삼림 🍽 흰개미, 개미, 벌

Q 작은개미핥기는 왜 똑바로 서 있나요?
A 재규어 등에게 습격당했을 때 상대를 위협하는 자세예요. 똑바로 서서 몸을 크게 보이게 하고, 예리한 발톱이 난 앞발로 공격하기도 해요.

북부작은개미핥기 큰개미핥기과
낮에는 나무 구멍에서 휴식하고, 하루의 절반 정도를 나무 위에서 생활해요. 밤에는 나무 위의 흰개미를 대량으로 잡아먹어요.
📏 약 56cm, (꼬리 길이) 40~67.5cm
⚖ 3~6kg 🌎 중앙아메리카~남아메리카 북서부
🌳 관목림, 삼림 🍽 흰개미, 개미

애기개미핥기 애기개미핥기과
야행성이며 나무 위에서 생활해요. 나뭇가지 속에 있는 개미를 먹어요. 제일 작은 개미핥기예요.
📏 20.1~20.5cm, (꼬리 길이) 16.5~29.5cm ⚖ 약 300g
🌎 남아메리카 북부~북동부 🌳 삼림 🍽 개미

잡학지식 애기개미핥기는 현재 1종으로 여겨지지만, 7종으로 분류하는 연구자도 있어요.

더 알고 싶어! 수많은 종이 멸종한 이절류

개미핥기, 나무늘보가 속한 유모목과 피갑목은 모두 허리뼈의 관절이 다른 포유류와 상이한 형태를 띠고 있어 '이절류'로 구별돼요. 남아메리카에서 진화한 포유류의 무리로, 예전에는 많은 종이 있었으나 지금은 대다수가 멸종해 버렸어요.

메가테리움
몸길이 6m에 달하는 거대한 지상 나무늘보에요. 1만 년 전까지는 존재했지만 멸종하고 말았어요.

글립토돈 (거대 아르마딜로)

몸의 크기

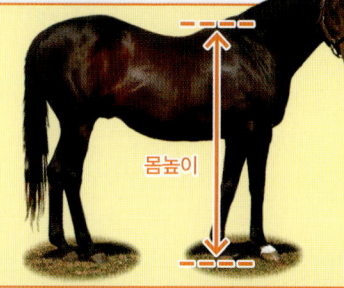

몸길이…몸을 똑바로 폈을 때, 코끝에서 꼬리 끝까지의 길이예요.

꼬리 길이…꼬리 끝부터 뿌리까지의 길이예요. 꼬리 끝의 털 길이는 포함하지 않아요.

전체 길이…몸길이에 꼬리 길이를 더한 길이예요.

몸높이…네발로 우뚝 섰을 때, 땅에서 등까지의 높이예요.

포유류는 어떤 생물인가요?

이 도감에서는 지구상에 서식하는 수많은 생물 중 포유류를 소개하고 있어요. 우리 인간도 포유류 무리에 속하죠. 포유류란 어떤 생물인지 공통되는 특징을 살펴봅시다.

새끼를 낳고 젖을 먹인다

포유류는 일부 예외를 제외하면 어미가 뱃속에서 어느 정도 새끼를 성장시킨 후 출산해요. 그리고 태어난 새끼는 어미의 젖을 먹으며 자라요. 젖을 먹여 기르는 건 모든 포유류가 지닌 중요한 특징이에요.

▶드러누운 채 새끼에게 젖을 먹이는 어미 불곰. 젖에는 새끼에게 필요한 영양분뿐만 아니라, 어미가 지닌 세균이나 바이러스 감염을 막는 항체가 들어 있어요. 그 덕에 항체가 없는 새끼를 병으로부터 지킬 수 있어요.

▲어미의 주머니 안에서 젖을 먹는 새끼 붉은캥거루. 캥거루는 주머니 안에 유두가 있어요.

폐로 호흡한다

모든 포유류는 입이나 코로 공기를 들이마시고 내쉬는 폐 호흡을 해요. 몸 안에 있는 횡격막이라는 기관을 움직여 공기를 들이쉬거나 뱉어요.

▶물속에서 새끼(왼쪽)에게 젖을 먹이는 어미 향유고래. 고래와 돌고래는 물속에서 젖을 먹어요.

▼입에서 숨을 내뿜는 사자. 폐에서 데워진 공기가 밖으로 나올 때 식어서 하얗게 보여요.

▶콧구멍으로 숨을 내뿜는 참고래. 수중 생활을 하는 고래도 폐로 호흡하므로, 수면으로 콧구멍을 내밀어 숨을 쉬어요.

▼북극여우는 겨울이 되면 몸 전체가 하얀 겨울털로 덮여요. 영하 70도의 추위에도 견딜 수가 있어요.

몸털이 있다

포유류 대부분에게는 피부가 일부 변화해서 생긴 몸털이 있어요. 몸털은 체온을 일정하게 유지하고, 몸을 상처로부터 보호하는 등 다양한 기능이 있어요. 하지만 돌고래, 고래 등의 수중 생활을 하는 동물은 헤엄칠 때의 저항을 줄이기 위해 몸털이 없어요.

▲수컷 사자의 목 주변에는 긴 털 갈기가 자라나 있어요. 갈기는 싸울 때 목을 보호하거나, 짙은 색으로 강함을 어필하는 기능이 있어요.

◀케이프호저의 몸털은 길고 예리하게 변화했어요. 적에게 공격받을 때 이 털을 곤두세워 몸을 지켜요.

▼입안에 같은 모양의 이빨이 난 큰돌고래. 이빨고래류 고래에게는 포유류 중에서는 드물게도 모양이 같은 이빨이 잔뜩 있어요. 먹잇감을 끼워 붙잡는 역할뿐이라 같은 모양의 이빨로만 진화했어요.

모양이 다른 이빨이 자란다

포유류 대부분은 입안에 모양이 다른 이빨이 자라 있어요. 종에 따라 먹이나 먹는 방법에 어울리는 모양의 이빨이 자라며, 이빨의 개수도 종에 따라 정해져요.

▶커다란 입을 벌린 침팬지. 입안에는 앞에서 안쪽 순으로 물어 끊는 역할의 앞니, 길고 뾰족한 송곳니, 먹이를 짓이기는 어금니가 자라나 있어요.

박력 넘치는 싸움

대자연의 생활

포유류는 수컷끼리 암컷을 둘러싸고 싸우기도 해요. 싸움에 승리한 수컷은 수많은 자손을 남길 수 있죠. 싸우는 방법은 종에 따라 달라져요.

■ 뿔 부딪치기
누(142쪽)

■ 강력한 발차기
사바나얼룩말(115쪽)

■ 입 벌리기 승부
하마(150쪽)

■ 연속 펀치
붉은캥거루(24쪽)

■ 몸싸움
고산마멋(204쪽)

대자연의 생활 — 다양한 식사

포유류에는 식물을 먹는 초식 동물, 포유류의 고기나 곤충, 물고기 등을 먹는 육식 동물, 식물과 고기를 모두 먹는 잡식 동물이 있어요.

식물의 잎을 먹는다
말코손바닥사슴(132쪽)

게를 먹는다
해달(105쪽)

고기를 먹는다
사자(66쪽)

물고기를 먹는다
혹등고래(161쪽)

꽃꿀을 핥아 먹는다
킨카주너구리(101쪽)

대자연의 생활: 무리를 짓는다

포유류는 개체가 여럿 모여 무리를 짓는 종이 많아요. 무리를 이룸으로써 먹이 찾기, 거주지 확보, 번식이나 천적 방어 등 홀로 다니는 것보다 유리한 점이 많아지죠. 무리의 구성원은 혈연관계이거나 아예 상관없는 등 종에 따라 다양해요.

몸을 보호하는 무리
아프리카들소(139쪽)

어미와 자식의 무리
아프리카코끼리(34쪽)

번식을 위한 무리
남아메리카바다사자(113쪽)

사냥을 하는 무리
아프리카들개(88쪽)

어미의 새끼 양육

대자연의 생활

포유류의 새끼는 모두 처음에는 젖을 먹고 자라므로, 어미와 자식은 일정 기간 함께 살아요. 아비의 육아 관여 여부는 종에 따라서 달라요.

■ 큰개미핥기(44쪽)

■ 기린(128쪽)

■ 침팬지(194쪽)

■ 북극곰(96쪽)

열대 우림의 동물들

혼고 박사의 해설!
전 세계 동식물의 절반 이상이 서식?! 열대 우림은 생물의 보고!

열대 우림은 세계에서 가장 비가 많이 내리는 곳이에요. 아프리카 중부나 동남아시아 등, 적도 부근의 작은 지역에 불과하지만, 지구상 동식물의 절반 이상이 이곳에 서식하고 있다고 하죠. 그 중에서도 가장 큰 규모를 자랑하는 것은 남아메리카 아마존강 유역에 펼쳐진 열대 우림이에요. 나무 사이를 올려다보면 나무늘보나 원숭이들이 나뭇가지를 옮기고 있고, 어두운 수풀에는 재규어나 맥이 얼굴을 숨기고 있어요……. 지금부터 콜롬비아 아마카야쿠 국립 공원을 예시로 다양한 동물을 소개할게요!

Q 어떤 곳인가요?

A 콜롬비아 아마카야쿠 국립 공원 주변

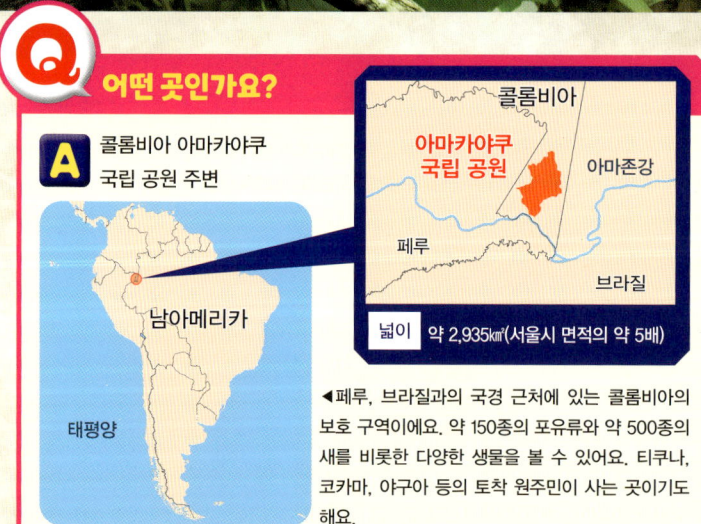

넓이 약 2,935㎢ (서울시 면적의 약 5배)

◀페루, 브라질과의 국경 근처에 있는 콜롬비아의 보호 구역이에요. 약 150종의 포유류와 약 500종의 새를 비롯한 다양한 생물을 볼 수 있어요. 티쿠나, 코카마, 야구아 등의 토착 원주민이 사는 곳이기도 해요.

매커우

① 재규어 · 71쪽
② 왕아르마딜로 · 48쪽
③ 작은개미핥기 · 45쪽
④ 스픽스올빼미원숭이 · · · · · · · · · · · · · 179쪽
⑤ 킨카주너구리 · · · · · · · · · · · · · · · · · · · 101쪽
⑥ 남부두발가락나무늘보 · · · · · · · · · · · · 46쪽
⑦ 퓨마 · 78쪽
⑧ 마자마사슴 · 134쪽
⑨ 브라질맥 · 119쪽
⑩ 카피바라 · 214쪽
⑪ 긴꼬리수달 · 104쪽
⑫ 아홉띠아르마딜로 · · · · · · · · · · · · · · · · 49쪽
⑬ 저지대파카 · 213쪽
⑭ 꼬마돌고래 · 156쪽
⑮ 아마존강돌고래 · · · · · · · · · · · · · · · · · 156쪽
⑯ 아마존매너티 · 39쪽

더 알고 싶어!

열대 우림에서 사는 사람들 티쿠나의 생활

전통문화를 지키면서 현대 사회에서 살고 있어요.

▶사진과 같은 전통 의상을 입고 관광객에게 춤을 선보여요.

▲삼림용 칼을 든 티쿠나 부족. 숲속에 밭을 만들고 농작물을 길러요.

아마존의 매력을 알리는 활동에도 참여

티쿠나 부족은 콜롬비아, 페루, 브라질에 걸쳐진 아마존강 상류 지역에 살고 있어요. 콜롬비아와 페루에 각각 약 1만 명, 브라질에 약 6만 명의 티쿠나 부족이 있다고 알려져 있으며, 농업과 어업으로 생활하는 사람 외에도 거주 중인 자연의 다양성과 티쿠나의 전통문화를 관광객에게 알리는 관광 활동에 종사하는 이들이 있어요.

사바나의 동물들

혼고 박사의 해설!

광대한 열대 초원에 펼쳐진 박력 넘치는 야생 동물의 세계!

수목이 드문드문 자란 열대 초원이나 아열대 초원이 바로 사바나예요! 연중 따뜻하며 계절은 우기와 건기 두 종류가 있어요. 남아메리카 등에서도 볼 수 있지만, 아프리카 사바나가 가장 인상적이겠지요. 누, 얼룩말 등의 거대한 초식 동물이 무리를 이뤄 대지를 돌아다니고, 그들을 노리는 사자, 치타 등의 육식 동물이 배를 굶주리며 다가가죠……. 여기서는 그런 세계가 펼쳐진 아프리카 동부·케냐의 마사이마라 국립 보호 구역을 예로 들어, 어떤 동물들이 살고 있는지 엿보도록 해요!

Q 어떤 곳인가요?

A 케냐 마사이마라 국립 보호 구역

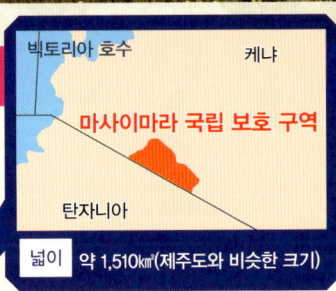

넓이: 약 1,510㎢(제주도와 비슷한 크기)

◀탄자니아와의 국경에 있는 보호 구역이에요. 야생 동물을 관찰할 수 있는 사파리이기 때문에 수많은 관광객이 찾아와요. 대형 포유류가 많이 서식하고, 우기가 끝나는 7월경에는 탄자니아의 서식지로부터 풀을 찾아 100만 마리가 넘는 누 떼가 몰려오는 것으로 유명해요.

아프리카흰등독수리

①버빗원숭이	183쪽	⑥임팔라	142쪽	⑪치타	69쪽	⑯줄무늬몽구스	81쪽
②사바나얼룩말	115쪽	⑦기린 (아종 마사이기린)	128, 129쪽	⑫톰슨가젤	142쪽	⑰땅늑대	83쪽
③카라칼	78쪽	⑧흰코뿔소	120쪽	⑬아프리카코끼리	34쪽		
④올리브개코원숭이	186쪽	⑨하마	150쪽	⑭사자	66쪽		
⑤누	142쪽	⑩큰사탕수수쥐	211쪽	⑮케이프호저	210쪽		

더 알고 싶어!

사바나에서 사는 사람들 마사이의 생활

마사이 부족은 대부분 가축을 기르면서 다른 일에도 종사해요.

▶야생 동물 관찰 투어 가이드 등의 관광업에 종사하는 사람도 있어요.

▲소를 보살피는 마사이 부족. 양이나 염소 등을 길러요.

사바나의 생물 다양성과 공존하는 마사이 부족의 전통

전통적인 마사이 부족 사람들은 가축과 함께 사바나를 이동하며 생활해요. 그들이 풀의 성장을 앞당기기 위해 초지를 불태우거나 가축에게 풀을 잔뜩 먹이기 때문에 자연이 파괴된다고 주장하는 사람이 있는 한편, 이런 전통이 사바나를 풍요롭게 한다는 연구도 있죠. 마사이 부족이 사라져서 야생 동물의 다양성이 줄어든 지역도 있다고 해요.

사막의 동물들

혼고 박사의 해설!
끝없이 펼쳐진 사막에 남모르게 번영한 개성 넘치는 동물의 왕국!

사막은 세계에서 가장 건조한 지역이에요! 아시아, 아프리카, 아메리카 등 남극을 제외한 모든 대륙에 있고, 지표의 3분의 1을 덮고 있어요. 일년 강수량이 250mm 이하(한국은 평균 약 1,200mm)로 극단적으로 적고, 낮에는 밤과 비교해 15도 정도 기온이 올라요. 생물이 살 수 없을 것처럼 보이지만, 아이벡스나 뛰는쥐 등 건조함과 기온 변화에 적응한 다양한 동식물의 서식처가 되었죠. 여기서는 몽골에 있는 대고비 국립 공원을 예로 들어, 어떤 동물이 살고 있는지 소개할게요!

Q 어떤 곳인가요?

A 몽골 대고비 국립 공원(특별 자연 보호 구역)

◀고비 사막은 몽골과 중국에 펼쳐진 동아시아 최대의 사막으로, 약 130만 ㎢의 면적을 자랑해요. 이 고비 사막 일부가 대고비 국립 공원이며, 특별 자연 보호 구역으로 지정되어 보호받고 있죠. 연간 강수량 평균 100mm, 여름에는 기온 40도, 겨울에는 영하 40도에 달하는 극한의 환경이지만 다양한 생물이 살고 있어요.

넓이: 약 5만 3,000㎢(경기도 면적의 약 5배)

독수리

①눈표범 …………………………… 71쪽
②늑대(아종 몽골늑대) ………… 84, 85쪽
③아르갈리양 …………………………145쪽
④쌍봉낙타 …………………………… 124쪽
⑤아시아당나귀 ……………………… 117쪽
⑥바리쿤뛰는쥐 ……………………… 215쪽
⑦조이터가젤 ………………………… 143쪽
⑧시베리아아이벡스 …………………145쪽
⑨스라소니 ………………………………76쪽
⑩붉은여우 ………………………………90쪽
⑪긴귀날쥐 …………………………… 215쪽

더 알고 싶어! 사막에서 사는 사람들 몽골 유목민의 생활

'게르'라고 불리는 전통적인 이동식 가옥에서 생활해요.

▶게르는 설치와 철거가 간편하여 유목 생활에 적합해요.

▲나무로 골격을 지은 후 펠트 등을 덮어요.

수많은 가축과 함께 사막을 거닐며 살아가는 유목 생활

몽골 사람들은 전통적으로 유목 생활을 해 왔어요. 말, 양, 염소, 소, 낙타 등의 가축을 데리고, 풀이나 물을 찾아 각지로 이동하며 생활하죠. 지금도 지방에서는 그런 유목 생활을 하는 사람들이 있어요. 이를테면 대고비 국립 공원 내에서는 약 110세대의 가족이 6만 마리가량의 가축과 함께 살아가고 있어요.

툰드라의 동물들

흰기러기

① ② ③ ④ ⑥ ⑦

혼고 박사의 해설!

눈과 얼음으로 덮인 얼어붙은 황야에서 서식하는 극지의 동물들!

툰드라는 눈과 얼음으로 덮인 극한의 황야 지역이에요! 북극과 남극, 고산 지대에서만 관찰되는 곳으로, 지구상에서 가장 혹독한 장소 중 하나죠. 연중 땅의 물이 얼어 있어서 수목이 자라지는 못하지만, 여름에는 눈이 녹아 화초나 이끼가 자라요. 혹독한 추위에 적응한 포유류만이 서식하고 있으므로 종의 수는 많지 않지만, 육지에는 북극곰이나 순록, 바다에는 물범이나 고래가 서식하고 있어요. 여기서는 캐나다 최북부에 있는 누나부트 준주의 툰드라와 그 주변 바다를 예로 들어, 백은의 세계에 서식하는 동물들을 살펴봐요!

Q 어떤 곳인가요?

A 캐나다 누나부트 준주

◀캐나다의 5분의 1을 차지하는 거대한 준주예요. 기후는 매우 추워요. 여름 평균 기온은 약 10도, 겨울에는 약 영하 30도까지 내려가죠. 연중 얼음과 눈으로 덮여 있는 지역도 있어요. 주민은 4만 명 정도이며 80% 이상은 이누이트족 사람들이에요. 언어는 이누이트어 외에 영어와 프랑스어를 공용어로 사용하고 있어요.

넓이 약 200만 ㎢(한반도의 약 9배)

①범고래 ·················· 154쪽	⑤일각돌고래 ·················· 155쪽	⑨순록 ·················· 134쪽	⑬울버린 ·················· 103쪽
②북극고래 ·················· 163쪽	⑥바다코끼리 ·················· 112쪽	⑩늑대(아종 북극늑대)·········· 84, 85쪽	
③흰고래 ·················· 155쪽	⑦북극곰 ·················· 96쪽	⑪북극여우 ·················· 91쪽	
④고리무늬물범 ·················· 108쪽	⑧사향소 ·················· 147쪽	⑫북극토끼 ·················· 202쪽	

툰드라에서 사는 사람들 이누이트의 생활

돌고래와 고래 등의 고기는 이누이트 족의 전통적인 식재료예요.

▶흰고래의 지방이 붙은 피부 부위. 이누이트가 선호하는 음식이에요.

▲북극고래의 해체 작업. 고기는 마을 사람들과 나눠요.

현대 사회에 살면서 전통을 남긴 활동도 하고 있어요

이누이트 족 사람들은 캐나다나 그린란드 등의 북극 주변에 살고 있어요. 옛날에는 수렵과 채집을 했지만, 지금은 마을이나 도시에서 현대적인 생활을 보내는 사람들이 대부분이에요. 일부 사람들이 다른 일을 하면서 흰고래 등을 사냥하는 것 외에도 대형 고래잡이가 부활하거나, 박물관이 건설되는 등 이누이트 문화를 남기기 위한 활동이 나타나고 있어요.

단공목 동물

단공목은 어떤 동물인가요?

알을 낳는 원시적인 포유류

포유류지만 알을 낳는 것이 단공목의 최대 특징이에요. 약 10일 후 알에서 부화한 미숙한 새끼는 어미의 젖을 먹고 성장해요. '단공'은 엉덩이에 구멍이 하나라는 의미로, 소변, 대변, 알이 나오는 구멍이 전부 같아요. 이빨이 없고 발가락에는 발톱이 있는 것도 특징이에요. 오스트레일리아에 오리너구리와 짧은코가시두더지가 1종씩, 뉴기니에 긴코가시두더지류 3종이 분포해요.

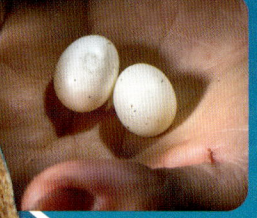
▲오리너구리의 알.

▲짧은코가시두더지의 알.

▲수컷의 뒷발 발목에는 독샘이 있는 며느리발톱이 있어요. 이는 수컷끼리 싸울 때 쓰여요.

오리너구리 오리너구리과

강이나 늪에 서식하며 수영이 특기예요. 오리 같은 부리를 지녀서 이런 이름이 붙었어요.
- 수컷/40~63cm, 암컷/37~55cm
- 수컷/0.8~3kg, 암컷/0.6~1.7kg
- 오스트레일리아 동부, 태즈메이니아섬 하천, 호수, 늪 등의 주변
- 곤충, 새우, 작은 물고기, 조개

▲부리에는 생물이 내뿜는 희미한 전기를 감지하는 기관이 있어, 먹잇감을 찾을 때 유용해요.

크기 체크

오리너구리 / 짧은코가시두더지 / 동부긴코가시두더지

짧은코가시두더지는 무엇을 먹나요?

A 흰개미나 개미를 주로 먹어요. 짧은코가시두더지는 이빨이 없어서, 끈적한 액체가 묻은 길고 가는 혀를 내밀어 흰개미나 개미를 잡아먹어요. 혀의 길이는 약 18cm에 달한다고 해요.

▶흰개미를 먹는 짧은코가시두더지.

짧은코가시두더지 가시두더지과
단독으로 생활해요. 밤에 앞발로 땅을 파서 곤충을 잡아먹어요. 보통 한 개의 알을 낳아요.
🏠 30~45cm ⚖ 2~6kg 🌏 뉴기니섬, 오스트레일리아, 태즈메이니아섬 🌿 삼림, 초원 🍴 흰개미, 개미

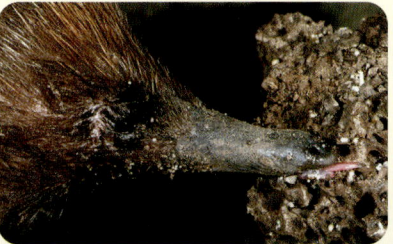

동부긴코가시두더지 가시두더지과
긴 입이 특징이에요. 높은 산에 서식해요.
🏠 수컷/48~55cm, 암컷/51.5~63.7cm
⚖ 수컷/4.2~6.5kg, 암컷/4.3~9kg 🌏 뉴기니섬
🌿 삼림, 초원, 관목림 🍴 지렁이, 절지동물

짧은코가시두더지는 왜 가시가 있나요?

A 적으로부터 몸을 보호하기 위해서예요. 바늘 같은 가시가 몸을 덮고 있으며, 위협을 느끼면 몸을 말아 방어 자세를 잡아요. 가시는 근육과 이어져 있어 움직일 수 있어요.

▶몸을 말아 보호하는 짧은코가시두더지.

더 알고 싶어! 오리너구리의 둥지 구멍

강이나 호수의 둑에 파는 둥지 구멍은 길이가 20m에 달하기도 해요. 이 둥지는 새끼를 위한 거예요.

터널 곳곳에 풀 등을 쌓아요. 이는 물이나 적이 둥지에 들어오는 것을 막고, 온도와 습도를 조절해요.

암컷은 터널 가장 안쪽에 낙엽이나 풀을 잔뜩 쌓아서 잠자리를 만들어요.

오리너구리의 독은 개가 사망할 정도로 강하다고 해요.

MOVE 박사의 포인트!

알려줘! 동물 칼럼

유대류

주머니에서 새끼를 기르는 포유류

유대류는 '주머니를 지닌 동물'이라는 의미예요. 이 무리에 속한 동물 대부분은 암컷의 배에 새끼를 기르기 위한 주머니가 있어요. 태어나는 새끼가 아주 작으며 주머니에서 젖을 먹고 성장하죠. 예전에는 전 세계에 수많은 유대류가 있었으나, 대부분이 멸종해 버렸다고 해요. 현재는 오스트레일리아나 뉴기니와 그 주변 섬, 남북아메리카의 한정된 지역에 서식하고 있어요.

Q 유대류는 어떤 무리가 속해 있나요?

A 7목 약 330종이 있어요. 남북아메리카에 주머니쥐목, 새도둑주머니쥐목, 칠레주머니쥐목이 있고, 오스트레일리아나 뉴기니 등에 캥거루목, 주머니고양이목, 반디쿠트목, 주머니두더지목이 분포해요.

남북아메리카
- 새도둑주머니쥐목
- 칠레주머니쥐목

주머니쥐목(▶31쪽)

오스트레일리아, 뉴기니 등

캥거루목(▶23쪽~)

주머니고양이목(▶30쪽)

반디쿠트목(▶30쪽)

주머니두더지목(▶30쪽)

더 알고 싶어! 마치 쌍둥이?! (수렴 진화)

오스트레일리아의 유대류에는 전혀 다른 종이면서도 다른 대륙의 동물과 외양이나 행동 양식이 똑 닮은 동물이 많아요. 이는 같은 환경에 적응해 진화한 결과로써, 우연히 닮은 것뿐이며 '수렴 진화'라 불러요.

	유대류	유대류가 아닌 포유류
활공한다	유대하늘다람쥐	남부하늘다람쥐
개미를 먹는다	주머니개미핥기	북부작은개미핥기
땅속에 터널을 파고 산다	남부주머니두더지	그랜트황금두더지

더 알고 싶어! 새끼를 기르는 다양한 주머니 (육아낭)

종에 따라 주머니의 출입구, 유두 개수, 위치 등은 여러 가지 형태를 띠어요.

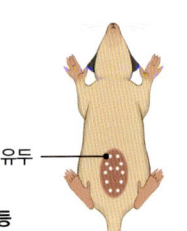

주머니쥐 등
주머니는 없고 피부 주름만 있어요.

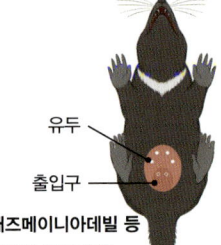

태즈메이니아데빌 등
뒤쪽을 향해 열린 불완전한 주머니예요.

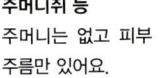

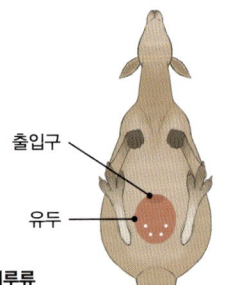

캥거루류
출입구가 앞으로 열린 주머니예요.

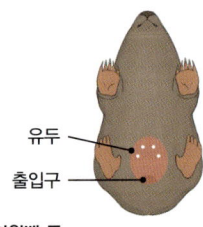

애기웜뱃 등
뒤쪽을 향해 열린 주머니예요. 땅에 숨을 때 흙이 들어가지 않게 돼 있어요.

캥거루목 동물

캥거루목은 어떤 동물인가요?

풀을 먹는 데 적합한 앞니의 소유자

유대류 중 가장 번성한 목이에요. 캥거루과, 코알라과를 비롯하여 11과 143종이 있으며, 오스트레일리아, 뉴기니와 그 주변 섬에 분포해요. 풀을 먹는 데 적합한 앞니를 지녀 '쌍전치목'이라고도 불리죠. 종 대부분은 초식이지만, 개중에는 곤충이나 꽃의 꿀을 먹는 종도 있어요. 몸무게가 10g 정도밖에 되지 않는 꿀주머니쥐부터 100kg에 달하는 거대한 붉은캥거루까지, 크기가 아주 다양한 것도 특징이에요.

캥거루 무리

발달한 뒷발을 모으고, 두꺼운 꼬리로 중심을 잡고 점프하는 독특한 방법으로 달려요. 새끼를 기르는 주머니가 매우 발달해 있어요.

크기 체크 — 왕캥거루

왕캥거루 캥거루과

붉은캥거루 다음으로 거대한 캥거루예요. 보통 10마리 정도의 무리를 이뤄 생활해요.
- 수컷/97.2~230.2cm, (꼬리 길이)43~109cm, 암컷/95.8~185.7cm, (꼬리 길이)44.6~84.2cm
- 수컷/19~90kg, 암컷/17~42kg 오스트레일리아 동부, 태즈메이니아섬 초원, 삼림 풀

※종의 평균 크기로 비교했어요.

더 알고 싶어! 캥거루의 새끼 양육

갓 태어난 새끼는 대형 캥거루일지라도 몸길이 2cm, 몸무게 1g에 불과한 크기예요. 아주 작지만, 자력으로 이동해서 어미의 배 주머니에 들어가요. 주머니 안에서 젖을 먹고 성장해 반년 후 얼굴을 내밀게 돼요.

▶ 성장한 왕캥거루의 새끼가 주머니에서 얼굴을 내밀고 있어요.

◀ 주머니 속의 새끼.

 캥거루라는 이름은 현지 말로 '뛰어다니는 것'이라는 의미가 있어요.

룸홀츠나무타기캥거루 **캥거루과**

홀로 생활하지만 때로는 식사를 위해 여럿이 모이기도 해요. 야행성이에요.
- 42~71cm, (꼬리 길이)52~84.5cm
- 4.7~9.9kg
- 오스트레일리아 북동부
- 삼림 / 잎, 꽃

노란발바위왈라비 **캥거루과**

우뚝 솟은 절벽의 바위틈이나 바위 구멍에 서식해요. 작은 몸체를 활용해 험한 바위 터를 재빠르게 돌아다녀요.
- 48~65cm, (꼬리 길이) 56.5~70cm / 6~12kg
- 오스트레일리아 동부·남부의 일부 지역
- 바위 터, 반건조 삼림, 초원, 관목림
- 잎, 씨앗, 열매

굿펠로우나무타기캥거루
캥거루과 ◇

힘센 앞발과 굽은 발톱으로 나무에 올라가서 식사해요. 땅에서도 활동하고, 점프하면서 이동해요.
- 50~84.5cm, (꼬리 길이)53.5~85.5cm
- 5.6~9.5kg / 뉴기니섬 동부(파푸아뉴기니)
- 해발 약 3,000m 이하의 삼림 / 잎, 열매

긴꼬리왈라비
캥거루과

오전 중에 활발히 활동하며, 10마리 정도의 작은 무리로 생활해요. 때로는 50~80마리의 집단을 이루기도 해요.
- 61~100.3cm, (꼬리 길이)72.8~104.5cm
- 수컷/14~26kg, 암컷/7~15kg
- 오스트레일리아 북동부
- 해발 1,400m 이하 구릉 지대의 삼림, 초원
- 풀, 잎, 줄기

Q 쿼카는 개체 수가 적나요?

A 붉은여우, 고양이 등의 외래종에 의해 개체 수가 줄어서 멸종이 우려되고 있어요. 로트네스트섬 등의 섬에서는 천적이 없어 서식하고 있어요.

쿼카
캥거루과 ◇

야행성이며 작은 무리를 이뤄 생활해요.
- 39~54cm, (꼬리 길이)23.5~31cm
- 1.6~4.2kg
- 오스트레일리아 남서부, 로트네스트섬, 볼드섬
- 삼림, 습지 / 잎, 줄기

짬짬 지식 캥거루, 왈라루, 왈라비의 차이는 크기 순서에 따른 것이지만 엄밀한 구분은 아니에요.

코알라 등의 무리

코알라와 웜뱃은 선조가 같아요. 코알라는 나무 위에서 생활하게 되어 유칼립투스 잎을 먹고, 웜뱃은 지상에서 생활하게 되어 딱딱한 식물을 튼튼한 이빨로 끊어 먹게 됐어요.

캥거루목(코알라 등의 무리)

코알라 코알라과
야행성이며 나무 위에서 생활해요. 성장한 새끼는 주머니에서 나와 어미의 등에 업혀요.
- 수컷/67~82cm, 암컷/65~73cm
- 수컷/4.2~14.9kg, 암컷/4.1~11kg
- 오스트레일리아 동부 / 삼림
- 유칼립투스 잎

주식은 유칼립투스
코알라는 600종 정도에 달하는 유칼립투스 중에서 30종 정도의 잎을 먹어요. 잎에는 독이 있지만, 간과 맹장에 있는 미생물의 도움으로 독을 없앨 수 있어요.

크기 체크
코알라 / 애기웜뱃

더 알고 싶어! 매직 핸드!

코알라의 앞발은 엄지와 검지가 다른 발가락과 떨어져 있어요. 뒷발은 엄지만 다른 발가락과 떨어져 있죠. 둘 다 나뭇가지를 단단히 움켜쥐기 위해 힘이 들어가기 쉬운 구조예요.

▲코알라의 앞발.

▲코알라의 뒷발.

Q 새끼 코알라는 왜 똥을 먹나요?

A 새끼 코알라는 생후 6개월경이 되면 '팹(pap)'이라고 불리는 어미의 똥을 먹어요. 이로써 유칼립투스 잎을 분해하는 미생물을 어미로부터 물려받아 유칼립투스 잎을 먹을 수 있게 돼요.

▲주머니에서 얼굴을 내민 채 팹을 먹는 새끼.

20시간 동안 잔다
유칼립투스 잎은 소화가 어렵고 영양분이 많지 않아요. 그래서 코알라는 체력을 보존하기 위해 하루의 대부분을 잠으로 보내요.

애기웜뱃 웜뱃과
숲과 초원에 서식해요. 야행성이지만, 겨울에는 둥지 구멍 밖에서 일광욕을 즐기기도 해요. 위 사진에서는 어미의 육아낭에 들어간 새끼가 뒷다리 틈으로 보여요. 🏠 90~115cm ⚖ 22~40kg
🌍 오스트레일리아 남동부, 태즈메이니아섬 🌲 삼림, 관목림 🍚 풀

남방털코웜뱃 웜뱃과
긴 귀와 코에 자란 털이 특징이에요.
🏠 84~111cm, (꼬리 길이)2.5~6cm ⚖ 17.5~36kg
🌍 오스트레일리아 남부 🌲 반건조 초원, 관목림 🍚 풀, 새싹, 줄기

Q 애기웜뱃의 둥지 구멍은 어떻게 되어 있나요?

A 애기웜뱃은 구멍 파기 선수예요. 전체 길이 20m에 달하는 둥지 구멍에서 생활하죠. 자는 장소나 화장실을 위한 공간이 구분되어 있고, 출입구가 여럿 있어요.

▶둥지 구멍에서 생활하는 애기웜뱃 어미와 새끼.

캥거루목(코알라 등의 무리)

주머니여우 쿠스쿠스과
낮에는 주로 나무 구멍에서 쉬고 밤에는 지상, 때로는 나무 위에서 생활해요. 사막을 제외한 다양한 환경에 적응했어요.
📏 35~55cm, (꼬리 길이)25~40cm ⚖ 1.2~4.5kg
🌐 오스트레일리아, 태즈메이니아섬 🌲 삼림
🍚 잎, 꽃, 열매

얼룩쿠스쿠스 쿠스쿠스과
나뭇가지를 꽉 움켜쥐는 뒷발과 물건을 휘감을 수 있는 꼬리를 지녔어요. 느긋한 움직임으로 나무 위에서 생활해요. 📏 42~74cm, (꼬리 길이)38.5~70.7cm
⚖ 2.4~6.1kg 🌐 뉴기니섬, 오스트레일리아 북동부
🌲 삼림 🍚 잎, 꽃, 줄기, 열매

주머니날다람쥐
반지꼬리주머니쥐과
유칼립투스 숲에 서식하며, 밤이 되면 활동해요. 📏 35~45cm, (꼬리 길이)45~60cm
⚖ 0.9~1.7kg 🌐 오스트레일리아 동부
🌲 삼림 🍚 유칼립투스, 어린 새싹, 잎

반지꼬리주머니쥐
반지꼬리주머니쥐과
야행성이에요. 낮에는 둥지나 나무 구멍에서 휴식을 취하고 있어요. 나무 타기가 특기로, 나무 위를 매끄럽게 이동해요.
📏 29~35cm, (꼬리 길이)29~36cm
⚖ 0.8~1.1kg 🌐 오스트레일리아 동부·남부, 태즈메이니아섬 🌲 삼림, 관목림 🍚 잎, 꽃, 열매

Q 주머니여우가 외래종이 된 경우가 있나요?

A 뉴질랜드에서는 모피를 얻기 위해 오스트레일리아로부터 들여온 주머니여우가 야생화되어 외래종이 된 사례가 있어요. 한국의 자연 생태계에는 유입되지 않았지만, 외래 생물 정보가 등록되어 있어요.

유대하늘다람쥐 주머니하늘다람쥐과
낮에는 나무 구멍에서, 때로는 여러 마리가 모여 쉬고 있어요. 밤에는 나무들 사이를 활공해요.
- 📏 16~21cm, (꼬리 길이)16.5~21cm
- ⚖ 60~160g 🌐 뉴기니섬, 오스트레일리아 북부·동부~남동부, 태즈메이니아섬
- 🌲 삼림 🍽 곤충, 꽃의 꿀, 수액, 열매

줄무늬주머니쥐 주머니하늘다람쥐과
나무 위에서 생활해요. 낮에는 나무 구멍에서 자고, 밤이 되면 나뭇가지 사이를 재빨리 이동하면서 곤충 등을 먹어요.
- 📏 24~28cm, (꼬리 길이)32~39cm
- ⚖ 수컷/428~545g, 암컷/310~475g
- 🌐 뉴기니섬, 오스트레일리아 북동부
- 🌲 저지대 삼림 🍽 곤충(특히 유충), 열매

Q 유대하늘다람쥐는 단 걸 좋아하나요?

A 꽃의 꿀이나 수액 등의 단 먹이를 좋아해요. 이 때문에 '슈가글라이더(Sugar Glider, 설탕을 좋아하는 하늘다람쥐)'라는 영어 이름을 지녔어요.

▶꽃의 꿀을 먹는 유대하늘다람쥐.

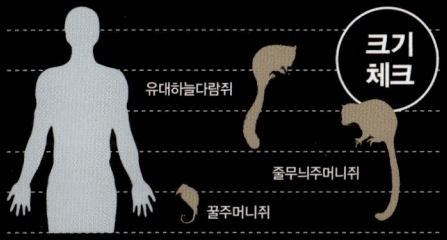

크기 체크
- 유대하늘다람쥐
- 줄무늬주머니쥐
- 꿀주머니쥐

동부피그미주머니쥐 꼬마주머니쥐과
나무 구멍 등에 나무껍질이나 잎을 사용해 둥지를 짓고 여럿이 함께 살아요. 가을에는 동면을 위한 지방을 몸에 축적해 뚱뚱해져요.
- 📏 7~11cm, (꼬리 길이)7.5~10.5cm ⚖ 15~43g
- 🌐 오스트레일리아 남동부, 태즈메이니아섬
- 🌲 삼림, 관목림 🍽 꽃의 꿀, 곤충, 거미, 씨앗, 열매

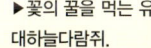

꼬마주머니쥐 꼬마주머니쥐과 ◆
추운 고산 지대에 서식해요. 낮에는 열을 빼앗기지 않기 위해 바위틈 둥지에서 공처럼 몸을 말고 잠을 자요. 📏 약 11cm, (꼬리 길이)13.6~13.8cm ⚖ 30~82g 🌐 오스트레일리아 남동부 🌲 관목림, 해발 1,400~2,230m의 고산 🍽 곤충(나방 등), 지렁이, 열매, 씨앗

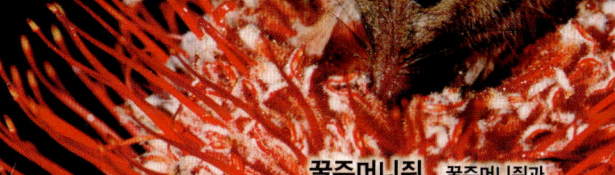

꿀주머니쥐 꿀주머니쥐과
몸길이의 3분의 1에 달하고 끝이 붓처럼 생긴 기다란 혀로 꽃의 꿀이나 꽃가루를 먹어요.
- 📏 6.5~9cm, (꼬리 길이)7~10.5cm ⚖ 수컷/7~10g, 암컷/8~16g 🌐 오스트레일리아 남서부 🌲 관목림 🍽 꽃의 꿀, 꽃가루

짧막지식 주머니여우의 천적은 큰솔부엉이 등의 맹금류예요.

주머니고양이목 동물

주머니고양이목은 어떤 동물인가요?

육식하는 유대류

곤충이나 소형 캥거루 등을 습격해 잡아먹는 육식성 유대류예요. 오스트레일리아와 뉴기니에 약 70종이 분포해 있어요.

태즈메이니아데빌
주머니고양이과

유대류 중 가장 큰 육식 동물이에요. 밤에는 냄새로 작은 동물을 찾아 잡아먹으며, 캥거루 등의 사체를 먹기도 해요.
🏠 수컷/65.2cm, (꼬리 길이)25.8cm, 암컷/57cm, (꼬리 길이)24.4cm ⚖ 수컷/8~14kg, 암컷/5~9kg 🌍 태즈메이니아섬
🌲 삼림, 관목림 🍖 포유류(대형~소형)의 사체, 새, 곤충

주머니개미핥기   주머니개미핥기과

일 년의 대부분을 홀로 생활해요. 쓰러진 나무나 땅속에 있는 흰개미 둥지를 찾아다녀요.
🏠 20~29cm, (꼬리 길이)12.5~21.3cm
⚖ 300~750g 🌍 오스트레일리아 남서부·중앙 남부
🌲 삼림 🍖 흰개미, 개미

동부주머니고양이
주머니고양이과

과거에는 오스트레일리아 본토에도 서식했지만 멸종했어요. 지금은 태즈메이니아섬에만 서식해요.
🏠 28~45cm, (꼬리 길이)17~28cm ⚖ 0.7~1.9kg
🌍 태즈메이니아섬 🌲 삼림
🍖 곤충, 포유류(소형), 물고기, 열매

크기 체크
버지니아주머니쥐
동부주머니고양이
주머니개미핥기
태즈메이니아데빌

반디쿠트목 동물

빌비
긴귀반디쿠트과

밤이 되면 땅속의 둥지 구멍에서 나와 활동해요. 🏠 29~55cm, (꼬리 길이)20~29cm
⚖ 수컷/1~2.5kg, 암컷/0.8~1.2kg
🌍 오스트레일리아 북서부·중앙부의 일부 🌲 초원, 관목림 🍖 씨앗, 풀, 뿌리, 곤충, 포유류(소형)

주머니두더지목 동물

남부주머니두더지
주머니두더지과

삽처럼 생긴 앞발로 모래땅의 지표면 근처에 터널을 파서 먹잇감을 사냥해요. 둥지는 땅속 깊은 곳에 지어요. 🏠 11~14cm, (꼬리 길이)2~2.5cm ⚖ 50~60g
🌍 오스트레일리아 중앙부~남부
🌲 사막 🍖 곤충, 파충류, 씨앗

주머니쥐목 동물

▼어미 버지니아주머니쥐는 새끼들을 등에 태우고 이동해요.

주머니쥐목은 어떤 동물인가요?

남북아메리카에 서식하는 유대류

주머니쥐목 동물은 남북아메리카에 서식하는 유대류예요. 약 90종이 알려져 있으며, 대부분이 남아메리카에 서식하고 있어요. 하지만 버지니아주머니쥐는 북아메리카에 진출하여 번성하고 있어요.

버지니아주머니쥐 주머니쥐과

다양한 환경에 서식해요. 야행성으로 땅에서 생활하지만, 나무 타기도 잘해요. 놀라면 죽은 척해요.
🏠 37~50.1cm, (꼬리 길이)29.5~47cm ⚖ 0.5~5.9kg(수컷/평균 2.8kg, 암컷/평균 1.9kg) 🌐 북아메리카 서부·동부~중앙아메리카 🌲 삼림, 초원, 농경지 🍖 포유류(소형), 파충류, 새, 곤충

더 알고 싶어! 버지니아주머니쥐의 육아낭

주머니가 아니라 주름이 있어요(22쪽). 새끼의 수는 많을 때는 20마리 정도 출산해요. 하지만 유두가 13개뿐이라 유두를 차지하지 못한 새끼는 사망에 이르러요.

흰귀주머니쥐
주머니쥐과

다양한 먹이를 먹어요. 사는 장소나 계절에 따라, 그 시기에 가장 풍부한 먹이를 주식으로 삼아요.
🏠 30~44.2cm, (꼬리 길이)29~45cm ⚖ 0.5~2.5kg 🌐 남아메리카 중부~동부 🌲 광활한 삼림, 초원 🍖 곤충, 개구리, 도마뱀, 새, 열매, 씨앗

회색네눈주머니쥐
주머니쥐과

나무 위에서 홀로 생활해요. 눈 위에 하얀 문양이 두 개 있어, 눈이 네 개 있는 것처럼 보이기 때문에 이러한 이름이 붙었어요.
🏠 20~33.1cm, (꼬리 길이) 19.5~33.5cm ⚖ 200~674g 🌐 중앙아메리카~남아메리카 북부·중부 🌲 삼림, 관목림 🍖 곤충, 지렁이, 포유류(소형), 새, 열매, 잎, 씨앗

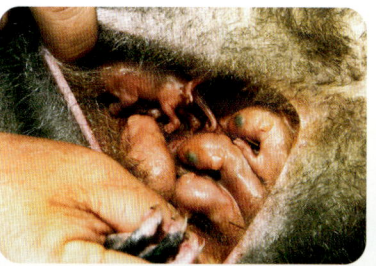

물주머니쥐 주머니쥐과

유일하게 수중 생활을 하는 유대류예요. 낮에는 강변의 둥지 구멍에서 쉬고 밤에는 물속의 작은 동물 등을 잡아먹어요. 뒷발에는 물갈퀴가 있어요.
🏠 25~40cm, (꼬리 길이)27~43cm ⚖ 510~790g 🌐 중앙아메리카~남아메리카 북부·동부 🌲 열대·아열대 강가 삼림 🍖 갑각류, 개구리, 곤충, 잎, 열매

짧막 지식 태즈메이니아데빌은 불쾌한 울음소리로 크게 울어서 '데빌(악마)'이라는 이름이 붙었어요.

장비목 동물

장비목은 어떤 동물인가요?

지상 최대의 포유류

장비목은 굉장히 거대한 포유류로, 코끼리 무리가 속해 있어요. 특히 아프리카코끼리는 육상 포유류 중 가장 크죠. 몸무게는 6톤에 달해요. 자유롭게 움직일 수 있는 긴 코와 커다란 귀가 특징이에요. 뇌도 크고 아주 똑똑한 동물이기도 해요. 오래전에는 수많은 종이 있었으나, 대부분이 멸종하여 현재는 전 세계에 3종만이 서식하고 있어요.

◀ 높은 장소의 나뭇잎도 긴 코로 잡을 수 있어요.

▲ 인사할 때는 코를 휘감아 냄새로 상대방을 확인해요.

▲ 헤엄칠 때는 코끝을 물 밖으로 내밀고 호흡해요.

생물 중 가장 큰 귀
아프리카코끼리의 귀 크기는 생물 중 가장 커요. 귀에는 수많은 혈관이 지나가며, 더워지면 팔락팔락 움직여 몸을 식히는 역할을 해요.

편리한 긴 코
코는 윗입술과 코가 길어진 형태로, 뼈 없이 근육으로만 구성되어 있어요. 코끼리에게 있어서 손 같은 것이죠. 이를 자유자재로 움직여 다양한 작업을 수행해요.

▶ 아시아코끼리의 두개골 X선 사진.

상아는 앞니(절치)
코끼리의 긴 상아는 위턱의 앞니(절치) 두 개가 자란 형태예요. 상아는 살아 있는 동안 계속 자라요.

▲ 코로 모래를 빨아들인 후, 힘차게 내뿜어 모래 목욕을 해요. 마찬가지로 물도 뿌리곤 해요.

▶ 코끼리의 어금니. 아프리카코끼리(왼쪽), 아시아코끼리(오른쪽).

위아래에 두 개씩 있는 어금니
입안에는 위아래 두 개씩, 총 네 개의 어금니가 자라나 있어요. 이 이들로 풀과 나뭇잎을 짓이겨 먹어요. 이는 일생에 다섯 번 빠지고 새로 자라요. 아프리카코끼리와 아시아코끼리는 이빨에 있는 홈의 형태가 달라요.

아프리카코끼리는 먹은 양의 4할을 대변으로 배설해요. 100kg의 풀을 먹으면 40kg가량이 나오는 식이에요.

아프리카코끼리

코끼리과

수컷은 지상 최대 동물이에요. 암컷과 새끼들은 무리를 지으며, 수컷은 홀로 생활해요. 하루에 식물 100~300kg을 섭취해요.

- 6~7.5m, (꼬리 길이)1~1.5m, (몸높이)수컷/평균 3.2m(최대 4m), 암컷/평균 2.6m(최대 3m)
- 수컷/6t(최대 10t), 암컷/2.8t(최대 4.6t)
- 사하라 사막 이남 아프리카 사막, 사바나
- 잎, 뿌리, 나무껍질, 풀, 열매

Q 아프리카코끼리는 최강의 동물인가요?

A 몸무게 10톤의 거대한 몸과 강력한 힘을 지닌 코를 소유한 아프리카코끼리를 이길 수 있는 동물은 없어요. 최강의 동물이라고도 여겨지죠.

▲몸이 큰 하마도 뒤집어 버릴 수 있어요.

크기 체크

아프리카코끼리 / 아시아코끼리 / 둥근귀코끼리

아프리카코끼리의 다양한 생활

동아프리카나 남아프리카에 펼쳐진 대초원 사바나에 서식해요. 사바나에는 먹이가 되는 풀과 나무가 많이 있고, 우기와 건기로 이동하면서 생활해요.

▲초원에 나무가 듬성듬성 자란 사바나에서 생활해요.

▲암컷 연장자인 리더를 중심으로, 암컷과 새끼들로 이뤄진 무리를 지어 생활해요.

▲하루에 100L의 물을 마셔요. 물놀이도 좋아해요.

▲풀이나 나뭇잎이 주식이지만, 나무줄기 껍질을 비롯해 식물이면 뭐든 먹어요.

▲새끼는 어미의 앞다리 연결 부위 부근에 있는 유두에서 젖을 마시고 성장해요.

아프리카코끼리의 수명은 70세 정도이지만, 사육할 때는 훨씬 짧은 20세 정도라고 해요.

장비목

▶숲속에 살기 때문에 몸은 그다지 크지 않아요.

둥근귀코끼리 코끼리과

아프리카코끼리의 아종으로 여겨졌으나, 유전자 분석으로 다른 종이라는 사실이 알려졌어요. 작은 몸과 곧게 자란 상아가 특징이에요.

📏 4~6m,(꼬리 길이)1~1.5m,(몸높이)수컷/1.6~2.9m, 암컷/1.6~2.4m ⚖ 2.7~6t 🌍 아프리카 서부~중앙부
🌳 삼림 🍃 잎, 새싹, 나무껍질, 나뭇가지, 열매

▶아프리카코끼리는 성질이 난폭해 길들이기 어려운 것으로 알려져 있으나, 둥근귀코끼리는 길들일 수 있어요.

더 알고 싶어! 코끼리 3종의 구분법

서식 환경에 적응한 몸 구조를 지녔어요. 광활한 환경에 서식하는 아프리카코끼리는 몸집이 커요. 숲에 서식하는 나머지 2종은 아프리카코끼리보다 작아요.

평평한 머리 | **귀가 크다** — **아프리카코끼리**
◀코끝 위아래에 돌기가 있어요. 둥근귀코끼리와 같아요.

솟아오른 머리 | **아프리카코끼리보다 작은 귀** — **아시아코끼리**
◀코끝 위쪽에만 돌기가 있어요.

아래로 향한 상아 숲에서 나무에 걸리지 않는 구조 | **둥그스름한 귀** — **둥근귀코끼리**
◀코끝 위아래에 돌기가 있어요. 아프리카코끼리와 같아요.

📏 몸길이 ⚖ 몸무게 🌍 분포 🌳 서식 환경 🍎 주된 먹이 🇰🇷 한국에 서식하는 동물 🔵 한국에 서식하는 외래종 ◆ 멸종위기종

아시아코끼리 코끼리과

인도나 스리랑카, 동남아시아의 숲에 서식하는 코끼리예요. 예전에는 '인도코끼리'라고 불렸지만, 동남아시아에도 서식해 '아시아코끼리'라고 불리게 되었어요.

📏 5.5~6.4m, (꼬리 길이)1.2~1.5m, (몸높이)수컷/평균 2.7m(최대 3.4m), 암컷/평균 2.4m 수컷/평균 3.6t(최대 6t), 암컷/평균 2.7t 🌏 남아시아, 동남아시아 🌳 삼림, 관목림, 초원 🍽 나뭇가지, 나무껍질, 뿌리, 잎

▶ 수컷은 긴 상아가 있고 홀로 생활해요.

Q 멸종할 것 같은 코끼리가 있나요?

A 인도네시아의 수마트라섬에 분포하는 아종인 수마트라코끼리는 개체 수가 적어 멸종이 우려되고 있어요.

밀림에 서식하는 수마트라코끼리.

▶ 축제 의상을 입힌 아시아코끼리. 길들일 수 있으므로 무거운 짐을 운반하는 등 사람의 작업에도 이용되고 있어요.

▼ 암컷과 새끼는 10~40마리 정도의 무리로 생활해요.

서인도제도매너티 매너티과

매너티과 중에 가장 커요. 여름에는 바다에서, 겨울에는 강이나 호수에서 생활해요. 헤엄치는 속도는 시속 8km 정도예요. (전체 길이) 2.5~3.9m 최대 1,620kg
북아메리카 남부~남아메리카 북동부 연안
바다, 강, 호수 해초, 수초

크기 체크
듀공
서인도제도매너티

아마존매너티 매너티과

담수에서만 생활하며, 물에 떠다니는 해초를 먹어요.
(전체 길이) 최대 3m
450kg 아마존강
강, 호수 수초, 열매

아프리카매너티 매너티과

다른 매너티와 달리 잡식성이에요. 식물 외에 조개나 물고기도 먹어요.
(전체 길이) 최대 3.5m
460kg 아프리카 서부 연안과 내륙 하천 강, 하구 부근의 바다
해초, 수초, 조개, 물고기

Q 멸종한 바다소가 있다는데 사실인가요?

A 북태평양에 서식했던 스텔러바다소는 멸종했어요. 1768년에 포획된 것이 마지막 기록으로 남아 있어요.

듀공이 인어의 모델인 이유는 어미 듀공이 새끼에게 젖을 주는 모습이 사람을 연상시켰기 때문이라고 해요.

바위너구리목 동물

바위너구리목 / 관치목

▼일광욕하는 케이프바위너구리.

바위너구리목은 어떤 동물인가요?

선조는 코끼리와 같아요

바위너구리목은 고양이 정도의 크기인 동물이에요. 몸은 작지만, 골격과 DNA 분석에서는 코끼리와 가까운 무리인 것으로 알려져 있어요.

▶바위너구리의 두개골. 계속 늘어나는 위턱의 앞니 두 개는 코끼리와 유사해요.

남부나무타기너구리
바위너구리과

홀로 생활하거나 작은 무리를 이뤄 나무 위에서 생활해요. 📏 32~60cm ⚖ 1.7~4.5kg
🌍 아프리카 중앙부~남동부남부 🌳 삼림, 사바나
🍽 잎, 새싹, 나뭇가지, 열매, 씨앗

케이프바위너구리
바위너구리과

바위 터에 가족으로 된 무리가 모여, 최대 80마리 정도까지 되는 대집단 생활을 해요. 바위 위에서 일광욕하는 걸 좋아해요. 📏 39~58cm
⚖ 1.8~5.4kg 🌍 아프리카, 아라비아 반도 🌳 바위 터 🍽 풀, 잎, 열매

노랑반점바위너구리 **바위너구리과**

수백 마리의 집단을 이루기도 해요. 아침에 일어나면 바위 위에서 일광욕으로 체온을 올리고 더울 때는 시원한 바위틈에 들어가요.
📏 32~56cm ⚖ 1.3~3.6kg 🌍 아프리카 북동부~남부 🌳 바위 터 🍽 잎, 풀

서부나무타기너구리
바위너구리과

나무 위에서 생활해요. 야행성이지만 낮에 활동하기도 해요. 📏 44~57cm ⚖ 1.8~4.5kg
🌍 아프리카 중서부~중앙부 🌳 삼림, 사바나
🍽 잎, 열매, 풀, 곤충

📏 몸길이 ⚖ 몸무게 🌍 분포 🌳 서식 환경 🍽 주된 먹이 🇰🇷 한국에 서식하는 동물 ⬤ 한국에 서식하는 외래종 ◆ 멸종위기종

관치목 동물

관치목은 어떤 동물인가요?

같은 무리인 동물이 없는 신기한 동물

예전에는 개미핥기와 같은 무리라고 여겨지던 적이 있었지만, 현재는 전혀 관계없다는 사실이 밝혀졌어요. 같은 무리에 속하는 동물이 없는 원시적인 포유류로서 아프리카에 땅돼지 1종만이 서식하고 있어요. 이름에는 돼지가 있지만, 돼지와는 관계없는 종이에요.

땅돼지 땅돼지과
야행성이에요. 낮에는 둥지, 구멍 안에서 숙면해요. 길고 견고한 발톱을 지녔으며, 아주 빠르게 구멍을 팔 수 있어요.
94~142cm, (꼬리 길이) 44~63cm / 40~65kg
사하라 사막 이남 아프리카 전역 / 사바나 / 개미, 흰개미

크기 체크
케이프바위너구리
땅돼지
서부나무타기너구리

▶일본 국립과학박물관에 전시된 땅돼지의 발톱 박제예요.

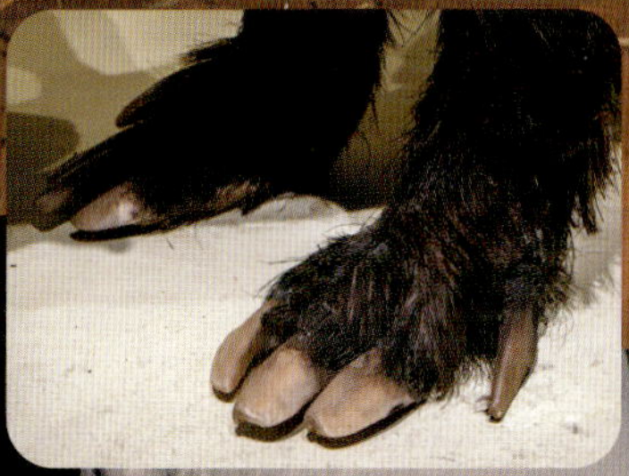

더 알고 싶어! 기묘한 땅돼지의 이빨

절치(앞니)와 송곳니가 없으며, 어금니만 있어요. 어금니는 에나멜질이 없고 육각형 모양이에요. 이와 같은 이빨을 지닌 동물은 땅돼지뿐이에요.

▶견고한 발톱으로 개미둥지를 부수고 안에 있는 흰개미를 먹어요.

짬막지식 땅돼지의 콧구멍은 흙이나 흰개미가 들어오지 못하도록 닫을 수 있는 구조예요.

아프리카땃쥐목 동물

아프리카땃쥐목은 어떤 동물인가요?

아프리카에서 기원한 원시적인 포유류

아프리카에서 진화해 온 포유류예요. 원시적인 모습을 간직하고 있고, 텐렉과와 황금두더지과 총 두 개의 과가 있죠. 텐렉과는 아프리카와 마다가스카르에 분포하며, 쥐나 고슴도치와 비슷한 모습이에요. 황금두더지는 두더지와 비슷하나 전혀 다른 종이에요. 수렴 진화(22쪽)의 결과로 이처럼 닮게 되었어요.

Q 마다가스카르고슴도치붙이는 새끼를 몇 마리 낳나요?

A 한 번 출산으로 평균 20마리이며, 최고 32마리의 새끼를 낳기도 해요. 일 년에 두 번 번식해요.

▲유두의 개수는 최고 29개나 된다고 해요.

마다가스카르고슴도치붙이 　텐렉과

아프리카땃쥐목 중 가장 크고 야행성이며, 나무 구멍 또는 바위 밑에 둥지를 지어요. 건기나 겨울에는 땅속에 들어가 휴면해요.
- 25~39cm　500~1,500g　마다가스카르섬, 코모로 제도
- 삼림　곤충, 열매, 개구리, 뱀, 달팽이

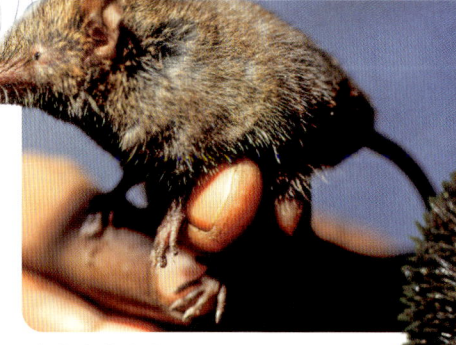

산지땃쥐텐렉 　텐렉과 ◇

땃쥐(52쪽)와 똑 닮은 생김새를 하고 있어요.
- 7.2~9cm, (꼬리 길이)9.8~11.7cm　12~18g
- 마다가스카르섬 북부
- 해발 1,500~1,950m의 삼림　곤충, 지렁이

로랜드줄무늬텐렉 　텐렉과

등에 있는 특수한 가시를 비벼 소리를 내요.
- 10.4~17.6cm　76~108g　마다가스카르섬 동부
- 삼림　곤충, 지렁이

큰고슴도치텐렉 　텐렉과

온몸이 각종 방향으로 뻗은 바늘 같은 단단한 털로 덮여 있어요. 나무 타기가 특기예요.
- 14~23cm, (꼬리 길이)0.9~1.7cm　108~350g
- 마다가스카르섬　삼림　곤충, 열매

크기 체크
- 붉은코끼리땃쥐
- 케이프황금두더지
- 마다가스카르고슴도치붙이

그랜트황금두더지 　황금두더지과
낮에는 지하 50cm 정도의 둥지 구멍에서 휴식하고, 밤에는 모래를 헤엄치듯 파며 나아가요.
- 🏠 7.6~8.6cm　⚖ 15~30g　🌍 아프리카 남서부
- 🌳 해안의 사구, 사막
- 🍚 곤충, 지렁이, 파충류

케이프황금두더지 　황금두더지과
남아프리카공화국의 좁은 지역에만 서식하는 종이에요.
- 🏠 수컷/10~11.5cm, 암컷/9.4~11.4cm
- ⚖ 40~50g
- 🌍 남아프리카공화국 남서부
- 🌳 모래땅이 있는 삼림 또는 관목림
- 🍚 곤충, 지렁이, 노래기

코끼리땃쥐목 동물

코끼리땃쥐목은 어떤 동물인가요?
유연하고 긴 코를 지닌 작은 동물

예전에는 제주땃쥐나 토끼와 유사한 종으로 여겨졌어요. 그러나 DNA 분석 등에 의해 코끼리와 가까운 친척이라는 것이 알려졌죠. 아프리카 사막이나 삼림과 같은 다양한 환경에 서식하고 있는 작은 포유류예요. 캥거루처럼 뛰어서 이동하지는 않고, 걷거나 달리는 식으로 이동해요.

붉은코끼리땃쥐
코끼리땃쥐과
풀밭에 복잡한 길을 만들고 생활해요.
- 🏠 10.2~19.9cm, (꼬리 길이)11.1~16.3cm
- ⚖ 47~70g　🌍 아프리카 동부　🌳 사바나
- 🍚 곤충, 거미, 잎, 열매

북아프리카코끼리땃쥐 　코끼리땃쥐과
일부일처제 한 쌍으로 영역을 지키며 생활해요.
- 🏠 10~12cm, (꼬리 길이)10.5~13.7cm　⚖ 40~55g
- 🌍 아프리카 북부　🌳 관목림, 바위 터
- 🍚 곤충, 잎, 열매

금빛허리코끼리땃쥐
코끼리땃쥐과
가장 몸집이 큰 코끼리땃쥐예요. 위험을 감지하면 꼬리로 땅을 두들겨 경계음을 내고, 점프해 도망쳐요.
- 🏠 21.8~30.4cm, (꼬리 길이)21.3~27cm　⚖ 410~690g
- 🌍 케냐 연안　🌳 삼림, 관목림　🍚 곤충, 지렁이

짤막지식 코끼리땃쥐는 발이 아주 빨라서 시속 약 30km에 달하는 속도로 달릴 수 있어요.

유모목 동물

유모목(개미핥기 무리)

유모목은 어떤 동물인가요?

이빨이 없거나, 있더라도 아주 빈약해요

이빨이 없는 개미핥기 무리와 빈약한 이빨을 지닌 나무늘보 무리가 있어요. 모두 중앙아메리카와 남아메리카의 열대 지역에 서식하고 있으며, 개미핥기는 개미나 흰개미를 먹고, 나무늘보는 나뭇잎을 먹어요. 무리는 짓지 않으며, 어미와 새끼 그룹을 제외하고는 홀로 생활해요.

크기 체크
큰개미핥기 / 애기개미핥기 / 북부작은개미핥기

큰개미핥기 (큰개미핥기과)
큰개미핥기과 중에서 제일 커요. 등에 업힌 새끼는 부모와 같은 색과 형태이므로 눈에 띄지 않아요. 100~140cm, (꼬리 길이)60~90cm
22~45kg 중앙아메리카~남아메리카
초원, 습지, 삼림 흰개미, 개미

개미핥기 무리
이빨이 없으며 개미나 흰개미를 먹어요. 애기개미핥기과 1종, 큰개미핥기과 3종이 있어요.

예리한 발톱
앞발에는 다섯 개의 발가락 중 두 개에 커다랗고 예리한 발톱이 있으며, 딱딱한 개미둥지를 파괴하는 역할을 해요.

개미를 먹는다
둥지 안에 끈적한 혀를 넣어 개미나 흰개미를 붙잡아요. 하루 동안 개미 3만 5천 마리까지도 먹는다고 해요.

긴 혀
혀는 길이 약 60cm에 달해요. 이 혀를 일 분간 150번 내밀었다 집어넣을 수 있어요.

몸길이 몸무게 분포 서식 환경 주된 먹이 한국에 서식하는 동물 한국에 서식하는 외래종 멸종위기종

작은개미핥기 큰개미핥기과
남부작은개미핥기라고도 해요. 북부작은개미핥기와 비교하면, 몸의 색이 개체에 따라 차이가 있어요.
- 47~77cm, (꼬리 길이)40~67cm
- 3.5~8.4kg 남아메리카 북부~중부
- 삼림 흰개미, 개미, 벌

Q 작은개미핥기는 왜 똑바로 서 있나요?

A 재규어 등에게 습격당했을 때 상대를 위협하는 자세예요. 똑바로 서서 몸을 크게 보이게 하고, 예리한 발톱이 난 앞발로 공격하기도 해요.

북부작은개미핥기 큰개미핥기과
낮에는 나무 구멍에서 휴식하고, 하루의 절반 정도를 나무 위에서 생활해요. 밤에는 나무 위의 흰개미를 대량으로 잡아먹어요.
- 약 56cm, (꼬리 길이)40~67.5cm
- 3~6kg 중앙아메리카~남아메리카 북서부
- 관목림, 삼림 흰개미, 개미

애기개미핥기 애기개미핥기과
야행성이며 나무 위에서 생활해요. 나뭇가지 속에 있는 개미를 먹어요. 제일 작은 개미핥기예요.
- 20.1~20.5cm, (꼬리 길이)16.5~29.5cm 약 300g
- 남아메리카 북부~북동부 삼림 개미

더 알고 싶어! 수많은 종이 멸종한 이절류

개미핥기, 나무늘보가 속한 유모목과 피갑목은 모두 허리뼈의 관절이 다른 포유류와 상이한 형태를 띠고 있어 '이절류'로 구별돼요. 남아메리카에서 진화한 포유류의 무리로, 예전에는 많은 종이 있었으나 지금은 대다수가 멸종해 버렸어요.

메가테리움 몸길이 6m에 달하는 거대한 지상 나무늘보예요. 1만 년 전까지는 존재했지만 멸종하고 말았어요.

글립토돈 (거대 아르마딜로)

짤막 지식 애기개미핥기는 현재 1종으로 여겨지지만, 7종으로 분류하는 연구자도 있어요.

나무늘보 무리

나무 위에서 나뭇잎을 먹고 살아요. 느릿한 동작과 나뭇가지에 매달린 채 거의 움직이지 않는 것으로 유명해요. 두발가락나무늘보과와 세발가락나무늘보과로 나뉘어요.

유모목 (나무늘보 무리)

호프만두발가락나무늘보
두발가락나무늘보과

항상 나무 위에서 생활하지만, 대변을 볼 때는 나무뿌리 근처까지 내려와요.
- 50~70cm, (꼬리 길이)1.4~3cm
- 2.7~10kg 중앙아메리카~남아메리카 북서부 삼림
- 잎, 나뭇가지, 열매, 꽃

크기 체크
호프만두발가락나무늘보 / 갈색목세발가락나무늘보 / 옅은목세발가락나무늘보 / 남부두발가락나무늘보

남부두발가락나무늘보
두발가락나무늘보과

현재 살아 있는 나무늘보 중 가장 커다란 종이에요.
- 54~88cm, (꼬리 길이) 0.9~3.3cm
- 4~11kg
- 남아메리카 북부 삼림
- 잎

더 알고 싶어! 두발가락나무늘보와 세발가락나무늘보의 차이점

두발가락나무늘보의 앞발 발톱은 두 개, 세발가락나무늘보의 앞발 발톱은 세 개예요. 목의 뼈 개수도 두발가락나무늘보는 6~7개지만, 세발가락나무늘보는 9개로 차이가 있어요. 움직임도 두발가락나무늘보보다 세발가락나무늘보가 더 느긋해요.

▶ 갈색목세발가락나무늘보의 앞발 발톱.

엷은목세발가락나무늘보 세발가락나무늘보과
세발가락나무늘보과는 앞다리, 뒷다리에 각각 세 개의 발가락이 있어요. 일생의 대부분을 나무 위에서 보내요. 🏠 45~75.5cm, (꼬리 길이) 2.2~11cm ⚖ 3.4~6.5kg 🌍 남아메리카 북부 🌳 삼림 🍃 잎

갈색목세발가락나무늘보 세발가락나무늘보과
코에서 '아-이-' 하는 높고 날카로운 소리를 내요. 그래서 현지에서는 '아이' 또는 '아이아이'라고 불러요. 나방이나 갑충이 털 안쪽에 살고 있으며, 이의 유충은 대변을 먹어요. 🏠 51.9~54cm, (꼬리 길이) 5.2~5.5cm ⚖ 3.7~6kg 🌍 중앙아메리카~남아메리카 중부 🌳 삼림 🍃 잎

갈기세발가락나무늘보 세발가락나무늘보과
목 뒤부터 어깨에 걸쳐서 길이 약 15cm의 갈기가 자라나 있어요. 아주 조용히 움직이기 때문에 찾아내기 어려워요. 🏠 59~75.2cm, (꼬리 길이) 4~5.4cm ⚖ 4.6~10.1kg 🌍 브라질 연안 일부 🌳 해발 1,000m까지의 삼림 🍃 잎

Q 나무늘보는 걸을 수 없나요?
A 근육이 거의 없고 긴 발톱이 방해되므로 땅에서는 잘 걷지 못해요. 하지만 수영은 잘 해요.

피그미세발가락나무늘보
세발가락나무늘보과
2001년에 과학 논문에 기재된 신규 나무늘보 종이에요. 🏠 48.5~53cm, (꼬리 길이) 4.5~6cm ⚖ 2.5~3.5kg 🌍 에스쿠도 드 베라과스섬(카리브해·파나마 공화국) 🌳 삼림 🍃 잎

짠막지식 나무늘보의 영어 이름은 'Sloth'로, '천천히 움직이는 것'이라는 뜻이에요.

피갑목 동물

피갑목은 어떤 동물인가요?

딱딱한 뼈의 판으로 몸을 보호해요

등 쪽이 딱딱한 뼈의 판으로 덮여 있는 것이 피갑목의 특징이에요. 종에 따라 등딱지의 띠 개수가 달라요. 예리한 발톱으로 구멍을 파는 특기가 있어요.

여섯띠아르마딜로 아르마딜로과
등딱지의 띠가 6~8개예요. 주로 낮에 활동해요.
- 40~50cm, (꼬리 길이)20~25cm
- 3~7kg / 남아메리카 동부~중부
- 사바나 / 양서류, 파충류, 포유류(소형), 곤충, 열매

애기아르마딜로 아르마딜로과
가장 작은 아르마딜로예요. 밤에 식사할 때를 제외하면 대부분 땅속 굴에서 생활해요. 위험을 감지하면 재빠르게 구멍을 파 몸을 숨겨요.
- 11~15cm, (꼬리 길이)2.5~3.5cm / 100~115g / 아르헨티나
- 부드러운 모래땅 지대 / 곤충, 지렁이, 달팽이

왕아르마딜로 아르마딜로과
아르마딜로 중 가장 큰 종이며 야행성이에요. 앞발로 개미 둥지를 부순 후 긴 혀로 흰개미를 핥아 잡고, 약 100개에 달하는 이로 으깨 먹어요.
- 75~100cm, (꼬리 길이)40~50cm
- 20~60kg / 남아메리카 북부~중앙부 / 삼림, 관목림
- 개미, 흰개미, 거미, 뱀, 열매

크기 체크: 여섯띠아르마딜로, 왕아르마딜로, 브라질세띠아르마딜로

몸길이 / 몸무게 / 분포 / 서식 환경 / 주된 먹이 / 한국에 서식하는 동물 / 한국에 서식하는 외래종 / 멸종위기종

진무맹장목 동물

두더지 무리

앞다리가 땅을 파는 데 적합한 형태로 되어 있어, 땅속에 터널을 파고 생활해요. 시력이 안 좋은 대신 후각이나 청각이 발달해 있어요.

진무맹장목(두더지 무리)

진무맹장목은 어떤 동물인가요?

곤충이나 지렁이를 좋아해요

과거에는 곤충을 먹으므로 '식충목'이라고도 불렀어요. 내장에 맹장이 없는 것이 특징이죠. 곤충이나 지렁이 등의 작은 동물을 먹어요. 두더지과, 땃쥐과, 솔레노돈과, 고슴도치과가 포함되며, 오스트레일리아와 남극을 제외한 모든 대륙에 분포하고 있어요.

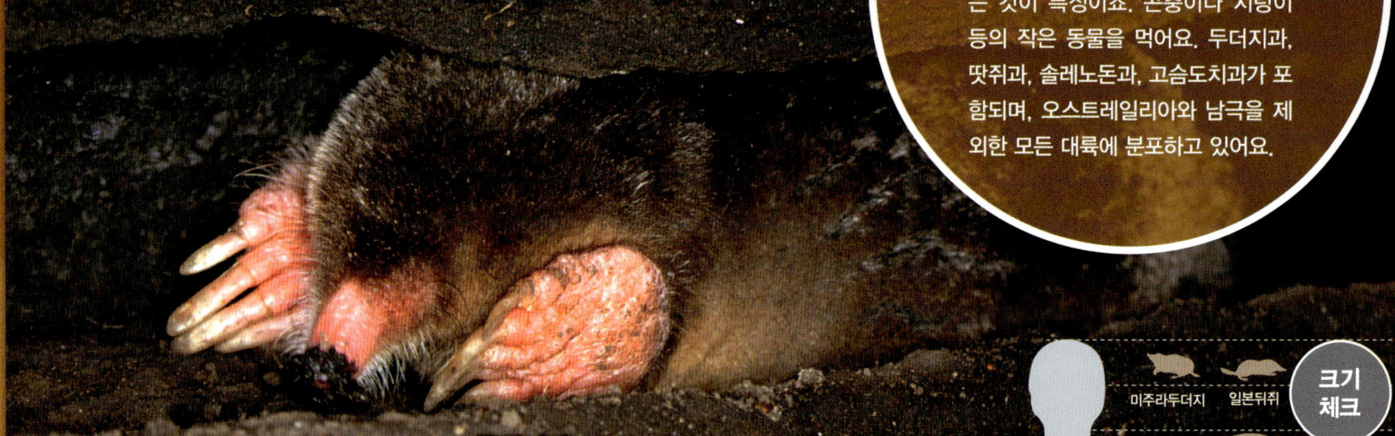

큰두더지 두더지과
일본에 서식하는 두더지예요. 특히 습기가 많은 평지를 선호해요. 12.3~18cm, (꼬리 길이)1.2~2.9cm
62.9~178g 일본 삼림, 초지 지렁이, 곤충

크기 체크
미주라두더지 · 일본뒤쥐
큰두더지
작은일본두더지 · 별코두더지

더 알고 싶어! 두더지의 집

두더지의 집에는 먹이를 보관하는 공간, 화장실 등 각각의 역할을 지닌 방이 존재해요.

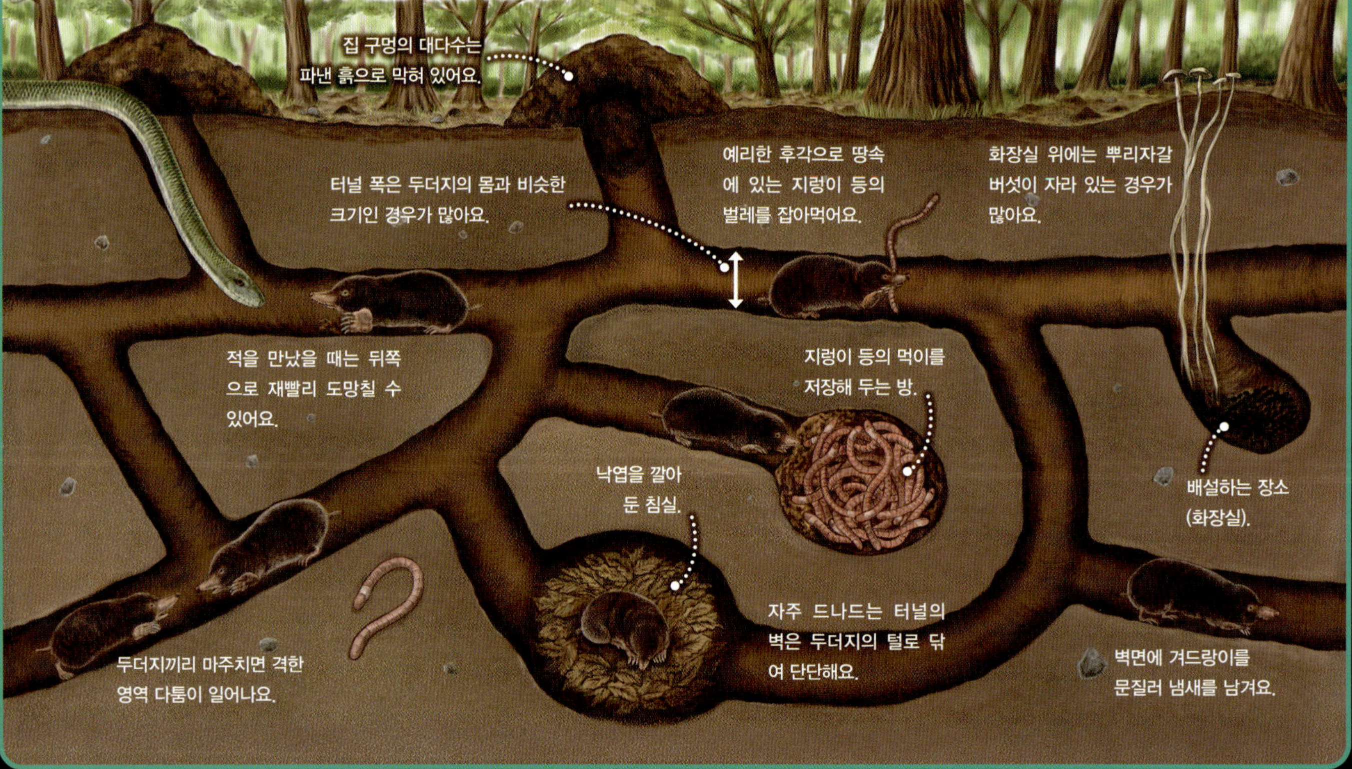

- 집 구멍의 대다수는 파낸 흙으로 막혀 있어요.
- 터널 폭은 두더지의 몸과 비슷한 크기인 경우가 많아요.
- 예리한 후각으로 땅속에 있는 지렁이 등의 벌레를 잡아먹어요.
- 화장실 위에는 뿌리자갈버섯이 자라 있는 경우가 많아요.
- 적을 만났을 때는 뒤쪽으로 재빨리 도망칠 수 있어요.
- 지렁이 등의 먹이를 저장해 두는 방.
- 낙엽을 깔아 둔 침실.
- 배설하는 장소 (화장실).
- 자주 드나드는 터널의 벽은 두더지의 털로 닦여 단단해요.
- 두더지끼리 마주치면 격한 영역 다툼이 일어나요.
- 벽면에 겨드랑이를 문질러 냄새를 남겨요.

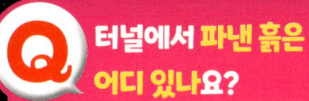

Q 터널에서 파낸 흙은 어디 있나요?

A 땅 위에 쌓여 있어요. 이를 '두더지총(언덕)'이라고 해요.

▲두더지총(언덕).

작은일본두더지 두더지과
일본에 서식하는 두더지로, 주로 동일본 지방에 분포해요. 큰두더지와 비교하면 몸이 작아요.
🏠 10.2~15.4cm, (꼬리 길이) 0.9~2.3cm ⚖ 36.3~109.1g
🌏 일본 🌳 해발 2,000m 이하의 삼림, 초지
🍽 지렁이, 곤충

일본뒤쥐 두더지과
흙을 파는 힘이 약해, 낙엽 아래의 얕은 부분에 터널을 파고 살아요. 🏠 8.9~10.4cm, (꼬리 길이) 2.7~3.8cm ⚖ 14.5~28.5g 🌏 일본 🌳 삼림, 초지
🍽 지렁이, 곤충, 열매, 씨앗

히메히미즈 두더지과
일본에 서식하는 두더지 중 가장 작은 종이라고 해요. 🏠 7~8.4cm, (꼬리 길이) 3.2~4.4cm ⚖ 8~14.5g 🌏 일본 🌳 삼림, 초지
🍽 지렁이, 곤충

미주라두더지 두더지과
일본 혼슈의 높은 산에 드문드문 서식하고 있어요. 낙엽을 사용해 둥지를 지어요.
🏠 8.2~11.1cm, (꼬리 길이) 2~2.7cm ⚖ 20.5~32g
🌏 일본 🌳 해발 500~2,400m의 삼림
🍽 지렁이, 곤충

피레네데스만 두더지과
강가에 판 터널을 둥지로 삼고 주로 수중 생활을 해요. 발에는 물갈퀴가 있으며, 헤엄쳐 먹잇감을 잡아요.
🏠 10.8~14.5cm, (꼬리 길이) 12.3~16cm ⚖ 44.3~80g
🌏 프랑스 남부, 이베리아반도 북부 🌳 해발 2,700m 이하의 강이나 호수 부근 🍽 지렁이, 곤충, 새우

별코두더지 두더지과
코끝에 있는 22개의 돌기가 별 모양으로 펼쳐져요. 이를 이용해 먹잇감을 포획해요.
🏠 9.6~12.8cm, (꼬리 길이) 6.5~8.4cm
⚖ 27~52g
🌏 북아메리카 동부 🌳 습지, 늪지
🍽 지렁이, 곤충, 조개, 물고기

유럽두더지 두더지과
독을 머금은 타액으로 먹잇감을 마비시켜 잡아요. 🏠 11.3~15.9cm, (꼬리 길이) 2.5~4cm ⚖ 72~128g 🌏 유럽
🌳 삼림, 농경지, 초원 🍽 지렁이, 곤충

짤막지식 두더지는 햇빛을 받아도 죽지 않아요. 일광욕할 때도 있어요.

땃쥐 무리

이름에 쥐가 들어 있지만, 쥐는 아니에요. 가늘고 굽은 코를 지녔으며, 낙엽 또는 바위의 틈에 파고 들어 냄새를 맡고 먹잇감을 찾아다녀요.

진무맹장목(땃쥐 무리)

일본갯첨서
땃쥐과

일본 고유종이에요. 산의 시냇물에 서식하며, 주로 수생 곤충이나 물고기를 잡아먹어요. 🏠 11.2~13.5cm, (꼬리 길이)8.2~11cm
⚖ 37~55g 🌏 일본 🌲 삼림의 냇가 🍴 수생 곤충, 물고기, 개구리, 게

도쿄땃쥐 — 꼬마뒤쥐의 아종
땃쥐과

유라시아 대륙에 널리 분포하는 꼬마뒤쥐의 아종이에요. 이름과는 달리 일본 홋카이도에만 서식하고 있어요. 세계에서 가장 작은 포유류 중 하나예요. 🏠 3~5.3cm, (꼬리 길이)1.7~3.3cm
⚖ 1.4~4g 🌏 일본 🌲 삼림, 초원, 습지
🍴 곤충, 거미, 지렁이

갯첨서
땃쥐과

주로 야행성이며, 수중 활동에 적응한 몸을 지니고 있어요. 🏠 7.5~10.3cm, (꼬리 길이)5.8~7.3cm
⚖ 8.5~25g 🌏 유라시아 🌲 냇가, 호숫가
🍴 수생 곤충, 지렁이, 개구리, 물고기

제주땃쥐
땃쥐과

밤에 풀숲이나 낙엽 사이를 돌아다니면서 좁은 틈에 숨어 있는 작은 동물을 잡아요.
🏠 6.1~8.4cm, (꼬리 길이)3.9~5.4cm ⚖ 5~12.5g
🌏 한국(제주도), 일본 🌲 습지, 냇가 🍴 곤충, 거미, 지렁이

Q 갯첨서는 어떻게 헤엄치나요?

A 뒷발 발가락에 딱딱한 털이 자라 늘어서 있어요. 마치 물갈퀴 같은 구조죠. 이 발로 물을 걷어차며 헤엄쳐요.

북부짧은꼬리땃쥐 땃쥐과

지하에 정교한 터널을 파고 생활해요. 포유류로서는 드물게 독을 지녔어요. 📏 9~11.4cm, (꼬리 길이)1.7~3.2cm
⚖ 11~30g 🌐 북아메리카 중부~동부 🌲 삼림, 습지
🍽 곤충, 지렁이, 거미, 포유류(소형)

Q 북부짧은꼬리땃쥐는 어떻게 사냥감을 잡나요?

A 타액에 있는 독으로 사냥감을 약화한 후 잡아요.

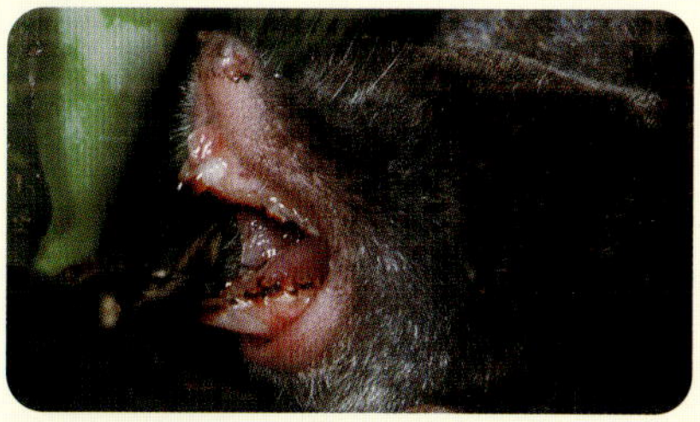

▲ 입을 벌린 북부짧은꼬리땃쥐.

긴발톱첨서 땃쥐과

터널을 파 생활하며, 터널 안이나 땅 위에서 마주친 작은 동물을 잡아먹어요.
📏 7~9.1cm, (꼬리 길이)4~5.5cm ⚖ 6.9~15g
🌐 일본, 러시아, 중국 🌲 삼림, 초원
🍽 곤충, 지렁이, 지네

집땃쥐 땃쥐과

사향땃쥐라고도 하며 야행성이에요.
📏 9~16cm, (꼬리 길이)4.5~11cm
⚖ 23.5~147.3g 🌐 일본, 아시아 남부
🌲 농경지, 도시, 삼림 🍽 곤충, 개구리, 뱀, 열매

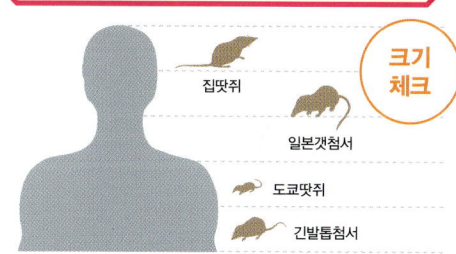

크기 체크
- 집땃쥐
- 일본갯첨서
- 도쿄땃쥐
- 긴발톱첨서

이색땃쥐 땃쥐과

이동할 때, 새끼가 부모나 형제의 엉덩이를 물어서 이어진 채 이동해요.
📏 5.9~7.2cm, (꼬리 길이)3.1~4.1cm ⚖ 5.9~11.1g 🌐 유럽 중부~카스피해 주변
🌲 초원, 삼림 🍽 곤충, 지렁이, 노래기

짧은 지식 세계에서 가장 작은 포유류는 도쿄땃쥐 또는 뒤영벌박쥐로 알려져 있어요.

진무맹장목 (솔레노돈 무리)(고슴도치 무리)

솔레노돈 무리

카리브해의 섬인 쿠바섬, 히스파니올라섬에 단 2종만 존재하는 귀중한 동물이에요. 찍힌 사진도 거의 없죠. 솔레노돈은 라틴어로 '홈이 있는 이빨'이라는 의미예요. 타액에 독이 있으며, 이빨의 홈을 타고 흘러가요.

쿠바솔레노돈 솔레노돈과
멸종한 것으로 생각되었으나, 2012년에 살아 있는 개체가 포획되었어요.
455~950g / 쿠바섬 동부 / 동굴, 삼림 / 지렁이, 곤충, 게, 거미, 개구리

아이티솔레노돈 솔레노돈과
야행성이에요. 낮에는 바위틈이나 나무 구멍 둥지에서 자고 있어요. 27~49cm, (꼬리 길이)20~25cm, 620~1,166g
히스파니올라섬 / 삼림 / 지렁이, 곤충, 도마뱀, 거미, 개구리

고슴도치 무리

몸에 가시가 난 고슴도치 무리와 가시가 없는 짐누라고슴도치 무리가 있어요. 뾰족한 코와 커다란 귀가 특징이에요.

서유럽고슴도치 고슴도치과
몸이 2~3cm가량의 가시로 덮여 있어요. 이를 활용해 적으로부터 몸을 보호해요. 야행성이며 겨울에는 동면해요.
20.9~24.5cm, (꼬리 길이)2.4~3.2cm, 526~556g, (최대 1.2kg)
유럽~러시아 서부 / 삼림, 초원 / 곤충, 지렁이, 거미, 새, 도마뱀, 열매

더 알고 싶어! 정원에 찾아오는 동물

서유럽고슴도치는 아주 친숙한 동물이에요. 유럽에서는 도시 민가의 정원에도 나타나 귀여움받고 있어요.

긴귀고슴도치 고슴도치과

건조한 땅에 서식하며, 커다란 귀는 몸의 열을 식히는 역할을 해요.
- 16~27.8cm, (꼬리 길이)1~5.5cm
- 230~400g 🌍 아프리카 북부~유라시아 중앙부
- 🌳 건조한 초원, 반사막, 관목림
- 🍓 곤충, 파충류, 새, 열매

크기 체크
- 짐누라고슴도치
- 아이티솔레노돈
- 서유럽고슴도치
- 쿠바솔레노돈

네발가락고슴도치 고슴도치과

아프리카 사바나에 서식해요. 반려동물로 기르는 경우가 많아요.
- 14~25.8cm, (꼬리 길이)0.9~2.5cm
- 250~680g 🌍 아프리카 동부~서부
- 🌳 사바나
- 🍓 열매, 버섯, 곤충, 파충류, 새

아무르고슴도치 고슴도치과 🇰🇷

한국에 서식하는 야생 고슴도치 종이에요. 일본에서는 사육하던 개체가 도망쳐 야생화되었다고 해요.
- 15.8~30cm, (꼬리 길이)1.7~4.2cm
- 수컷/약 1.4kg, 암컷/0.8~1kg 🌍 한국, 유라시아 동부
- 🌳 초원, 관목림, 삼림
- 🍓 곤충, 지렁이, 거미, 버섯, 열매

짐누라고슴도치 고슴도치과

몸에 가시가 없어요. 야행성이며 헤엄을 잘 쳐요. 항문샘에서 아주 고약한 액체를 내뿜어요.
- 25.5~46cm, (꼬리 길이)16.5~30cm
- 0.4~2kg 🌍 동남아시아(말레이반도, 수마트라섬, 보르네오섬 등) 🌳 삼림, 습지
- 🍓 곤충, 지네, 거미, 전갈, 열매

Q 고슴도치는 어떻게 몸을 보호하나요?

A 몸을 둥글게 말아 얼굴이나 배를 숨기고, 날카로운 가시로 몸을 보호해요.

쌩쌩 지식 네발가락고슴도치는 반려동물로서 많이 사랑받고 있지만, 야생의 생태는 잘 알려지지 않았어요.

박쥐목 동물

박쥐목(소형 박쥐)

큰불독박쥐 불독박쥐과
수면의 물고기가 만드는 파문을 반향정위라는 방법으로 찾아낸 후 긴 뒷다리로 사냥해요. 하룻밤에 30~40마리가량을 잡아요. 불독박쥐라고도 해요. 📏 8.2~10cm, (꼬리 길이)2.3~2.8cm ⚖ 50~90g 🌍 북아메리카 남부~남아메리카 중부 🌳 나무 구멍/강, 호수, 연안 🍽 물고기, 곤충

박쥐목은 어떤 동물인가요?

자유롭게 하늘을 나는 포유류

긴 앞다리가 날개로 변화했으며, 날갯짓을 통해 자유롭게 하늘을 날 수 있는 유일한 포유류예요. 초음파를 내뿜어 주로 벌레를 잡아먹는 비교적 몸집이 작은 박쥐, 열매를 먹는 큰박쥐 무리 등이 있어요. 포유류 중에서는 설치목 다음으로 종 수가 많으며, 하늘로 진출한 덕에 크게 번성한 무리예요.

더 알고 싶어! 박쥐의 날개

박쥐류의 날개는 길게 뻗은 앞다리의 손가락 사이를 중심으로, 뒷다리와 꼬리 사이에 펼쳐진 피부(피막)로 구성되어 있어요. 가슴 근육을 이용한 날갯짓으로 날 수 있어요.

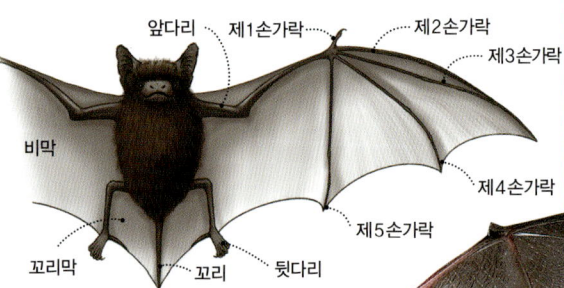

앞다리, 제1손가락, 제2손가락, 제3손가락, 비막, 제4손가락, 제5손가락, 꼬리막, 꼬리, 뒷다리

Q 반향정위가 무엇인가요?

A 입이나 코에서 높은 소리(초음파)를 내보내고, 먹잇감으로부터 튕겨 돌아온 소리를 듣고 그 물체의 위치나 속도를 파악할 수 있어요. 이를 '반향정위(에코 로케이션)'라고 해요. 큰박쥐 무리는 대부분 반향정위를 사용하지 않아요.

▲작은일본관박쥐의 비엽. 코에서 나오는 초음파를 조절해 반향정위를 사용해요. 비엽(鼻葉)

작은갈색박쥐
애기박쥐과
날개 또는 꼬리막으로 날고 있는 곤충을 퍼 올리듯이 사냥해요. 📏 3.2~5.3cm, (꼬리 길이)2.8~4.9cm ⚖ 5~12g 🌍 북아메리카 🌳 동굴, 건물/삼림 🍽 곤충

소형 박쥐

박쥐는 대부분 반향정위를 사용하여 곤충을 포식해요. 하지만 물고기, 쥐, 꽃꿀, 혈액 등을 먹는 박쥐도 있어요. 북극이나 남극과 같은 극도로 추운 지역을 제외하고 전 세계에 분포해요.

흡혈박쥐 주걱박쥐과
비행할 뿐만 아니라 걷거나 점프하면서 잠자는 소와 말에게 접근해요. 그리고 예리한 앞니로 피부에 상처를 내고, 흘러나오는 피를 핥아요.
🏠 6.8~9.3cm ⚖ 25~40g 🌐 북아메리카 남부~남아메리카 🌳 나무 구멍, 동굴/삼림, 목초지
🍽 대형 포유류나 조류의 피

작은일본관박쥐
관박쥐과
동굴에서 생활하며, 밤이 되면 밖으로 나와 날면서 벌레를 잡아요. 🏠 3.6~5.6cm, (꼬리 길이)1.6~3cm ⚖ 4~9g
🌐 일본 🌳 동굴/삼림 🍽 곤충

Q 정말 피를 빠는 박쥐가 있나요?

A 전 세계에서 피를 먹는 박쥐는 3종밖에 없어요. 다만 피를 빠는 게 아니라, 핥을 뿐이에요.

▲동물의 피를 핥는 흡혈박쥐.

큰위흡혈박쥐
위흡혈박쥐과
육식성 박쥐예요. 사냥할 때는 커다란 귀로 먹잇감이 내는 소리를 듣고 위치를 알아내요. 🏠 7~9.5cm
⚖ 40~60g 🌐 아프가니스탄 동부~중국 남부, 말레이반도, 스리랑카 🌳 동굴, 건물/삼림
🍽 곤충, 개구리, 새, 포유류(소형)

크기 체크
작은일본관박쥐
흡혈박쥐
큰불독박쥐

박쥐의 초음파는 배트 디텍터라는 장비를 사용하면 사람의 귀로도 들을 수 있어요.

박쥐목(소형 박쥐)

오렌지색꿀박쥐
주걱박쥐과

긴 혀를 이용해 꽃의 안쪽에 있는 꿀을 핥아요. 이때 수술의 꽃가루가 박쥐의 얼굴에 묻음으로써 꽃가루가 옮겨져요.

📏 5.6~7.5cm, (꼬리 길이)0.7~1.2cm ⚖ 13~16g
🌎 중앙아메리카~남아메리카 북서부 🌳 동굴/삼림
🍽 꽃의 꿀, 곤충, 열매

온두라스흰박쥐
주걱박쥐과

몸이 하얗고 작은 박쥐예요. 주로 열매를 먹어요. 📏 3.7~4.7cm ⚖ 5~6g
🌎 중앙아메리카 동부 🌳 삼림(잎의 뒷면)/삼림 🍽 열매

흰세점박이박쥐
애기박쥐과

몸에 검고 하얀 점박이 문양이 있어요. 길이 5cm에 달하는 커다란 귀가 특징이에요. 흑백박쥐라고도 해요. 📏 6~6.5cm, (꼬리 길이)4.7~5cm ⚖ 16~20g
🌎 북아메리카 중서부~남서부 🌳 건조 지대의 절벽 틈새/관목림, 목초지 🍽 곤충

더 알고 싶어! 잎사귀에 숨어 몸을 보호하라!

온두라스흰박쥐는 헬리코니아라는 커다란 잎의 일부분을 물어 텐트 모양으로 만들고, 잎의 뒷면에 몸을 바짝 붙인 채 잠들어요. 하얀 몸은 잎에 비치는 빛에 녹색으로 물들어서 눈에 잘 띄지 않는 효과가 있어요.

📏 몸길이 ⚖ 몸무게 🌎 분포 🌳 서식 환경 🍽 주된 먹이 (잠자리/섭식 장소) 🇰🇷 한국에 서식하는 동물 🔵 한국에 서식하는 외래종 ♦ 멸종위기종

더 알고 싶어! 박쥐 대군

미국 텍사스주의 브라켄 동굴에는 매년 봄이 되면 브라질자유꼬리박쥐가 이동해 와서 새끼를 길러요. 개체 수는 최대 2,000만 마리에 달해요. 이는 새와 물고기를 포함한 척추동물 중 가장 큰 규모의 무리예요.

▲ 저녁에 동굴에서 무수한 박쥐가 튀어나와요.

브라질자유꼬리박쥐 큰귀박쥐과

박쥐 중에서 가장 높은 고도 3,300m 이상을 날았다는 기록이 있어요. 1,000km 이상을 이동해요.
🏠 4.6~6.2cm, (꼬리 길이)2.8~4.2cm ⚖ 8~15g
🌍 북아메리카~남아메리카 🌳 동굴, 건물/삼림 🍽 곤충

천막박쥐 주걱박쥐과

커다란 잎의 잎맥을 접어 천막 모양으로 만들고 숙면해요. 주로 열매를 먹어요. 사진은 만든 천막에서 몸을 맞댄 채 쉬고 있는 모습이에요. 🏠 5.5~7.1cm ⚖ 13.7~22g
🌍 남아메리카 북부~중앙부 🌳 삼림/삼림
🍽 열매, 꽃의 꿀, 곤충

크기 체크
- 브라질자유꼬리박쥐
- 온두라스흰박쥐
- 흰세점박이박쥐

쿠바꽃박쥐 주걱박쥐과

꽃꿀을 아주 좋아해요. 꿀을 핥을 때 얼굴에 꽃가루가 묻고, 이로써 꽃가루를 옮기는 역할을 해요.
🏠 7.5~8.7cm, (꼬리 길이)0.6~1.8cm ⚖ 15~29g
🌍 쿠바, 아이티, 도미니카 공화국 🌳 동굴/삼림
🍽 꽃의 꿀, 꽃가루, 열매, 곤충

짤막지식 박쥐는 거꾸로 매달려 출산하는 종, 위쪽을 본 상태로 출산하고 꼬리막으로 새끼를 받아 내는 종 등이 있어요.

박쥐목(큰박쥐 무리)

큰박쥐 무리

몸이 크고 눈으로 사물을 보며 하늘을 날아요. 대부분이 야행성이지만, 낮에 활동하는 종도 있어요. 열매나 꽃의 꿀 등을 먹어요. 아시아, 아프리카, 오세아니아 등 열대·아열대 지방에 분포해요.

회색머리날여우박쥐 큰박쥐과 ◆

날개를 펼치면 1.5m에도 이르는 커다란 박쥐예요. 수만 마리나 되는 거대 집단을 이루며, 숲과 공원의 나무에서 휴식해요. 🏠 22~28cm ⚖ 0.4~1.3kg
🌏 오스트레일리아 동부~남동부 🌲 삼림, 인가/삼림, 인가
🍴 열매, 꽃의 꿀

Q 왜 거꾸로 매달려 있는 건가요?

A 땅 위에 서 있는 것보다 거꾸로 매달려 있는 쪽이 힘이 덜 들어요. 그러므로 다리뼈나 근육을 얇게 하고 몸무게를 가볍게 만들 수 있죠. 또한, 무릎 관절이 사람과는 반대이기 때문에 다리를 앞으로 굽힐 수가 있어요. 이는 날 때 꼬리막을 조절하거나, 나뭇가지나 벽에 머물 때 도움이 된다고 해요. 한편 땅에서는 잘 걷지 못해요.

▲ 거꾸로 매달린 회색머리날여우박쥐.

류큐날여우박쥐
큰박쥐과 ◆

낮에는 나뭇가지에 매달려 잠을 자고, 일몰 무렵 홀로 활동을 시작해요. 잠자리로 삼는 곳은 자주 바꿔요. 일본에는 에라부과일박쥐, 다이토과일박쥐, 야에야마과일박쥐, 오리과일박쥐(오른쪽 사진)와 같은 아종 4종이 서식하고 있어요. 🏠 18.5~23cm
⚖ 318~662g 🌏 일본(난세이 제도), 대만, 필리핀 북부 🌲 삼림/삼림, 인가
🍴 열매, 꽃의 꿀, 잎, 곤충

🏠 몸길이 ⚖ 몸무게 🌏 분포 🌲 서식 환경 🍴 주된 먹이(잠자리/섭식 장소) 🇰🇷 한국에 서식하는 동물 ● 한국에 서식하는 외래종 ◆ 멸종위기종

이집트과일박쥐
큰박쥐과
큰박쥐류 중에서는 드물게 초음파를 활용한 반향정위를 사용해요. 동굴에 거대한 무리를 짓고 살아요.
🏠 13.8~19.2cm, (꼬리 길이)0.7~2.5cm ⚖ 81~171g
🌍 아프리카, 중동 🌳 동굴/삼림, 사바나, 인가 🍎 열매

작은개얼굴과일박쥐
큰박쥐과
열매를 먹는 박쥐예요. 사진은 무화과 열매를 물고 있는 모습이에요. 🏠 7.2~9.6cm, (꼬리 길이)1~1.6cm
⚖ 27~45g 🌍 남아시아, 동남아시아, 중국 남부
🌳 삼림/삼림 🍎 열매, 꽃의 꿀, 잎

긴혀꽃꿀박쥐
큰박쥐과
야행성이에요. 몸길이의 3분의 1 정도에 달하는 긴 혀를 활용해서 밤에 피는 꽃의 꿀이나 꽃가루를 먹어요. 🏠 4.9~7.7cm, (꼬리 길이) 0.4cm 이하
⚖ 8~25g 🌍 동남아시아, 오스트레일리아 북부
🌳 삼림/삼림, 농경지 🍎 꽃의 꿀, 꽃가루, 열매

크기 체크
- 회색머리날여우박쥐
- 류큐날여우박쥐
- 긴혀꽃꿀박쥐

큰박쥐는 여우 같은 얼굴을 지녀서 영어로 'Flying Fox(하늘을 나는 여우)'라고 불리기도 해요.

일본에 서식하는 박쥐 무리

일본에 있는 포유류 중 가장 종류가 많은 동물이 바로 박쥐라고 해요. 여기서는 그 박쥐의 일부를 소개할게요.

- 홋카이도에 서식
- 혼슈에 서식
- 시코쿠에 서식
- 규슈에 서식 (오키나와 제외)
- ……섬 등의 한정된 지역에 서식

멧박쥐 애기박쥐과
일본에서 곤충을 먹는 박쥐 중 몸집이 가장 커요.
- 8~10.6cm, (꼬리 길이)4.5~6.2cm
- 26~61g
- 한국, 일본, 동아시아
- 나무 구멍, 건물/공중 (비행 중에 포식)
- 곤충, 새

큰발윗수염박쥐 애기박쥐과
연못이나 강 위에 있는 곤충을 먹는 일이 많으므로, 수면 근처에서 자주 관찰돼요.
- 4~7.1cm, (꼬리 길이)2.9~4.9cm
- 6~8g
- 한국, 일본, 극동 러시아, 동아시아
- 삼림/삼림, 물가
- 곤충

금강산관코박쥐 애기박쥐과
코의 좌우가 통처럼 튀어나와 있어요. 동굴이나 나무 구멍 등에서 홀로 생활하거나 몇 마리의 무리를 지어요.
- 4.7~7cm, (꼬리 길이)3.3~4.7cm
- 9~11g
- 한국, 일본, 러시아 중남부~극동 러시아, 동아시아
- 동굴, 나무 구멍, 마른 잎 속 등/삼림
- 곤충

검은집박쥐 애기박쥐과
일본에서의 기록은 적지만, 최근 홋카이도 등에서 여름과 겨울에 관찰되었어요. 한국의 경우, 경상북도 경주, 덕유산 등에서 발견돼요.
- 3.8~5cm, (꼬리 길이)3~4cm
- 6.3~9.4g
- 한국, 일본, 극동 러시아, 동아시아
- 삼림, 사막/공중(비행 중에 포식)
- 곤충

붉은박쥐 애기박쥐과
천연기념물
오렌지 색상과 검은색의 대비가 아름다운 박쥐예요. 일본에서는 쓰시마섬에서만 관찰돼요. 한국의 천연기념물이에요.
- 5.7~7cm, (꼬리 길이)4.3~5.6cm
- 12~13g
- 한국, 일본, 동아시아, 동남아시아
- 삼림/삼림
- 곤충

집박쥐 애기박쥐과
가장 친숙한 박쥐로, 인가에서 자리를 잡고 살아요.
- 3.8~6cm, (꼬리 길이)2.7~4.5cm
- 3.8~5.8g
- 한국, 일본, 극동 러시아, 동아시아, 동남아시아
- 건물/인가 주변
- 곤충

류큐관코박쥐 애기박쥐과
1996년에 발견되었어요. 나무 구멍이나 낙엽 속이 보금자리예요.
- 4.4~4.7cm, (꼬리 길이)3.4~4.5cm
- 7.5~10.6g
- 일본
- 나무 구멍, 낙엽/삼림
- 곤충

작은그레이트잎코박쥐 잎코박쥐과
몇 마리~수백 마리의 무리를 이뤄 동굴에 서식하면서, 20~30cm 간격으로 매달려 있어요.
- 6.9~8.8cm, (꼬리 길이)4.2~5.1cm
- 25~33.2g
- 일본
- 동굴/삼림
- 곤충

에라부과일박쥐
류큐날여우박쥐의 아종 중에서 가장 개체 수가 적어요. 큰박쥐류 중에서는 북쪽에 분포하며, 겨울에는 활동이 둔해진다고 해요.
- 일본
- (▶60쪽)

류큐날여우박쥐의 아종

다이토과일박쥐
류큐날여우박쥐의 다른 아종에 비해 열은 색이 특징이에요. 전체 개체 수가 총합 300~400 마리뿐이에요.
- 일본
- (▶60쪽)

류큐날여우박쥐의 아종

지도 지명: 쓰시마섬, 규슈, 시코쿠, 구치노에라부섬, 도카라열도, 아마미섬, 아마미 제도, 도쿠노섬, 오키나와 제도, 오키나와섬, 기타다이토섬, 미나미다이토섬, 요나구니섬, 이리오모테섬, 하테루마섬, 이시가키섬, 야에야마 열도

범례: 몸길이 | 몸무게 | 분포 | 서식 환경(잠자리/섭식 장소) | 주된 먹이 | 한국에 서식하는 동물 | 한국에 서식하는 외래종 | 멸종위기종

긴날개박쥐 긴가락박쥐과 🇰🇷
동굴에서 수천~수만 마리에 이르는 거대한 무리를 짓고 생활해요. 날개가 길며, 하늘을 높고 빠르게 날아다녀요. 📏 4.7~6.5cm, (꼬리 길이)4.4~6.1cm ⚖️13.6g 🌐 한국, 일본, 극동 러시아, 아시아 🌲 삼림, 동굴/공중 (비행 중에 포식) 🍚 곤충

일본바바스텔박쥐 애기박쥐과
좌우의 커다란 귀가 뿌리 부분에서부터 붙어 있어요.
📏 4.7~6.2cm, (꼬리 길이)4.1~5.2cm ⚖️ 8~12g 🌐 일본 🌲 동굴, 터널/불명 🍚 곤충

홋카이도

작은일본관박쥐
(▶ 57쪽)

안주애기박쥐 애기박쥐과 🇰🇷
몇 마리에서 수천 마리에 이르는 무리로 생활해요. 최근 일본에서는 신칸센 고가의 틈에서 잠을 자는 모습이 발견됐어요. 📏 5.8~8cm, (꼬리 길이)3.4~5.4cm ⚖️14~30g 🌐 한국, 일본, 러시아 남동부~극동 러시아, 동아시아 🌲 나무 구멍, 건물, 바위틈/탁 트인 장소 🍚 곤충

사도가섬

큰귀박쥐 큰귀박쥐과 🇰🇷
긴 꼬리가 꼬리막에서부터 뻗어 나온 것이 특징이에요. 동아시아자유꼬리박쥐라고도 해요.
📏 8.2~10.2cm, (꼬리 길이)4.8~6cm ⚖️ 15~20g 🌐 한국, 일본, 극동 러시아, 동아시아 🌲 절벽, 건물/공중(비행 중에 포식) 🍚 곤충

긴꼬리윗수염박쥐 애기박쥐과 🇰🇷
암컷이 가옥 안에서 출산과 육아를 위한 집단을 형성하기도 해요.
📏 4.4~5.6cm, (꼬리 길이)3.8~4.7cm ⚖️ 6~11g 🌐 한국, 일본, 러시아 중남부, 극동 러시아, 동아시아 🌲 나무 구멍, 인가/삼림 🍚 곤충

혼슈

일본긴귀박쥐 애기박쥐과
특징적인 긴 귀는 휴식할 때면 접혀 있어요.
📏 4.4~5.8cm, (꼬리 길이)4.3~5.4cm ⚖️7.4~9.2g 🌐 일본 🌲 동굴, 건물/삼림 🍚 곤충

오가사와라 제도 치치섬
하하섬

오가사와라큰박쥐
큰박쥐과 ◇
야행성이며 낮에는 나무에 거꾸로 매달려 휴식해요. 치치섬에서는 겨울에 여러 마리가 당고처럼 붙어 잠자는 모습이 관찰돼요.
📏 19.3~25cm ⚖️ 353~616g 🌐 일본(오가사와라 제도) 🌲 삼림/삼림 🍚 열매, 꽃의 꿀, 잎

> **더 알고 싶어!** **도심에 서식하는 박쥐**
>
> 인가에 보금자리를 만드는 집박쥐는 도시에서도 서식해요. 대도시에서도 강 주변을 날아다니는 모습이 관찰되곤 해요.
>
> ▶도쿄 스카이트리와 집박쥐.

유린목 동물

유린목은 어떤 동물인가요?

딱딱한 비늘로 몸을 보호해요

배와 다리 안쪽을 제외한 온몸이 딱딱한 비늘로 덮여 있어요. 개미와 흰개미가 주식이에요. 이빨이 없는 대신 작은 돌을 삼키고, 근육으로 된 위를 움직여서 음식물을 잘게 부숴 소화해요. 전 세계에 8종이 존재하며, 모두 멸종 위기에 처해 있어요.

큰천산갑 천산갑과

가장 큰 천산갑이에요. 땅 위에서 생활하며 물에서 헤엄칠 수도 있어요. 70cm에 달하는 혀를 활용해 흰개미와 개미를 핥아 먹어요.
67~81cm, (꼬리 길이)58~68cm 약 30kg
아프리카 서부~중부 삼림, 사바나, 초원 흰개미, 개미

긴꼬리천산갑 천산갑과

긴 꼬리로 나뭇가지를 휘감아 몸을 지탱하고, 나무 위에 있는 개미둥지에서 개미를 잡아먹어요.
30~40cm, (꼬리 길이)55~70cm 2~3.5kg
아프리카 서부~중부 물가에 가까운 삼림
흰개미, 개미

나무타기천산갑
천산갑과

낮에는 나무 구멍, 나뭇가지에 자란 식물의 틈새, 나뭇가지가 갈라진 부분 등에서 휴식을 취해요. 밤에는 활동해요. 25~43cm, (꼬리 길이)35~62cm 1.6~3kg 아프리카 서부~중부 삼림, 사바나
흰개미, 개미

Q 어떻게 몸을 지키나요?

A 몸을 말아 약점인 부드러운 배를 보호해요. 비늘 가장자리가 면도칼처럼 날카로우므로 만지면 상처가 나기도 해요. 하지만 무는 힘이 센 하이에나 등은 당해 내지 못해요.

몸길이 몸무게 분포 서식 환경 주된 먹이 한국에 서식하는 동물 한국에 서식하는 외래종 멸종위기종

세계에서 가장 많이 밀렵당한 포유류

천산갑의 비늘은 예로부터 약재로 효과가 있다고 믿어져 왔어요. 또한, 고기도 식용으로 쓰여 왔죠. 하지만 모든 종의 개체 수가 줄어, 현재는 국제 조약에 의해 포획이나 판매가 금지되어 있어요. 그런데도 밀렵이 일어나고 있어 '세계에서 가장 밀렵이 많이 되는 포유류'라고 불러요.

사바나천산갑 - 천산갑과
땅돼지와 같이 흰개미를 먹는 다른 동물이 있는 곳에서는 개미를 먹어요. 45~55cm, (꼬리 길이)40~52cm 5~17kg 아프리카 중앙부~동부~남부 삼림, 사바나 흰개미, 개미

크기 체크 — 나무타기천산갑 / 긴꼬리천산갑 / 큰천산갑

말레이천산갑
천산갑과
야행성이에요. 평소에는 네 다리로 천천히 걷지만, 위험을 감지하면 이족 보행으로 재빠르게 이동해요. 40~65cm, (꼬리 길이)35~58cm 3~10kg 동남아시아 해발 1,000m 정도의 삼림 흰개미, 개미

아르마딜로(48쪽)의 등딱지는 피부 안에 뼈가 생긴 '피골'로 되어 있지만, 천산갑의 비늘은 사람의 손톱과 같은 성분이어서 주기적으로 새로 자라고 바뀌어요.

식육목 동물

식육목은 어떤 동물인가요?

고기를 먹는 사냥의 달인

주된 먹이가 동물의 고기라 '식육'목이라고 불려요. 힘센 턱, 살을 찢을 수 있는 예리한 이빨과 발톱, 특출난 운동 신경 등을 지녀 다른 동물을 잡아서 살을 먹는 데 적합한 몸을 가진 무리가 유명해요. 하지만 식육목의 생김새와 생태는 놀랄 만큼 다양해요! 열대 우림부터 북극해까지, 남극을 제외하면 전 세계에 분포하고 있죠. 주로 곤충 또는 과일만을 먹는 무리도 있어서 먹이도 각양각색이에요.

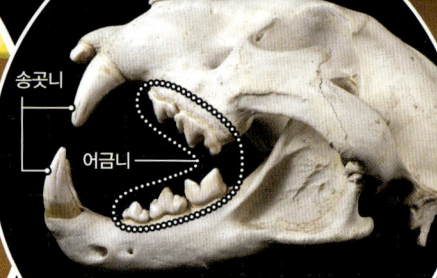
▲사자의 두개골. 커다란 송곳니가 눈에 띄어요. 어금니는 고기를 물어 끊기 위해 끝이 굽어 있어요.

고양이 무리

고양이과 동물은 근육질에 부드러운 몸을 지녔어요. 그리고 높은 순발력과 속도를 겸비한 사냥의 달인이에요. 치타 이외의 동물은 발톱을 발가락에 숨길 수 있어요. 종 대부분이 무리를 이루지 않고 홀로 생활해요.

Q 식육목에는 어떤 동물이 속해 있나요?

A 아주 다양해요. 15과에 300종 가까운 종이 존재해요. 크게 고양이와 개의 두 종류로 나뉘며, 개 무리 중 일부는 물범이나 바다사자처럼 바다로 진출했어요.

고양이 무리의 대표 생물

고양이과 (▶66쪽~)

호랑이

몽구스과 (▶80쪽~)

줄무늬몽구스

사향고양이과 (▶82쪽)

흰코사향고양이

하이에나과 (▶83쪽)

점박이하이에나

개 무리의 대표 생물

개과 (▶84쪽~)

늑대

곰과 (▶94쪽~)
곰과 대표

미국너구리과 (▶101쪽)

미국너구리

족제비과 (▶102쪽~)
족제비

물범과 (▶108쪽~)

점박이물범

바다사자과 (▶112쪽~)

큰바다사자

사자 고양이과

고양이과 중에서는 호랑이 다음가는 몸집을 자랑해요. 수컷의 목에는 갈기가 자라며, 이는 강할수록 색이 진해지는 경향이 있어요.
- 수컷/172~250cm, 암컷/158~192cm, (꼬리 길이)61~100cm
- 수컷/150~225kg, 암컷/122~192kg
- 사하라 사막 이남 아프리카, 인도 서부
- 사바나, 반사막, 관목림
- 포유류(대형~소형), 새, 파충류, 물고기

Q 사자는 아프리카에만 서식하나요?

A 인도 북서부의 기르라는 지역에 아종인 인도사자가 서식해요. 수가 적어 600마리에 불과하다고 해요.

▲인도사자.

더 알고 싶어! 사자의 무리 생활

사자는 고양이과 중에서는 특이하게 무리를 짓는 동물이에요. 무리는 '프라이드(pride)'라고 부르며, 혈연관계가 있는 3~10마리의 암컷과 새끼, 2~3마리의 수컷 사자로 구성되는 것이 일반적이에요. 사냥은 암컷의 역할이고 수컷은 무리를 지키는 역할을 담당해요.

▼암컷 사자와 새끼들.

짤막지식 수컷 사자의 갈기는 목을 보호하는 역할이 있어요.

치타 고양이과

동물계 최강의 달리기 속도를 자랑해요. 시속 100km 이상의 속도로 달릴 수 있죠. 특히 가속이 빨라서 단시간에 먹잇감을 쫓아 붙잡을 수 있어요.

- 121~145cm, (꼬리 길이)63~76cm
- 수컷/39~59kg, 암컷/36~48kg
- 아프리카, 이란 북부 / 사바나
- 포유류(대형~중형), 새

더 알고 싶어! 빠르게 달리는 비밀

치타의 몸은 단시간에 굉장한 속도로 달릴 수 있는 특별한 구조로 이뤄져 있어요.

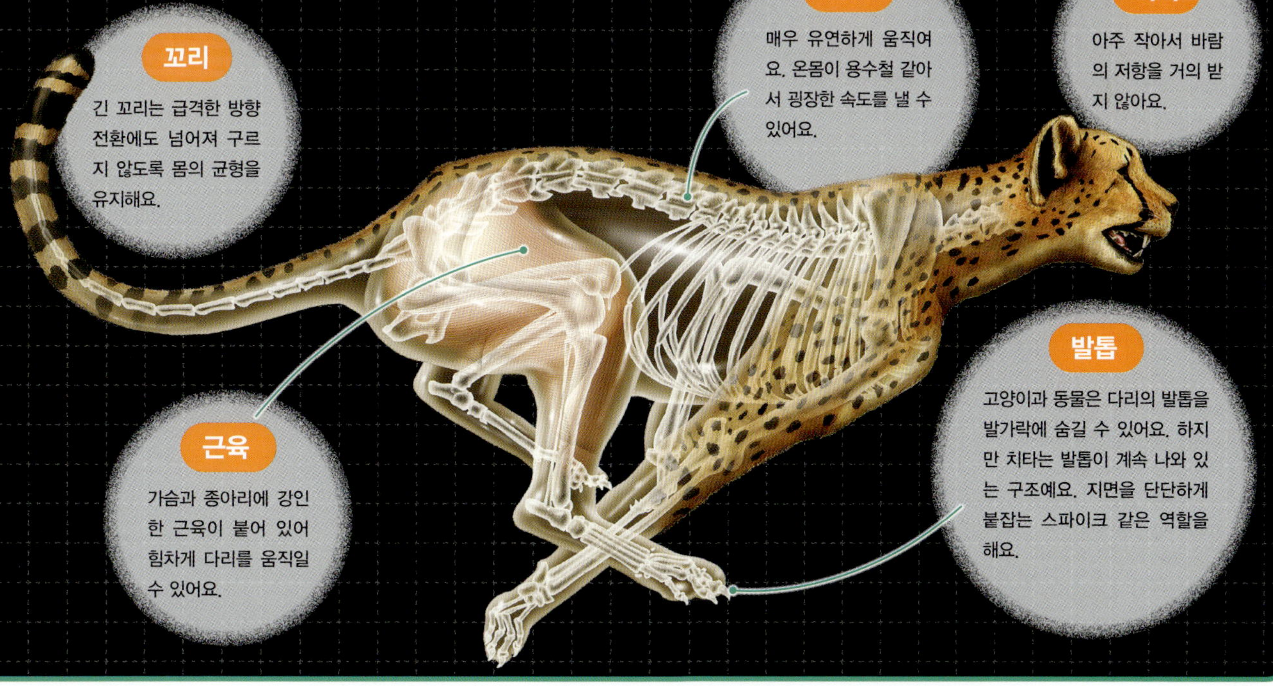

꼬리
긴 꼬리는 급격한 방향 전환에도 넘어져 구르지 않도록 몸의 균형을 유지해요.

척추
매우 유연하게 움직여요. 온몸이 용수철 같아서 굉장한 속도를 낼 수 있어요.

머리
아주 작아서 바람의 저항을 거의 받지 않아요.

근육
가슴과 종아리에 강인한 근육이 붙어 있어 힘차게 다리를 움직일 수 있어요.

발톱
고양이과 동물은 다리의 발톱을 발가락에 숨길 수 있어요. 하지만 치타는 발톱이 계속 나와 있는 구조예요. 지면을 단단하게 붙잡는 스파이크 같은 역할을 해요.

식육목(고양이 무리)

표범 고양이과
해발 4,500m의 고산 지대부터 사막이나 평원, 열대 우림까지 다양한 환경에서 생활할 수 있어요. 아프리카에서 아시아까지 매우 넓은 지역에 서식하고 있어요.
- 92~190cm, (꼬리 길이)64~99cm
- 21~71kg ・ 아프리카, 아시아, 극동 러시아
- 삼림, 바위산, 초원, 사막
- 포유류(대형~소형), 새

Q 검은표범은 어떤 동물인가요?
A 아시아의 열대 우림에 주로 서식하는 까만색 표범으로, 표범과 똑같은 종이에요. 자세히 보면 반점 모양이 있어요.

◀나무 타기가 특기인 표범.

구름무늬표범 고양이과
고양이과 중에서도 특히 나무를 잘 타요. 나무 위에서 사냥하거나, 뒷발로 가지에 매달려서 아래로 지나가는 먹잇감을 덮쳐요. 68.6~106.7cm, (꼬리 길이)61~84.2cm
- 11~23kg ・ 히말라야산맥 남부~동남아시아
- 해발 3,000m 정도의 삼림 ・ 포유류(대형~중형)

재규어 고양이과

아메리카 대륙에서는 가장 큰 동물이에요. 헤엄이 특기이며, 강에서 악어나 거북, 물고기를 잡아먹기도 해요.

- 116~170cm, (꼬리 길이)44~80cm
- 수컷/37~121kg, 암컷/31~100kg
- 북아메리카 남부~남아메리카 중부
- 삼림, 초원, 습지
- 포유류(대형~소형), 파충류, 새, 물고기

더 알고 싶어! 무엇이 표범 문양일까?! 비교

비슷하게 생겼지만, 비교해 보면 차이점이 있어요.

치타 — 검은 점이 늘어서 있어요.

표범 — 검은 점이 꽃잎처럼 둘러싸인 모양이에요.

재규어 — 둘러싸인 문양 속에 작고 검은 점이 있어요.

▼몸의 문양이 바위와 똑 닮았어요. 어디 있는지 보이나요?

눈표범 고양이과

계절에 따른 먹잇감의 이동에 맞춰, 해발 2,000~6,000m의 고산 지대에서 생활해요. 점프력이 있어서 15m에 달하는 거리를 뛸 수 있어요.

- 86~125cm, (꼬리 길이)80~105cm
- 22~52kg
- 시베리아 남부~중앙아시아~남아시아 북부
- 해발 2,000~6,000m의 삼림, 바위 터, 관목림
- 포유류(대형~소형)

71

식육목(고양이 무리)

Q 호랑이는 어떻게 사냥하나요?

A 홀로 잠복해 있다가 점프해서 사냥감을 습격해요.

◀풀숲에 숨어 멧돼지를 노리고 있어요.

호랑이 고양이과
고양이과 중에서 가장 크며, 주로 밤에 활동하는 맹렬한 헌터예요. 넓은 활동 반경을 지녔어요. 홀로 생활해요.
146~290cm, (꼬리 길이) 72~109cm 75~325kg
인도~동남아시아, 시베리아 동부
삼림, 습지 포유류(대형~중형), 파충류, 새, 물고기

더 알고 싶어! 호랑이의 아종을 비교해 보자!
베르그만의 법칙

포유류는 같은 종이더라도 추운 북쪽 지방에 서식할수록 몸집이 커지는 경향이 있어요. 이는 몸이 클수록 몸무게당 체표 면적이 줄어들고, 열이 잘 손실되지 않게 되어 추위에 강해지기 때문이에요. 이 내용은 발견자의 이름을 붙여 '베르그만의 법칙'이라고 불러요.

수마트라호랑이
수컷/평균 204cm 수컷/평균 136kg
수마트라섬

인도호랑이
수컷/평균 290cm 수컷/평균 221kg
인도, 네팔, 부탄, 중국 남부 등

시베리아호랑이
수컷/평균 315cm 수컷/평균 248kg
북한 북부, 러시아 동부, 중국 동북부

 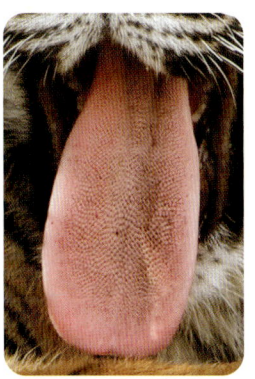 

줄무늬 문양
호랑이 몸의 문양에는 위장 효과가 있어요.

까슬까슬한 혀
까슬까슬한 혀로 뼈에 붙은 고기를 핥아 먹어요.

귀 뒤쪽의 하얀 무늬
귀 뒤쪽에는 하얀 반점 무늬가 있어요.

경이로운 점프력
몸은 크지만, 점프력이 우수해요. 수풀에서 단숨에 튀어나와 사냥감을 포획해요.

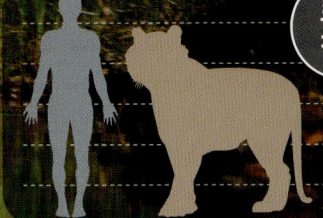
크기 체크
호랑이

Q 왜 나무에 오줌을 묻히나요?
A 냄새로 마킹해서 영역을 표시하기 위함이에요.

Q 이리오모테살쾡이는 어떻게 생존했나요?

A 이리오모테섬에는 삵의 원래 먹이인 토끼나 쥐가 서식하고 있지 않아요. 그런데도 이리오모테살쾡이가 계속 살아올 수 있었던 이유는 섬에 있는 새, 물고기, 게 등의 다양한 먹이를 포식했기 때문으로 여겨져요. 섬에 풍부한 생태계가 존재했기에 살아남은 것이죠.

▶ 새를 잡은 이리오모테살쾡이.

이리오모테살쾡이 고양이과 — 삵의 아종

1965년에 발견된 삵의 아종이에요. 일본 오키나와현 이리오모테섬에만 서식해요. 일본의 특별 천연기념물이에요. 🏠 50~60cm, (꼬리 길이)20~25cm ⚖ 3.7~4.7kg
🌏 일본 🌲 삼림 🍖 포유류(소형), 새, 곤충, 파충류, 물고기

쓰시마삵 고양이과 — 삵의 아종

삵의 아종이며 일본 쓰시마섬에만 서식하고 있어요. 평지에 있는 논 등에서도 사냥을 해요. 🏠 49~58cm, (꼬리 길이)22~25cm ⚖ 3.5~5kg
🌏 일본 🌲 삼림
🍖 포유류(소형), 새, 곤충

더 알고 싶어! 세기의 대발견! 이리오모테살쾡이

20세기까지는 포유동물이 거의 다 발견되어 신규 종을 찾기 어려울 것으로 여겨졌어요. 그러나 일본 이리오모테섬에 미지의 삵이 서식하고 있다는 것이 알려졌죠. 1965년, 동물 작가인 도가와 유키오 씨가 섬에서 가져온 모피와 배설물을 토대로, 동물학자 이마이즈미 요시노리 박사가 조사를 시작했어요. 이듬해 두 마리를 포획하여 자세히 연구한 결과, 삵의 신규 종에 해당한다는 사실이 밝혀졌고 1967년에 전 세계에 발표되었어요. 2023년에는 100마리 정도가 서식한다고 여겨졌으나, 교통사고로 인한 사망 사례가 많아 멸종이 우려되고 있어요.

식육목(고양이 무리)

붉은스라소니 고양이과
주된 먹이는 토끼이지만, 쥐 등의 다양한 사냥감을 잡아먹어요.
- 65~105cm, (꼬리 길이)9~11cm
- 수컷/8.9~13.3kg, 암컷/5.8~9.2kg
- 북아메리카 삼림, 반사막
- 포유류(대형~소형), 새, 파충류

스라소니 고양이과
귀 끝의 긴 털이 특징이에요. 자신보다 몇 배나 큰 사슴이나 양을 습격하기도 해요.
- 80~110cm, (꼬리 길이)16~23cm
- 15~29kg
- 유라시아
- 삼림, 바위산
- 포유류(대형~중형), 새

스페인스라소니 고양이과
2014년을 기준으로 성체의 개체 수가 156마리로 추정되어 멸종이 우려되고 있어요.
- 68.2~82cm, (꼬리 길이)12.5~16cm
- 7~14kg
- 스페인, 포르투갈
- 관목림
- 포유류(중형~소형), 파충류, 새

아시아황금고양이 고양이과
숲에 살고 있지만, 자세히 알려진 점은 없어요.
- 66.2~105cm, (꼬리 길이)42.5~57.5cm
- 수컷/12~15.7kg, 암컷/8.5kg
- 네팔~동남아시아, 중국 남부
- 삼림, 바위 터
- 포유류(중형~소형), 새, 파충류

마눌들고양이 　고양이과
아시아의 산지대에 널리 분포해요. 동굴을 거처로 삼으며, 우는토끼나 쥐 등을 주로 사냥해요. 🏠 46~65cm, (꼬리 길이)20.6~31cm ⚖ 2.5~4.5kg
🌐 러시아 남부, 서아시아~중앙아시아~동아시아 🌳 초원, 바위 터, 반사막
🍖 포유류(소형), 새

검은발살쾡이 　고양이과 ◆
가장 몸집이 작은 고양이류 중 하나지만, 자신보다 더 무거운 먹잇감을 사냥하기도 해요.
🏠 36~52cm, (꼬리 길이)12.6~20cm ⚖ 1~2.5kg
🌐 아프리카 남부 🌳 사바나, 반사막
🍖 포유류(소형), 새, 도마뱀

마블살쾡이 　고양이과
낮에 활동하는 것으로 알려졌으나, 자세한 생태는 밝혀지지 않았어요. 🏠 45~62cm, (꼬리 길이)35.6~55cm
⚖ 2~5kg 🌐 히말라야산맥 동부~동남아시아
🌳 삼림 🍖 새, 포유류(소형)

모래고양이 　고양이과
사막에 서식하는 아주 작은 야생 고양이예요. 뜨거운 모래로부터 발바닥을 보호하기 위해, 발바닥이 털로 덮여 있어요.
🏠 39~52cm, (꼬리 길이)23.2~31cm
⚖ 1.4~3.4kg 🌐 아프리카 북부, 서아시아, 중앙아시아
🌳 모래 언덕 지대, 초원
🍖 포유류(소형), 곤충, 새, 파충류

정글살쾡이 　고양이과
낮과 밤 모두 활동적이에요. 머리 위를 나는 새를 점프해 잡거나, 잠수해서 물고기를 잡아요.
🏠 61~85cm, (꼬리 길이)20~31cm ⚖ 수컷/5.7~12kg, 암컷/2.6~9kg 🌐 아프리카 북부~동남아시아
🌳 습지, 초원 🍖 포유류(중형~소형), 새, 파충류

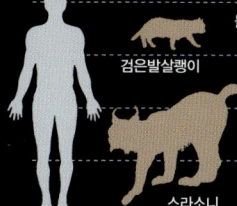

크기 체크

식육목(고양이 무리)

퓨마 고양이과
북아메리카에서 남아메리카까지의 넓은 범위에 분포하며, 숲에서 사막까지 다양한 환경에 적응했어요. 점프력이 있어 10m 이상의 거리를 뛰어요.
- 86~155cm, (꼬리 길이)60~97cm
- 수컷/53~72kg, 암컷/34~48kg
- 북아메리카~남아메리카
- 삼림, 초원, 사막
- 포유류(대형~소형), 악어

마게이 고양이과
나무 위에서 생활한다고 알려져 있으나, 실제로는 땅 위에서의 활동이 더 많은 듯해요.
- 42.5~79.2cm, (꼬리 길이)30~51.8cm
- 2.3~4.9kg
- 북아메리카 남부~남아메리카 중부
- 삼림
- 포유류(중형~소형), 새, 곤충, 열매

크기 체크
오실롯 / 카라칼 / 서벌 / 퓨마

오실롯 고양이과
야행성이에요. 주로 땅에서 생활하지만, 나무 오르기와 헤엄치기, 점프도 특기예요.
- 72.6~100cm, (꼬리 길이)25.5~41cm
- 6.6~15.5kg
- 북아메리카 남부~남아메리카 중부
- 삼림, 관목림, 습지
- 포유류(중형~소형), 새, 물고기

카라칼 고양이과
아주 민첩해요. 날아오르는 새를 점프해서 잡을 수 있어요.
- 61~105.7cm, (꼬리 길이)19.5~34cm
- 6.2~20kg
- 아프리카, 서아시아, 중앙아시아, 남아시아
- 삼림, 사바나, 반사막
- 포유류(중형~소형), 새

서벌 고양이과
다리가 긴 건 식물이 길쭉한 초원에서 쉽게 활동하기 위해서예요. 서발이라고도 해요.
- 59~92cm, (꼬리 길이)20~38cm
- 7~13.5kg
- 아프리카 북서부, 사하라 사막 이남 아프리카
- 사바나, 초원
- 포유류(중형~소형), 새, 파충류

재규어런디 고양이과
몸 색깔은 개체에 따라 검은색, 회색, 갈색으로 차이가 있어요.
- 48.8~83.2cm, (꼬리 길이)27.5~59cm
- 3~7.6kg
- 북아메리카 남부~남아메리카
- 초원, 삼림
- 포유류(중형~소형), 새, 파충류, 물고기

몸길이 | 몸무게 | 분포 | 서식 환경 | 주된 먹이 | 한국에 서식하는 동물 | 한국에 서식하는 외래종 | 멸종위기종

집고양이의 품종

집고양이는 야생 유럽살쾡이의 아종인 아프리카들고양이를 사람이 길들여 가축화한 종이에요. 쥐 퇴치에 활용하는 한편 반려동물로서 전 세계에서 기르고 있어요.

스핑크스
캐나다가 원산지예요. 완전히 털이 없는 것이 아니라, 표면에 얇고 투명한 솜털이 자라 있어요. 수염은 없으며, 커다란 귀와 눈이 특징이에요. 사람을 잘 따르는 성격이에요.

메인쿤
미국에서 가장 오래된 대형 종이에요. 태평한 성격이며 스트레스를 거의 받지 않아요. 다른 반려동물과 함께 지내도 괜찮아요.

아메리칸 쇼트헤어
미국이 원산지예요. 노는 걸 좋아하지만, 영역 의식이 강해서 다른 고양이와 함께 기르는 건 권장하지 않아요.

러시안 블루
러시아가 원산지이며 녹색 눈이 특징이에요. 높은 곳을 좋아하고 주인에게 특별한 애정을 쏟는 한편, 낯가림이 있어요.

스코티시 폴드
스코틀랜드가 원산지예요. 앞으로 접힌 귀가 특징이에요. 남을 신경 쓰지 않는 성격이며 조용히 시간을 보내는 걸 좋아해요.

노르웨이 숲고양이
노르웨이가 원산지예요. 극한의 추위에 적응한 큰 체구에 긴 털을 지닌 종이에요. 보들보들한 털과 온순한 성격으로 인기가 많아요. 몸이 근육질이며 움직임이 빨라요.

먼치킨
미국이 원산지예요. 다리는 짧지만, 근육이 발달해서 나무 타기와 점프가 특기예요. 호기심이 왕성하고 온화한 성격이에요.

벵갈
미국이 원산지이며 야생 삵과 집고양이를 교배해 탄생한 종이에요. 매끈한 촉감과 단정한 용모로 인기가 많아요.

이그저틱 쇼트헤어
미국이 원산지로, 페르시안과 아메리칸 쇼트헤어를 교배해 탄생한 종이에요. 둥근 얼굴에 동그랗고 귀여운 눈, 납작한 코가 특징이에요.

더 알고 싶어! 집고양이와 하얀 무늬

집고양이는 유전자 분석과 유적 연구를 통해, 적어도 지금으로부터 약 9,000년 이상 전에 서아시아인들이 유럽살쾡이의 아종인 아프리카들고양이를 가축화한 것으로 밝혀져 있어요. 야생 고양이과 동물의 귀 뒤쪽에는 대부분 하얀 반점 무늬가 있어서 집고양이와 구분하기 쉬워요.

▲유럽살쾡이의 아종인 아프리카들고양이.

▲하얀 반점 무늬가 있는 이리오모테살쾡이.

몽구스 무리

몽구스과는 대개 긴 몸통과 짧은 다리, 작고 둥근 귀를 지녔어요. 대다수가 지상에서 생활하며, 단독으로 생활할 경우 야행성, 무리로 생활할 경우 주행성인 경향이 있어요. 경계할 때는 뒷발로 우뚝 서는 독특한 자세를 취해요.

식육목(몽구스 무리)

미어캣 몽구스과

수십 마리의 무리를 이루고 생활해요. 둥지 구멍에서 나와 뒷발로 선 채 일광욕을 즐기거나 주변을 경계하는 모습으로 유명해요.
24.5~29cm, (꼬리 길이)19~24cm 620~969g 아프리카 남부
사막, 사바나 전갈, 곤충, 파충류

Q 전갈을 먹어도 멀쩡한가요?

A 맹독을 지닌 전갈이지만, 미어캣은 독에 대한 면역이 있어서 아무렇지 않게 먹어 치워요. 그래도 새끼일 때는 부모로부터 독침에 쏘이지 않고 전갈을 잡는 방법을 배워요.

▲죽은 전갈로 사냥 연습을 하는 새끼 미어캣.

몸길이 몸무게 분포 서식 환경 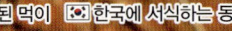주된 먹이 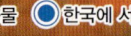한국에 서식하는 동물 한국에 서식하는 외래종 멸종위기종

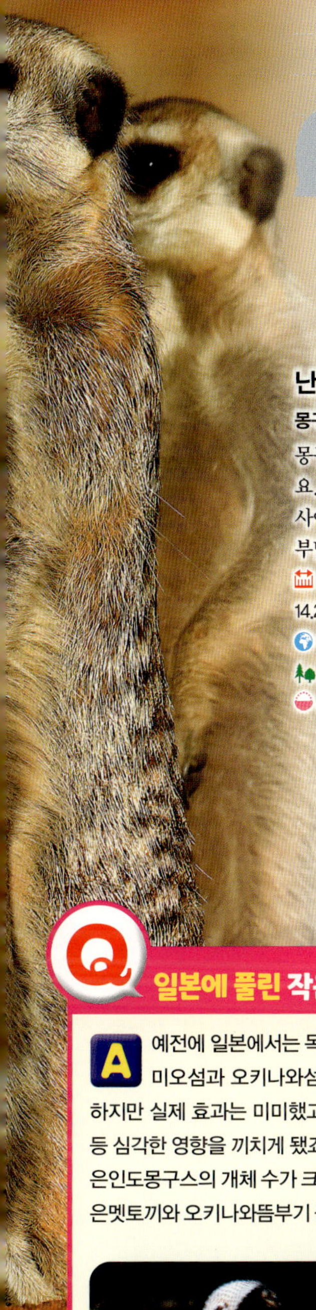

크기 체크

미어캣
줄무늬몽구스
난쟁이몽구스

노랑몽구스
몽구스과

가족 단위의 무리 생활을 해요. 마못 또는 미어캣의 둥지를 빼앗거나 그 둥지에서 함께 생활해요.

📏 26.5~46cm, (꼬리 길이) 15~29.2cm ⚖ 715~900g
🌍 아프리카 남부 🌿 초원, 관목림
🍲 곤충, 포유류(소형), 새, 전갈

난쟁이몽구스
몽구스과

몽구스과 중에서 가장 작아요. 새알을 발견하면 뒷발 사이로 알을 흘려 바위에 부딪치는 식으로 깨 먹어요.

📏 16~23cm, (꼬리 길이) 14.2~18.8cm ⚖ 213~415g
🌍 아프리카 동부~남부
🌿 사바나, 삼림
🍲 곤충, 지네, 알, 씨앗

줄무늬몽구스 몽구스과

10~20마리의 무리로 생활하며, 자신들보다 큰 먹잇감을 협력해 사냥해요. 오래된 개미둥지를 이용해 둥지 구멍을 만들어요.

📏 30~40cm, (꼬리 길이) 17.8~31cm ⚖ 890~1,880g
🌍 사하라 사막 이남 아프리카 🌿 삼림, 사바나
🍲 곤충, 파충류, 씨앗, 알

Q 일본에 풀린 작은인도몽구스?!

A 예전에 일본에서는 독뱀인 반시뱀을 퇴치하기 위해 아마미오섬과 오키나와섬에 작은인도몽구스를 방생했어요. 하지만 실제 효과는 미미했고, 오히려 섬의 귀중한 생물을 먹는 등 심각한 영향을 끼치게 됐죠. 이후 일본 정부가 구제에 나서 작은인도몽구스의 개체 수가 크게 감소했어요. 그에 따라 아마미검은멧토끼와 오키나와뜸부기 등의 개체 수는 증가하고 있어요.

▲ 코브라와 싸우는 작은인도몽구스.

작은인도몽구스 몽구스과

뱀을 먹는 것으로 유명하지만, 실제로는 대개 뱀 이외의 생물을 먹어요. 📏 25~37cm, (꼬리 길이)19.2~29cm ⚖ 305~662g
🌍 이라크~중국 남부 🌿 삼림, 관목림
🍲 곤충, 파충류, 포유류(소형), 새

짬막지식 미어캣의 가장 큰 천적은 독수리와 매예요.

사향고양이 등의 무리

대다수가 야행성이며 숲의 나무 위에서 생활해요. 몽구스와 비교하면 꼬리가 길고, 넣었다가 꺼낼 수 있는 갈고리형 발톱을 지녔어요. 항문 근처에서 독특한 냄새가 나는 액체를 분비해요.

유럽제넷고양이 사향고양이과
움직임이 민첩하며, 밤에 나무 위와 지상에서 사냥해요.
- 46.5~52cm, (꼬리 길이)40~51.6cm
- 1.4~2.6kg 아프리카, 아라비아반도 남부
- 삼림, 건조지, 바위 터
- 포유류(소형), 곤충, 파충류, 새

팜시벳 사향고양이과
나무 위에서 생활하며 삼림에 서식하지만, 인가 근처에 출몰하기도 해요. 42~71cm, (꼬리 길이)33~66cm 2~5kg 인도~동남아시아~중국 남부 삼림 열매, 포유류(소형), 새, 곤충

더 알고 싶어! 팜시벳과 커피
팜시벳이 커피 열매를 먹으면 배설물과 함께 씨앗이 배출돼요. 그 씨앗으로 만든 커피콩이 '루왁 커피'라고 불리는 고급 커피가 돼요.

▶팜시벳의 배설물에 든 커피콩.

흰코사향고양이 사향고양이과
나무 타기가 특기이며, 열매를 좋아해요. 일본에는 외래종으로 정착해 있어요.
- 50.8~87cm, (꼬리 길이)50.8~63.6cm
- 3~5kg 인도 북부~동남아시아~중국
- 삼림 열매, 곤충, 새

빈투롱 사향고양이과
길고 견고한 꼬리로 나뭇가지를 감아 몸을 지탱하면서 나뭇가지들 사이를 이동해요. 61~96.5cm, (꼬리 길이)50~84cm 9~20kg 네팔 동부~동남아시아 삼림 열매, 새, 포유류(소형)

포사 마다가스카르식육과
마다가스카르섬에서 가장 큰 육식 동물이에요.
- 70~80cm, (꼬리 길이)65~70cm
- 5.5~8.6kg 마다가스카르섬
- 해발 2,600m 정도까지의 삼림
- 포유류(소형), 새, 파충류

크기 체크: 땅늑대 / 흰코사향고양이 / 점박이하이에나

하이에나 무리

하이에나과 동물은 개와 비슷하지만, 사향고양이에 가까운 무리예요. 앞다리가 길고 뒷다리가 짧으므로 엉덩이가 내려가 있는 체형이 특징이에요. 높은 사회성을 지녀 무리 구성원끼리 인사 행동을 하는 모습도 관찰돼요.

점박이하이에나 하이에나과

수컷보다 암컷의 몸이 커요. 암컷을 리더로 삼는 10~80마리의 혈연 집단인 '클랜'으로 구역을 갖고 생활해요.

🏛 125~160cm, (꼬리 길이)22~27cm ⚖ 45~86kg 🌍 사하라 사막 이남 아프리카
🌿 사바나, 삼림 🍖 포유류(대형~중형), 사체의 고기, 새

Q 점박이하이에나는 먹잇감을 가로채기만 하나요?

A 먹잇감을 가로채는 이미지가 강하지만, 실제로는 직접 사냥하는 일도 많아요.

▲톰슨가젤을 쫓는 점박이하이에나.

땅늑대 하이에나과

야행성이며 수컷과 암컷이 짝을 이루고 생활해요. 하이에나과 중에서는 유일하게 흰개미를 주식으로 삼아서 턱과 이빨이 빈약해요.

🏛 55~80cm, (꼬리 길이)20~30cm ⚖ 8~12kg
🌍 아프리카 동부남부 🌿 사바나, 관목림 🍖 흰개미, 개미, 지렁이

줄무늬하이에나 하이에나과

사체의 고기 외에도 새나 물고기를 먹어요. 보통 홀로 생활하지만, 사냥할 때는 여럿이 협력하기도 해요.

🏛 100~115cm, (꼬리 길이)30~40cm
⚖ 26~41kg 🌍 아프리카 북부·동부~서아시아~인도 🌿 관목림, 초원, 사바나
🍖 사체의 고기, 열매, 곤충, 새, 물고기

갈색하이에나 하이에나과

작은 무리로 생활해요. 사체의 고기나 쥐, 곤충을 먹어요.

🏛 110~136cm, (꼬리 길이)18.7~26.5cm
⚖ 28~47.5 kg 🌍 아프리카 남부 🌿 건조지, 초원
🍖 사체의 고기, 열매, 포유류(소형), 곤충, 새

83

개 무리

개과 동물의 원산지는 북아메리카이며, 대부분 장거리를 달릴 수 있는 능력을 지녔어요. 긴 코끝과 집어넣을 수 없는 발톱이 특징이에요. 단독 생활, 무리 생활 등 다양한 생활 형태를 지녔어요.

식육목(개 무리)

크기 체크
늑대

늑대 (회색늑대, 말승냥이) 개과

개과 중 가장 큰 종이에요. 수컷과 암컷 페어를 중심으로 십수 마리 정도인 무리를 이뤄요. 무리 내에는 확실한 서열이 존재하죠. 유럽과 북아메리카의 이야기나 문화에 깊게 스며들어 있는 동물이에요.

- 수컷/100~130cm, (꼬리 길이)40~52cm, 암컷/87~117cm, (꼬리 길이)35~50cm 12~75kg
- 북아메리카, 유라시아   툰드라, 삼림, 초원
- 포유류(대형~소형)

Q 늑대는 왜 울음소리를 내나요?

A 영역을 주장하기 위함이에요. 소리는 10km 밖까지 들린다고도 해요.

▲위를 향한 채 짖는 늑대.

서열이 있는 무리

▲암수 페어와 그 새끼들로 구성된 무리를 지어 생활해요. 이는 '팩(pack)'이라고 불러요. 무리에는 수컷과 암컷을 중심으로 한 서열이 있어요.

팀을 이뤄 사냥한다

먹잇감 하나를 노리고, 때로는 수 km 이상을 팀을 이뤄 추적해서 사냥해요.

늑대의 아종

늑대는 수많은 아종이 알려져 있어요. 하지만 연구자의 견해에 따라 분류가 다르므로 수는 제각각이에요. 여기서는 아종 몇 가지를 소개해요.

이탈리아늑대
이탈리아반도에 분포해요. 최근에는 프랑스 등지로도 분포 지역이 넓어졌어요.

몽골늑대
몽골과 중국 북부, 러시아 등에 분포하는 아종이에요.

아라비아늑대
아라비아반도 남부와 이스라엘 남부 등의 한정된 지역에 분포해요. 가장 몸집이 작은 아종이에요.

더 알고 싶어! 멸종한 일본의 늑대 아종

일본에는 메이지 시대(1868~1912)까지 늑대의 아종 2종이 서식했지만, 현재는 멸종했어요.

일본늑대
혼슈, 규슈, 시코쿠 지역에 서식했지만 1905년 나라현에서 포획된 이후로 발견되지 않았어요.

에조늑대
메이지 시대까지 홋카이도에 서식했어요. 아이누 부족에게 신으로 숭상받았지만, 개척민에 의해 유해 동물로 구제되어 1900년경 멸종하고 말았어요.

북극늑대
캐나다 엘즈미어섬 등의 북극권에 분포하는 대형 아종이에요.

멕시코늑대
미국의 뉴멕시코주와 애리조나주, 멕시코에 분포하는 아종이에요. 미국 멕시코늑대는 일시적으로 멸종한 것으로 여겨지기도 했어요.

짧막 지식 | 개는 늑대를 길들여 가축화한 종으로 여겨져요.

식육목 개 무리

▲도심에 나타난 코요테. 천적인 늑대의 수가 줄고 개체 수가 증가해 도심에 출몰하기도 해요.

더 알고 싶어! 아프리카황금늑대의 발견!

황금자칼은 남아시아부터 북아프리카까지 분포하는 개과 종이에요. 하지만 최근 북아프리카 개체의 유전자를 검사한 결과, 늑대와 더 가까운 다른 종이라는 사실이 밝혀졌어요.

※2024년 4월을 기준으로 정식 명칭은 없어요.

▲황금자칼과는 다른 종으로 판명된 아프리카황금늑대.

더 알고 싶어! 야생화한 개, 딩고

오스트레일리아 원주민이 아시아에서 데려온 개가 야생화했다고 해요. 홀로 생활하거나 작은 가족 무리를 이뤄 생활해요.

▲초원을 걷는 딩고.

코요테 개과

달리기가 빠르며, 동료들과 협력해서 릴레이를 하듯 추격하는 방식으로 먹잇감을 잡아요. 주로 밤에 활동하며 울음소리로 영역을 지켜요.
74~94cm, (꼬리 길이)26~36.3cm 7.7~15.8kg 북아메리카~중앙아메리카 삼림, 초원, 사막 포유류(대형~소형), 열매, 곤충

검은등자칼 개과

평생 함께한다고 하는 암수 한 쌍을 중심으로 가족 무리를 형성해요. 무리는 넓은 영역을 지니고 생활해요. 야행성이에요.
65~90cm, (꼬리 길이)26~39.5cm 5.9~12kg 아프리카 동부·남부 사바나, 사막, 관목림 포유류(중형~소형), 새, 파충류

에티오피아늑대 개과

기본적으로 사냥은 낮에 혼자 하지만, 3~13마리 정도의 서열이 확실한 무리를 이루기도 해요.
84.1~101.2cm, (꼬리 길이)27~39.6cm
수컷/14.2~19.3kg, 암컷/11.2~14.2kg
에티오피아 해발 3,000m~4,500m의 초원
포유류(중형~소형), 새

크기 체크
- 검은등자칼
- 코요테
- 갈기늑대

갈기늑대 개과
개과 중 남미에서 가장 커요. 늑대와는 다르며 덤불개에 가까운 종이에요. 긴 다리 덕분에 키가 큰 풀 속에서도 빠르게 달릴 수 있어요.
- 95~115cm, (꼬리 길이) 38~50cm
- 20.5~30kg 남아메리카 중부
- 초원, 삼림 포유류(중형~소형), 열매, 새, 파충류

호리여우 개과
브라질 고유종이에요. 사진 속 개체는 목에 행동을 추적하는 발신기가 채워져 있어요.
- 49~71.5cm, (꼬리 길이) 25~38cm 2.5~4kg
- 브라질 중앙부 초원, 목초지
- 흰개미, 곤충, 포유류(소형), 새

게잡이여우 개과
게뿐만 아니라 쥐, 도마뱀 등 다양한 먹잇감을 사냥해요.
- 57~77.5cm, (꼬리 길이) 22~41cm 4.5~8.5kg
- 남아메리카 북부~중부
- 습원지, 사바나, 삼림
- 포유류(소형), 열매, 파충류, 갑각류, 양서류

덤불개 개과
들개라고도 하며, 가족을 중심으로 무리를 이뤄요. 구멍 파기가 특기예요. 짧은 다리는 구멍에 들어가기 위해 적응한 결과죠. 아르마딜로를 좋아해요.
- 57.5~75cm, (꼬리 길이)12.5~15cm
- 5~8kg 남아메리카 북부~중부 삼림, 물가
- 포유류(중형~소형), 파충류

▲덤불개는 수영이 특기예요.

짤막지식 코요테와 개의 잡종이 태어났으며, 이를 '코이독'이라고 불러요.

▼무리 사냥을 하는 아프리카들개. 사진은 혹멧돼지를 둘러싼 모습이에요.

식육목(개 무리)

더 알고 싶어! 재채기로 다수결

아프리카들개는 사냥하러 출발하기 전에 무리 구성원들이 모인 후, 재채기 수로 출발 여부를 판단한다는 연구 결과가 있어요. 재채기하는 구성원이 많으면 사냥을 떠나고, 적으면 떠나지 않는다고 해요.

아프리카들개 개과

리카온이라고도 해요. 10~20마리 구성의 무리로 장거리를 이동하며 생활해요. 최상위 서열 페어의 새끼를 협력해 길러요. 멸종이 우려되며, 2012년에는 성체 개체 수가 약 1,400마리로 추정되었어요.

🏠 84.5~141cm, (꼬리 길이)31~42cm
⚖ 18~34.5kg 🌍 사하라 사막 이남 아프리카
🌳 사바나, 관목림 🍖 포유류(대형~중형)

크기 체크

아프리카들개 / 너구리 / 큰귀여우

큰귀여우 개과
개과 중에서는 드물게 흰개미를 주로 먹어요.
- 46.2~60.7cm, (꼬리 길이)23~34cm
- 3.2~5.4kg · 아프리카 동부·남부
- 건조한 초원 · 곤충(주로 흰개미)

승냥이 개과
아시아에 널리 분포하고 있었지만, 수가 줄어들고 있어요. 2015년 시점에서는 성체 개체 수가 949~2,215마리로 추정되었어요.
- 88~135.5cm, (꼬리 길이)32~50cm · 수컷/15~20kg, 암컷/10~13kg · 중앙아시아, 남아시아~동남아시아, 동아시아
- 삼림, 초원 · 포유류(대형~소형), 새, 곤충

너구리 개과
우리에게 아주 친숙한 포유류예요. 삼림, 도시 등의 다양한 환경에 서식해요.
- 49.2~70.5cm, (꼬리 길이)15~23cm · 2.9~12.5kg
- 한국, 일본, 시베리아 동부~동남아시아 · 삼림, 습지
- 포유류(소형), 양서류, 파충류, 곤충, 새, 열매

▲도로에 나타난 너구리.

Q 너구리는 왜 똥을 모아 두나요?

A 너구리는 같은 장소에 여러 마리의 개체가 번갈아 대변을 보는 '분장' 습성이 있어요. 대변을 한 곳에 봄으로써 개체 간 정보 전달의 역할을 한다고 여겨져요.

▲너구리의 분장.

짤막지식 아프리카들개의 이명인 '리카온'의 유래는 학명의 'Lycaon(늑대 같은)'이에요.

붉은여우 개과

홀로 생활하거나 가족 단위로 살아요.
땅속에 터널을 파고 거처로 삼아요.

- 45~90cm, (꼬리 길이)28~49cm
- 수컷/4~14kg, 암컷/3~7kg
- 한국, 일본, 아프리카 북부, 유라시아, 북아메리카
- 툰드라, 삼림, 초원, 사막
- 포유류(소형), 새, 곤충, 열매

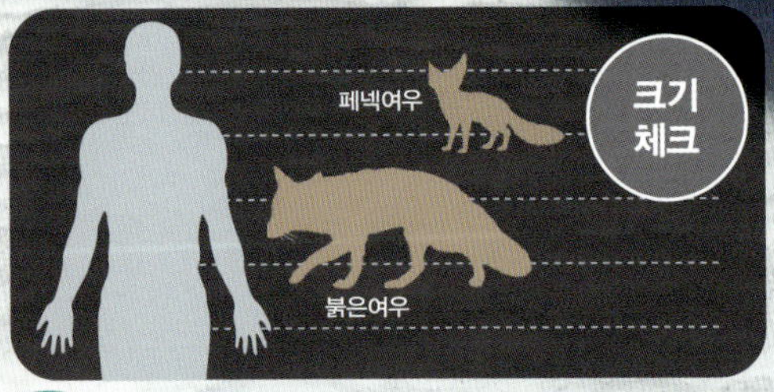

식육목(개 무리)

Q 붉은여우는 어떻게 사냥하나요?

A 쥐가 눈 밑을 돌아다니며 내는 소리를 귀로 듣고 조준한 후, 점프해서 눈 속으로 얼굴을 파묻어 사냥해요.

크기 체크
페넥여우
붉은여우

▼쥐를 잡은 붉은여우.

더 알고 싶어! 일본에 서식하는 붉은여우의 아종

일본에는 붉은여우의 아종으로서 북방여우, 일본여우가 서식하고 있어요. 두 아종은 다리의 색이 달라요.

▲다리가 새까만 북방여우.  ▲다리가 까맣지 않은 일본여우.

집개의 품종

가장 오래전부터 길러진 동물이에요. 늑대와 같은 종류인 것으로 여겨져요.

식육목(개 무리)

▼사진은 롱 헤어드 미니어처 닥스훈트예요.

비글
원산지는 영국이에요. 14세기 무렵부터 왕실에서 토끼 사냥을 위해 사육했어요.
↕ 33~38cm

닥스훈트
원산지는 독일이에요. 크기별로 3가지, 모질별로 3가지로 나뉘어요. 조합에 따라 총 9가지 종류가 있어요. (스탠다드)35~47cm, (미니어처)30~37cm, (카닌헨)25~30cm

시바견
현재 일본견 중에 가장 소형이에요. 주로 수렵이나 집을 지키는 개로 이용되어 왔어요.
↕ 35~41cm

시추
티베트가 원산지예요. 과거에는 수도원에서 사육되어 중국 왕궁에 보내졌다고 해요.
⚖ 4.5~8kg

프렌치 불도그
프랑스가 원산지로, 상류 계급과 예술가의 반려견으로서 유행했어요. ↕ 24~35cm

말티즈
원산지는 지중해예요. 고대부터 여성들에게 길러졌으며 가장 오래 사랑받은 개라고도 해요.
↕ 20~25cm

치와와
멕시코가 원산지이며, 가장 작은 품종이에요. 톨텍 문명 시대부터 길러져 왔다고 해요.
⚖ 1~3kg

잭 러셀 테리어
영국이 원산지예요. 존 러셀 목사가 폭스 테리어 혈통을 개량해 만든 품종이에요. ↕ 25~30cm

◀사진은 토이 푸들이에요.

푸들
원산지는 프랑스예요. 크기에 따라 스탠다드, 미디엄, 미니어처, 토이로 분류돼요.
↕ (스탠다드)45~62cm, (미디엄)35~45cm, (미니어처)28~35cm, (토이)23~28cm

골든 리트리버
원산지는 영국이에요. 수렵 사냥감의 회수(리트리브)나 추적에 쓰여 왔어요.
↕ 51~61cm

버니즈 마운틴 도그
원산지는 스위스예요. 예로부터 주로 목축견이나 경비견으로 활약한 품종이에요. ↕ 58~70cm

↕=몸높이(개가 네 다리로 똑바로 섰을 때, 지면에서 어깨뼈 상단까지의 높이) =가슴둘레 ⚖=몸무게   ※여기에서는 이상적이라 여겨지는 수치를 기록했어요.

저먼 셰퍼드
원산지는 독일이에요. 경찰견, 군용견으로서 활약해요. 일본에서는 최초의 맹인 안내견으로 일하기도 했어요.
55~65cm

웰시 코기 펨브로크
원산지는 영국이며, 소를 쫓는 목축견이에요. 영국 왕실에서도 사랑받았어요. 25~30cm

요크셔 테리어
영국의 요크셔 지방에서 가옥을 갉아 먹는 쥐를 퇴치하기 위해 만들어진 품종이에요.
3.2kg까지

비숑 프리제
원산지는 프랑스와 벨기에에요. 솜사탕 같은 '파우더 퍼프' 커트가 사랑스러워 인기가 많아요.
23~30cm

래브라도 리트리버
원산지는 영국이에요. 원래는 사냥개지만, 맹인 안내견과 마약 탐지견으로 전 세계에서 활약하고 있어요. 54~57cm

미니어처 슈나우저
독일이 원산지이며, 쥐 사냥 등에서 활약해 왔어요. 덥수룩한 눈썹이나 입 주변의 수염이 특징이에요.
30~35cm

카발리에 킹 찰스 스패니얼
영국이 원산지예요. 국왕 찰스 1세와 찰스 2세로부터 사랑받았어요.
5.4~8kg

아키타견
일본 아키타현이 원산지인 대형견이에요. 원래는 아키타 마타키견이라고 불리는 사냥개였어요.
58~70cm

보더 콜리
영국의 잉글랜드와 스코틀랜드의 국경(보더) 근처가 원산지이므로 이러한 품종명이 붙었어요.
53cm

퍼그
중국이 원산지이며, 1700년 이전에 영국에 건너가고서 큰 인기를 끌었다고 해요.
6.3~8.1kg

포메라니안
독일의 스피츠 계열 품종으로부터 만들어졌어요. 영국과 프랑스 왕실에서 사랑받았어요.
18~24cm

수컷 개가 한쪽 다리를 들고 전봇대에 쉬를 하는 것은 다른 개의 코 높이에 영역을 표시하기 위함이에요.

곰 무리

곰과 동물은 몸집이 크고 튼튼한 체형을 지녔으며, 짧은 꼬리가 특징이에요. 북극곰을 제외하면 식물도 먹는 잡식성이죠. 얼굴이 둥근 것은 딱딱한 것을 씹어 먹는 턱 근육이 발달했기 때문이에요. 아프리카와 오스트레일리아를 제외한 전 세계에 8종이 분포해 있어요.

식육목(곰 무리)

불곰 곰과

대형 곰에 속하며 낮과 밤 모두 활동해요. 수컷과 암컷 모두 홀로 생활하지만, 새끼는 어미와 함께 생활해요. 열매나 물고기 등 다양한 먹이를 먹어요.
- 150~280cm, (꼬리 길이)6~21cm
- 수컷/130~550kg(최대 725kg), 암컷/80~250kg(최대 340kg) 일본(홋카이도), 유라시아 북부, 북아메리카 북부 등 삼림, 초원, 툰드라, 사막
- 잎, 풀, 뿌리, 열매, 곤충, 포유류(대형~소형), 물고기

나무 타기가 특기

▲커다란 몸집을 지녔지만, 나무 타기가 특기예요.

Q 불곰은 물고기 외에 다른 것도 먹나요?

A 연어 등의 물고기를 먹는 모습으로 유명하지만, 실제로는 다양한 먹이를 먹어요. 특히 나무 열매나 잎, 풀 등의 식물을 먹는 경향이 있어요. 어금니는 딱딱한 것을 으깨기 쉬운 형태로 되어 있어요.

▶풀을 먹는 불곰.

불곰의 아종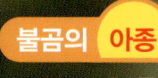

북반구의 넓은 지역에 분포하는 불곰은 지역에 따라 크기와 색이 다른 여러 아종이 존재해요. 여기서는 그중 일부를 소개할게요.

에조불곰
일본 홋카이도에 서식하는 아종이며, 일본에서는 가장 큰 육상 동물이에요.

알래스카불곰(코디액곰)
알래스카반도 연안부와 코디액섬에 서식하고 있어요. 불곰 아종 중에서 가장 거대해요.

회색곰
미국 알래스카나 캐나다에 서식하는 아종이에요. '그리즐리'라고도 불러요.

유라시아불곰
주로 북유럽에서 러시아의 넓은 범위에 서식하는 아종이에요. '유럽불곰'이라고도 해요.

더 알고 싶어! 사람과의 트러블

사람이 먹이를 줬던 일 때문에 불곰이 도로까지 나오게 되었으며, 매우 위험한 상황이 벌어지기도 해요. 절대로 먹이를 줘선 안 돼요.

▲홋카이도 시레토코반도의 도로에 나타난 불곰.

짤막 지식 예전에는 북아프리카에도 불곰이 서식했지만 멸종하고 말았어요.

식육목(곰 무리)

북극곰 곰과

지상 최대의 육식 동물이에요. 주로 물범을 잡아먹어요. 목이 길고 바다를 헤엄치는 데 적합한 몸을 지녔어요. 불곰과 가까운 유연관계에 있는 것으로 여겨져요.

- 180~280cm, (꼬리 길이)6~13cm
- 수컷/300~650kg(최대 800kg), 암컷/150~250kg(최대 500kg) 북극권
- 해빙, 빙원 포유류(대형~소형), 물고기, 새, 곤충

Q. 북극곰의 털이 투명하다고요?

A. 하얀 털처럼 보이지만, 사실 한 올 한 올의 털이 투명하고 빨대처럼 구멍이 뚫려 있어요. 이러한 구조로 몸의 열이 잘 빠져나가지 않고 북극의 추위도 견딜 수 있어요.

▶북극곰의 털을 촬영한 전자 현미경 사진.

▼북극곰 어미와 새끼. 하얀색은 눈이나 빙하 환경에서 눈에 띄지 않는 효과가 있어요.

▼턱수염바다물범을 공격하는 북극곰.

▼눈과 코, 귀를 수면 위로 내민 채 헤엄쳐요. 추위에 강한 몸 구조로 차가운 바다에서도 문제없이 헤엄칠 수 있어요. 잠수도 특기예요.

▲나무 타기가 특기인 곰이에요.

▲층층나무의 열매를 먹는 아시아흑곰. 너도밤나무 열매와 도토리도 즐겨 먹어요.

▲도로로 나온 아시아흑곰. 최근 거리에 나타나는 일이 잦아져, 곰과 사람 간의 사고가 일어나고 있어요.

Q 곰 선반은 무엇인가요?

A 아시아흑곰이 나무에 올라 도토리를 먹을 때, 나뭇가지를 끌어당겨서 생긴 것을 말해요.

▶물참나무에 생긴 곰 선반.

크기 체크 불곰(94쪽)

아시아흑곰 북극곰

아시아흑곰(반달가슴곰) 곰과 🇰🇷 ◆ 천연기념물

반달가슴곰이라는 명칭의 유래인 가슴의 초승달 문양은 개체에 따라 없기도 해요. 한국의 천연기념물이에요.

🏠 110~190cm, (꼬리 길이)12cm 이하 ⚖ 수컷/60~200kg, 암컷/35~140kg 🌏 한국, 일본, 서아시아~동남아시아, 시베리아 동부~동아시아 🌲 삼림 🍎 잎, 열매, 풀, 뿌리, 곤충, 사체의 고기

97

식육목(곰 무리)

느림보곰 곰과
흰개미를 즐겨 먹어요. 이름과는 달리 움직임이 빠르며 호랑이와도 싸울 수 있어요.
- 140~190cm, (꼬리 길이)8~17cm
- 수컷/70~145kg, 암컷/50~95kg
- 남아시아, 삼림, 사바나, 초원
- 흰개미, 개미, 열매, 꿀

미국흑곰 곰과
홀로 생활하며 넓은 행동반경을 지녔어요. 주로 삼림에 서식하며 나무 타기가 특기예요.
- 120~190cm, (꼬리 길이)12cm 이하
- 수컷/60~225kg, 암컷/40~150kg
- 북아메리카
- 삼림, 풀, 열매, 뿌리, 곤충, 물고기

안경곰 곰과
나무를 잘 타며, 밤에는 나무 위에서 열매 등을 먹어요.
- 130~190cm, (꼬리 길이)10cm 이하
- 수컷/100~175kg, 암컷/60~80kg
- 남아메리카(북안데스~중앙안데스)
- 해발 200~4,700m의 삼림, 초원
- 잎, 열매, 나무 열매, 곤충, 포유류(대형~소형)

태양곰 곰과
가장 작은 곰이에요. 더운 지방에 살기 때문에 몸의 털이 매우 짧은 것이 특징이에요.
- 100~150cm, (꼬리 길이)3~7cm
- 30~80kg
- 남아시아, 동남아시아, 중국 남부
- 삼림
- 흰개미, 개미, 열매, 꿀

더 알고 싶어! 하얀 미국흑곰
캐나다의 태평양 연안 지역에 분포하는 미국흑곰의 아종은 검은색이지만, 그중 10~20%의 개체는 몸 색깔이 하얘요. 이들은 '정령곰(스피릿 베어)'이라고 부른다고 해요.

몸길이　몸무게　분포　서식 환경　주된 먹이　한국에 서식하는 동물　한국에 서식하는 외래종　멸종위기종

대왕판다 곰과

중국 내륙 지방의 고산 지대에만 서식하며 홀로 생활해요. 주로 대나무만을 섭취하지만, 섬유질이 많은 대나무나 조릿대를 충분히 소화해 영양분으로 만들지는 못해요. 대량의 대나무를 먹지 않으면 살아가는 데 필요한 에너지를 얻지 못하기에, 하루의 절반 이상을 식사하며 보내요.

- 120~180cm, (꼬리 길이)10~16cm
- 수컷/85~125kg, 암컷/70~100kg 🌐 중국
- 대나무가 있는 산림 🍚 대나무

더 알고 싶어! 작은 새끼

새끼 판다는 몸집이 아주 작고 대부분 털이 없으며, 눈이 보이지 않는 상태로 태어나요. 하지만 커다란 소리로 울 수 있어서 어미의 주의를 끌어 보살핌을 받아 내요.

▲갓 태어난 새끼. 몸무게는 100g에 불과해요.

▲생후 37일의 새끼. 흑백 문양이 나타나기 시작해요.

▼앞발에는 다섯 개의 손가락 외에도 돌기 모양 뼈가 두 개 있어요. 이는 물건을 잡을 때 손가락과 같은 역할을 해요(일본 국립 과학박물관에 전시된 대왕판다의 앞발 골격 표본).

판다는 손가락이 7개?!

◀앞발로 대나무를 잡고 먹는 모습이에요. 딱딱한 대나무를 씹어 먹기 위해 턱 근육이 발달해 있어요. 그래서 머리가 둥근 거예요.

◀나무도 잘 타요.

크기 체크 대왕판다

대왕판다의 몸 색깔이 흑백인 이유에는 여러 속설이 있지만, 지금까지 밝혀진 바는 없어요.

레서판다 무리

해당 무리에는 레서판다 1종만이 속해 있어요. 곰과나 미국너구리과로 여기는 등 오랜 세월 동안 분류가 확정되지 않고 있었지만, 지금은 레서판다과로 분류해요.

식육목〈레서판다 무리〉〈미국너구리 무리〉

레서판다
레서판다과
주로 야행성이며 홀로 생활해요.
주식은 대나무 잎과 죽순이에요.
나무 타기가 특기예요.
51~73cm, (꼬리 길이)28~49cm
3~6kg 히말라야산맥~중국 남부
삼림 대나무, 열매, 알

▲대왕판다와 마찬가지로, 앞발로 대나무를 붙잡고 먹을 수 있어요.

Q 레서판다는 왜 배가 검은색인가요?
A 나무 아래에서 올려다보았을 때 눈에 띄지 않게 하는 효과가 있어요.

▲낮에는 높은 나무 위에서 휴식을 취해요.

몸길이 몸무게 분포 서식 환경 주된 먹이 한국에 서식하는 동물 한국에 서식하는 외래종 멸종위기종

미국너구리 무리

미국너구리(라쿤)과 동물은 남북아메리카에 분포하며 14종이 있어요. 긴 꼬리를 지녔고, 나무 타기가 특기예요. 작은 동물이나 열매 등을 먹는 잡식성이에요.

크기 체크: 레서판다, 미국너구리, 호랑이꼬리고양이, 킨카주너구리

킨카주너구리 미국너구리과
야행성이며 높은 나무 위에 서식해요. 열매나 꽃꿀을 주식으로 삼아요. 거미원숭이(180쪽)처럼 꼬리로 나뭇가지를 붙잡을 수 있어요.
- 42~76cm, (꼬리 길이)39~57cm
- 1.4~4.5kg
- 중앙아메리카~남아메리카 중부
- 삼림
- 열매, 꽃의 꿀, 곤충

호랑이꼬리고양이 미국너구리과
야행성이며 주로 단독 생활을 해요. 30~37cm, (꼬리 길이) 31~44cm 0.9~1.1kg 북아메리카 남부 삼림, 관목림, 사막 포유류(중형~소형), 열매, 파충류, 새

남아메리카코아티 미국너구리과
주행성이에요. 수컷은 홀로 생활하고, 암컷과 새끼는 무리를 지어 나무 위와 지상에서 활동해요. 43~58cm, (꼬리 길이)42~55cm 2~7.2kg 남아메리카 북부~중부 삼림 곤충, 전갈, 거미, 열매, 포유류(소형), 물고기

미국너구리 미국너구리과
물고기나 가재, 개구리 등의 작은 동물부터 열매까지 뭐든지 먹어요. 여러 개체가 같은 영역을 공유하며, 교미기에는 수컷과 암컷이 작은 무리를 형성해요. 44~62cm, (꼬리 길이)19~36cm 2.7~10.4kg 캐나다 남부~중앙아메리카 삼림, 습지, 도시 열매, 나무 열매, 물고기, 개구리, 포유류(소형), 새

더 알고 싶어! 일본에 서식하는 미국너구리
일본에서는 반려동물이던 미국너구리가 방생되어 야생화했다고 해요. 그곳에 원래 서식하던 생물을 먹어치우는 등 생태계를 변화시키고 있어요. 특정 외래생물로 지정되었어요.

▲일본의 민가에 나타난 미국너구리.

식육목 (족제비, 스컹크 무리)

족제비, 스컹크 무리

족제비과 동물은 남극과 오스트레일리아를 제외한 모든 대륙에 서식하는 거대한 그룹이에요. 항문 근처의 취선에서 강렬한 냄새를 풍기는 액체를 내뿜어요. 스컹크 무리는 과거에 족제비과로 분류되었으나, 현재는 스컹크과로 나뉘게 되었어요.

일본족제비 족제비과
물가를 좋아해요. 달리기가 빠르고 점프와 수영도 잘해요.
- 25~39cm, (꼬리 길이)13.3~21cm
- 360~820g
- 일본
- 삼림
- 포유류(소형), 물고기, 새, 곤충, 갑각류

흰족제비 족제비과
식육목 중 가장 작은 몸집을 지녔으며 쇠족제비라고도 해요. 자신보다 훨씬 큰 먹잇감을 사냥해요. 여름과 겨울에 따라 털 색이 변화해요.
- 11.4~26cm, (꼬리 길이)7~9cm
- 25~250g
- 한국, 일본, 유라시아, 북아메리카
- 삼림, 초원, 반사막
- 포유류(소형), 새, 개구리, 도마뱀, 곤충

◀여름털.
▲겨울털.

북방족제비 족제비과
주로 야행성이며 쥐 등을 먹잇감으로 삼는 사냥꾼이에요. 털 색이 여름과 겨울에 따라 변화해요.
- 19~34cm, (꼬리 길이)4.2~12cm
- 56~365g
- 일본, 유라시아, 북아메리카, 그린란드
- 삼림, 습지
- 포유류(소형), 새, 곤충

◀여름털.
▲겨울털.

검은발족제비 족제비과
프레리도그가 주된 먹이이며, 둥지 구멍으로 들어가 사냥해요. 개체 수가 매우 적어 보호 활동이 이뤄지고 있어요.
- 40~50cm, (꼬리 길이)11.4~15cm
- 764~1,078g
- 북아메리카 중앙부
- 초원
- 프레리도그

긴털족제비 족제비과
야행성이며 자신보다 큰 먹잇감을 사냥하는 사냥꾼이에요.
- 20.5~46cm, (꼬리 길이)7~19cm
- 400~1,710g
- 유럽~러시아 서부
- 삼림, 초원, 습지
- 양서류, 포유류(소형), 새, 물고기, 곤충, 열매

더 알고 싶어! 페럿
긴털족제비를 가축화한 동물이에요. 반려동물로 많이 기르고 있어요. 쥐를 잡는 수렵용으로도 쓰여요.

▶바구니에 들어간 반려동물 페럿.

크기 체크
- 북방족제비 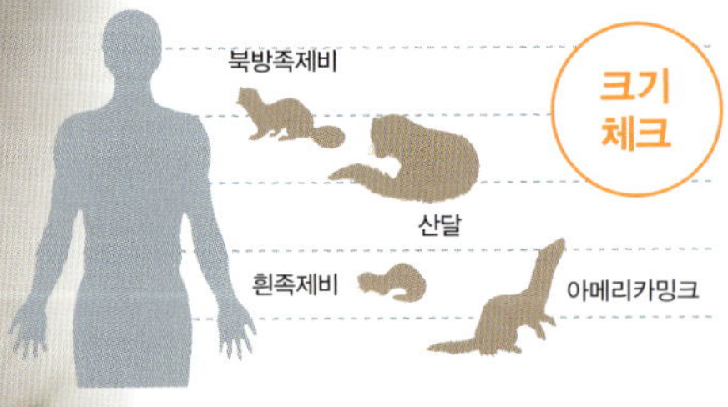
- 산달
- 흰족제비
- 아메리카밍크

산달 족제비과 🇰🇷
일본담비라고도 하며, 여름과 겨울에 털 색이 바뀌어요. 사진은 얼굴이 하얗고 몸이 노란 겨울 털이에요. 📏 47~54.5cm, (꼬리 길이)17~22.3cm
⚖️ 수컷/평균 1.5kg, 암컷/평균 1kg 🌏 한국, 일본
🌲 삼림 🍽️ 포유류(소형), 새, 곤충, 열매

피셔 족제비과
피셔(Fisher, 낚시꾼)라는 이름을 지녔지만, 사실 물고기를 잡지는 않아요. 숲에 서식하며 나무 타기가 특기예요. 📏 45~65cm, (꼬리 길이) 30~50cm ⚖️ 2~5.5kg
🌏 북아메리카 북서부~동부 🌲 삼림
🍽️ 포유류(중형~소형), 새, 열매

검은담비 족제비과
삼림에서 생활하며 나무 타기가 특기예요. 한반도 북부에서도 서식하며, 일본은 홋카이도에 아종인 에조검은담비가 있어요.
📏 35~56cm, (꼬리 길이)11.5~19cm ⚖️ 0.7~1.8kg
🌏 일본, 러시아~아시아 북부 🌲 삼림
🍽️ 포유류(중형~소형), 새, 곤충, 씨앗

아메리카밍크 족제비과
수영과 잠수 실력이 뛰어나요. 물속에서도 작은 동물을 사냥할 수 있어요. 📏 30~43cm, (꼬리 길이)15.2~20cm
⚖️ 0.5~1.8kg 🌏 북아메리카 🌲 삼림, 물가
🍽️ 포유류(소형), 새, 물고기, 양서류

그리슨 족제비과
홀로 생활하거나 짝을 이루어 살거나 작은 무리로 생활해요. 낮과 밤에 사냥을 나가요.
📏 47.5~55cm, (꼬리 길이)16cm ⚖️ 1.4~3.3kg
🌏 중앙아메리카~남아메리카 북부 🌲 초원, 삼림
🍽️ 포유류(소형), 새, 열매

울버린 족제비과
맹렬한 사냥꾼이에요. 자신보다 훨씬 큰 순록을 잡기도 해요.
📏 65~105cm, (꼬리 길이)21~26cm
⚖️ 6~18kg 🌏 북아메리카 북부, 유라시아 북부
🌲 툰드라, 삼림
🍽️ 포유류(대형~소형), 새, 열매

조릴라 족제비과
몸을 지킬 때는 죽은 척을 하거나 항문선에서 고약한 냄새가 나는 액체를 상대방에게 내뿜어요.
📏 28~38cm, (꼬리 길이) 16.5~28cm ⚖️ 0.4~1.2kg
🌏 사하라 사막 이남 아프리카
🌲 사바나, 사막
🍽️ 포유류(소형), 곤충, 새

검은담비의 아종
에조검은담비
홋카이도에 서식하는 검은담비의 아종이에요.

식육목(족제비, 스컹크 무리)

동부얼룩스컹크
스컹크과
적을 만나면 몸을 거꾸로 돌려 위협하거나 악취를 풍기는 액체를 내뿜어요. 액체는 내뿜지 않고 위협만 가하기도 해요.
- 19~33cm, (꼬리 길이)8~28cm
- 207~885g 북아메리카 중앙부~남동부
- 삼림, 초원, 바위 터
- 포유류(소형), 새, 곤충, 열매

줄무늬스컹크
스컹크과
가장 친숙한 스컹크예요. 도시에도 서식하고 있어요.
- 17~40cm, (꼬리 길이)15~47cm 0.6~4.1kg
- 북아메리카 삼림, 초원
- 곤충, 포유류(소형), 새, 열매

긴꼬리수달 족제비과
유속이 빠른 강에 서식하고 있어요.
- 36~66cm, (꼬리 길이)37~84cm 5~15kg
- 중앙아메리카~남아메리카 중부
- 해발 3,000m 이하 흐르는 맑은 물이나 하천
- 물고기, 게, 새, 파충류

북아메리카수달 족제비과
물가의 둥지 구멍에서 수컷은 홀로 생활하고, 암컷은 홀로 생활하거나 새끼와 함께 살아요.
- 58.3~73cm, (꼬리 길이)31.7~47cm
- 7.3~9.4kg 북아메리카 호수, 강, 해안
- 물고기, 개구리, 가재

작은발톱수달 족제비과
수달 중에서 가장 몸집이 작으며, 무리로 생활해요.
- 36~46.8cm, (꼬리 길이)22.5~27.5cm 2.4~3.8kg
- 남아시아~동남아시아 호수와 강가, 늪지
- 조개, 게, 물고기

자이언트수달 족제비과
가장 몸집이 큰 수달이에요. 피라냐와 메기 등의 물고기를 주로 먹지만, 때로는 작은 악어를 잡아먹기도 해요.
- 100~130cm, (꼬리 길이)45~65cm
- 22~32kg 남아메리카(아마존강 유역)
- 강, 호수, 만 등의 주변 물고기, 게, 포유류(소형), 양서류, 악어, 새

 더 알고 싶어!

일본수달
일본의 특별 천연기념물이었어요. 하지만 1979년에 마지막으로 목격되었고 2012년에는 멸종이 선언되었죠. 강이나 늪, 해안에 서식하면서 밤에 활동했다고 해요. 유라시아수달의 아종이라는 설이 있어요.

- 55~95cm, (꼬리 길이)30~55cm 5~12kg
- 일본 강, 연못, 수로 등의 주변
- 물고기, 새우, 게, 개구리, 곤충

104 몸길이 몸무게 분포 서식 환경 주된 먹이 한국에 서식하는 동물 ● 한국에 서식하는 외래종 ◇ 멸종위기종

Q 해달은 일본에서 관찰되나요?

A 1990년 무렵부터 겨울이 되면 일본 홋카이도의 네무로 반도 등지에서 볼 수 있게 됐다고 해요. 현재는 일 년 내내 모습이 관찰되고 있죠. 최근에는 새끼를 기르는 모습도 확인되었어요.

▼홋카이도 기리탓푸곶에서 촬영된 해달 무리.

▲새끼를 배 위에 올리고 길러요.

해달 족제비과
족제비과 중에 가장 큰 종이에요. 도구를 사용하는 포유류로, 잡은 조개의 껍데기를 돌로 깨 먹어요. 📏100~120cm, (꼬리 길이)25~37cm ⚖14~45kg
🌐일본, 북태평양 연안 🌳해안 근처 🍚게, 조개, 악어, 물고기

일본오소리 족제비과
땅속에 구조가 복잡한 둥지 구멍을 만들고 가족들끼리 살아요. 둥지 구멍은 청결하게 유지되며 대대로 물려받아요.
📏50~80cm, (꼬리 길이)14~20cm
⚖6~17kg 🌐일본
🌳산림, 산촌
🍚곤충, 지렁이, 열매, 포유류(소형)

아메리카오소리
족제비과
주로 야행성이며 홀로 생활해요. 커다란 앞발 발톱을 이용해 재빨리 큰 둥지 구멍을 팔 수 있어요.
📏42~72cm, (꼬리 길이)10~15.5cm
⚖6.3~8.7kg 🌐북아메리카~멕시코
🌳삼림, 초원 🍚포유류(중형~소형), 새, 곤충, 파충류

라텔 족제비과
피부가 아주 두꺼우므로, 좋아하는 꿀을 먹기 위해 벌집을 공격할 때 침에 쏘여도 멀쩡해요. 📏73.3~96cm, (꼬리 길이)14.3~23cm ⚖6.2~13.6kg
🌐아프리카, 아라비아반도~인도 🌳삼림, 사바나
🍚꿀, 꿀벌의 유충, 곤충, 포유류(중형~소형), 새, 열매

크기 체크

자이언트수달
줄무늬스컹크
일본오소리

일본 마을 근처 산의 동물들

혼고 박사의 해설!

일본은 예로부터 사람과 동물이 마을 주변의 산에서 공존해 왔어요. 산에는 수많은 야생 동물이 살고 있으며 인적이 있는 산에서 생활하거나, 밭의 작물을 먹거나, 인가의 마루 밑에 둥지를 트는 등 사람들의 생활과 겹치는 부분이 있죠. 산에 사는 사람들도 장작을 얻거나, 동물을 사냥하거나, 동물에 관한 이야기를 만드는 등 동물들의 삶과 이어져 왔어요. 이러한 마을 근처의 산은 지금도 일본 각지에 존재한다고 해요. 하지만 사람들의 생활 방식 변화와 청년 인구의 감소가 이어지면서 산에 사는 동물과 사람의 관계도 바뀌었어요. 이제는 농작물 피해나 곰에 의한 사고 등의 문제가 늘어나고 있죠. 오랫동안 계속되어 온 산의 생활을 앞으로 어떻게 이어 나갈지는 곰곰이 생각해 봐야 할 문제예요.

일본청서
(▶206쪽)
나무 위에서 생활하며, 산지의 소나무 숲 등에 서식하고 있어요.

산달
(▶103쪽)
주로 나무 위에서 생활하지만, 건물 처마 밑에 둥지를 짓기도 해요.

멧돼지
(▶125쪽)
잡식성이며 음식물 쓰레기나 농작물을 먹기도 해요.

일본원숭이
(▶184쪽)
밭을 헤쳐 놓는 등 심각한 피해를 주기도 해요.

일본오소리
(▶105쪽)
땅속의 곤충을 파내 먹어요. 경사면이나 나무뿌리 등에 둥지 구멍을 만들어요.

일본족제비
(▶102쪽)
물가를 선호하여 작은 강이나 논, 배수구 등도 거처로 이용해요.

집박쥐
(▶62쪽)
인가의 지붕 아래에 살기도 해요.

아시아흑곰
(▶97쪽)
경계심이 강하지만, 먹이를 찾아 인가까지 내려오기도 해요.

너구리
(▶89쪽)
잡식성으로 남은 음식물, 반려동물용 사료 등도 먹어요.

붉은여우
(▶90쪽)
수많은 민화에 등장하며, 예로부터 인간과 엮여 왔어요. 소형 포유류 등을 잡아먹어요.

흰배숲쥐
(▶218쪽)
논두렁이나 수풀 등에 서식하고 있어요.

107

물범(바다표범) 무리

물범과 동물은 수중 생활에 적합한 몸을 지녔어요. 지느러미처럼 진화한 뒷다리와 부드러운 등뼈를 활용해 헤엄치죠. 한편으로 육상에서는 걷지 못해 기어서 전진해요. 출산은 육지 위나 얼음 위에서 해요.

식육목(물범 무리)

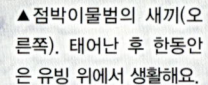
▲점박이물범의 새끼(오른쪽). 태어난 후 한동안은 유빙 위에서 생활해요.

점박이물범 물범과 천연기념물
유빙 위에 새끼를 낳아요. 한국에서도 발견되며 천연기념물이에요. 📏151~176cm ⚖65~115kg 🌏한국, 일본 근해, 북태평양, 북극해(추크치해) 등 🌲바다, 해안 🍽오징어, 물고기, 새우

흰띠박이바다표범 물범과
유빙이 있는 시기에는 난바다의 유빙 위에서 생활하며, 얼음이 녹으면 한층 더 먼 바다로 가서 수중 생활을 해요. 띠무늬물범이라고도 불러요.
📏150~175cm ⚖70~110kg 🌏일본(홋카이도 근해), 북극해, 북태평양 등 🌲바다 🍽새우, 물고기, 오징어

고리무늬물범 물범과
지구상에서 가장 북쪽에 서식하는 포유류 중 하나예요.
📏110~160cm ⚖50~90kg
🌏일본(홋카이도 근해), 북극해, 발트해, 북태평양 등
🌲바다, 해안 등
🍽새우, 물고기

Q 새끼 물범은 전부 하얀색인가요?

A 얼음 위에서 새끼를 낳는 종의 새끼는 하얀색이지만, 바위 터에서 출산하는 종의 새끼는 바위를 닮은 거무스름한 색이에요.

▲새끼 잔점박이물범(왼쪽)은 검은색이에요.

턱수염바다물범 물범과
긴 수염으로 조개와 같은 해저의 먹잇감을 찾아 먹어요.
📏210~250cm ⚖250~450kg 🌏일본(홋카이도 근해), 북극해, 북태평양, 북대서양 등 🌲바다, 해안 🍽물고기, 새우, 조개

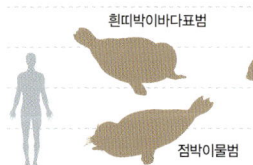

크기 체크

흰띠박이바다표범 잔점박이물범
점박이물범 턱수염바다물범

▲새끼 하프물범.

잔점박이물범 물범과 🇰🇷
북반구의 넓은 지역에 분포하는 물범이에요. 한국에서는 종종 회유하는 개체가 발견돼요. 참물범이라고도 해요. 📏 120~190cm ⚖ 80~140kg 🌐 한국, 일본(홋카이도 근해), 북태평양, 북대서양 🌲 바다, 해안 🍴 물고기, 오징어, 새우

하프물범 물범과
여름에는 북쪽 바다에서 생활해요. 겨울에는 유빙과 함께 남하하고, 봄에는 얼음 위에서 새끼를 낳아요.
📏 160~170cm ⚖ 120~135kg 🌐 북극해, 북대서양 🌲 바다 🍴 물고기, 오징어, 게, 크릴

▲바위 위에서 휴식하는 잔점박이물범. 쉴 때는 항상 바위 위에서 쉬어요.

더 알고 싶어!
물범, 바다코끼리, 바다사자의 차이점

물범
▼물범은 앞다리로 몸을 지탱하지 못하며, 뒷다리 발목도 굽힐 수 없으므로 기어서 나아가요.

뒷발을 이용해 온몸을 흔들며 헤엄쳐요.

바다코끼리
커다란 엄니가 있어요. 이 큰 엄니는 지팡이처럼 바위에 걸쳐 지면을 이동할 때 사용해요.

▼바다코끼리와 바다사자는 뒷다리를 앞으로 구부려서 앞다리, 뒷다리로 걸을 수 있어요.

바다사자
앞다리로 날갯짓해 헤엄쳐요.

뒷다리를 흔들어 헤엄쳐요.

바이칼물범 물범과
네르파라고도 해요. 러시아 바이칼호에 서식하며, 담수에서만 서식하는 전 세계에서 유일한 물범이에요. 📏 120~145cm ⚖ 50~90kg 🌐 러시아(바이칼호) 🌲 호수 🍴 물고기

두건물범 물범과
수컷은 콧구멍 점막을 풍선처럼 부풀려 상대를 위협하거나 암컷에게 구애해요.
📏 수컷/250~270cm, 암컷/200~220cm
⚖ 수컷/약 300kg, 암컷/약 200kg
🌐 북극해, 북대서양 🌲 바다, 해안
🍴 물고기, 오징어, 새우

남방코끼리물범
물범과

가장 몸집이 큰 물범이에요. 수컷의 코는 길고 아래쪽으로 처져 있어요. 암컷을 둘러싼 싸움으로 인해 성인 수컷은 상처투성이예요. 🗓 수컷/450~500cm, 암컷/300~350cm ⏱ 수컷/1,500~3,000kg, 암컷/600~800kg
🌐 남극 주변 바다 🌲 바다, 바다 주변
🍴 오징어, 물고기

식육목(물범 무리)

Q 수컷 남방코끼리물범은 왜 싸우나요?

A 수많은 암컷과 짝을 이루기 위함이에요.

▲작은 암컷(왼쪽). 수컷과 암컷의 몸 크기는 크게 차이가 나요.

북방코끼리물범 물범과
수심 1,500m 이상인 매우 깊은 바다까지 잠수할 수 있는 물범이에요. 🗓 수컷/350~400cm, 암컷/215~300cm ⏱ 수컷/1,800~2,500kg, 암컷/300~600kg 🌐 북태평양 북부~동부
🌲 바다, 바다 주변 🍴 오징어, 물고기, 소형 상어

크기 체크
레오파드바다표범
남방코끼리물범 두건물범(109쪽)

▼호흡하기 위해 해수면으로 부상한 게잡이바다표범 무리.

게잡이바다표범 물범과
가장 개체 수가 많은 물범으로 여겨져요. 게보다 크릴을 즐겨 먹어요.
- 수컷/평균 230.9cm, 암컷/평균 235.6cm
- 수컷/평균 198.7kg, 암컷/평균 206.5kg
- 남극 주변 바다 / 바다, 바닷물
- 크릴, 물고기, 오징어

웨들바다표범 물범과
남극의 얼음 바다에 서식하는 대형 물범이에요.
- 수컷/280~290cm, 암컷/300~330cm / 400~600kg
- 남극 주변 바다 / 바다, 해빙 / 물고기, 오징어, 새우

더 알고 싶어! 멸종 직전인 물범
따뜻한 바다에 서식하는 몽크물범 무리는 모두 멸종 위기에 처해 있어요. 특히 지중해몽크물범은 2023년 기준으로 성체가 444~600마리밖에 없는 것으로 추정되어, 가장 개체 수가 적은 물범으로 알려져 있어요.

지중해몽크물범
물범과 ◇
- 230~280cm / 240~300kg / 지중해, 아프리카 북서부 연안 / 해안 부근 / 물고기, 문어, 오징어

▲펭귄을 노리는 레오파드바다표범.

레오파드바다표범 물범과
강력한 턱과 이빨로 게잡이바다표범이나 펭귄을 사냥하기도 해요.
- 수컷/250~320cm, 암컷/241~338cm
- 수컷/200~455kg, 암컷/225~590kg
- 남극 주변 바다 / 바다, 해빙
- 크릴, 물고기, 해양 포유류, 새

짤막지식 물범의 잠수 깊이는 물범의 몸에 깊이를 기록하는 기계를 붙여 확인했어요.

바다코끼리, 바다사자 무리

바다코끼리과 동물은 바다코끼리 1종뿐이에요. 물범과 바다사자의 중간 같은 몸 형태를 지녔어요. 바다사자과는 긴 앞발로 헤엄치고, 뒷발이 앞쪽을 향하므로 네 발을 이용해 땅 위를 걸을 수 있어요.

식육목(바다코끼리, 바다사자 무리)

바다코끼리 바다코끼리과

암수 모두 커다란 엄니를 지녔어요. 엄니는 바다에서 얼음 위로 올라올 때 지팡이처럼 몸을 지탱하거나 수컷끼리 싸우는 데 쓰여요. 수컷/250~350cm, 암컷/약 260cm 수컷/800~1,800kg, 암컷/약 1,000kg 북극해와 그 주변 바다 바다, 해안 조개, 성게, 새우, 해양 포유류

▼알래스카 해안을 가득 메운 바다코끼리 대군.

큰바다사자 바다사자과

바다사자과 중 가장 커요. 한국에서는 적은 수가 발견되곤 하며, 일본 홋카이도에서도 목격돼요. 수컷/최대 330cm, 암컷/최대 250cm 수컷/1,000kg(최대 1,120kg), 암컷(273kg) 한국, 일본, 북태평양 연안 등 바다, 해안 물고기, 오징어, 해양 포유류

더 알고 싶어! 어업 문제

바다에 사는 동물이 어업의 귀중한 물고기를 먹거나 그물을 망가뜨리는 등의 문제가 일어나고 있어요. 한편으로 동물 쪽에서도 그물 때문에 목숨을 잃는 등의 영향이 있어 공존하는 방법을 모색하고 있어요.

▶그물이 몸에 들러붙은 북방물개.

몸길이 몸무게 분포 서식 환경 주된 먹이 한국에 서식하는 동물 한국에 서식하는 외래종 멸종위기종

크기 체크
바다코끼리 / 큰바다사자 / 뉴질랜드바다사자 / 북방물개

캘리포니아강치 바다사자과
일본 수족관의 쇼에서 활약하고 있어요. 최고 시속 40km로 헤엄치며, 수심 300m에 가까운 깊이까지 잠수할 수 있어요. 수컷/240cm, 암컷/200cm 수컷/390kg 이상, 암컷/110kg 북아메리카~중앙아메리카 북부의 태평양 연안 바다, 해안 오징어, 물고기

남아메리카물개 바다사자과
무리의 규모는 다른 물개와 비교해 작으며, 수컷 한 마리와 암컷 여러 마리로 구성되는 일도 있어요. 수컷/최대 190cm, 암컷/최대 150cm 수컷/120~160kg(최대 200kg), 암컷/40~50kg 남아메리카 연안, 포클랜드 제도 바다, 연안 물고기, 오징어, 새우, 조개

뉴질랜드바다사자 바다사자과
뉴질랜드 남섬 등의 넓은 모래사장에서 교미와 출산을 해요. 수컷/230~270cm, 암컷/180~200cm 수컷/320~450kg, 암컷/90~165kg 뉴질랜드 바다, 해안 오징어, 물고기, 새우, 조개, 새

남아메리카바다사자 바다사자과
성체 수컷은 목 주변에 갈기 같은 털이 자라나 있어요. 수컷/260cm, 암컷/200cm 수컷/300~350kg, 암컷/최대 144kg 남아메리카 연안, 포클랜드 제도 바다, 해안 물고기, 오징어, 해파리, 펭귄

북방물개 바다사자과
한국과 일본의 바다에서 자주 관찰돼요. 번식기 이외에는 대부분 육지로 올라오지 않고 난바다에서 생활해요. 수컷/최대 210cm, 암컷/최대 150cm 수컷/180~270kg, 암컷/40~60kg 한국, 일본 근해, 북태평양 등 바다, 해안 물고기, 오징어, 새

짤막지식: 바다코끼리는 긴 수염으로 해저의 조개 등을 찾아 먹어요.

기제목 동물

말 무리

말과 동물은 광활한 장소를 빠르게 달리며 풀을 먹는 데 적합한 몸을 지녔어요. 대부분이 무리를 이뤄 생활해요. 현재 말과 야생 동물은 아시아, 아프리카에만 존재하고 나머지는 멸종했어요.

기제목은 어떤 동물인가요?

달리기가 특기인 초식 동물

'기제목'은 뒷발의 발가락 개수가 하나 또는 세 개(홀수)여서 붙은 이름이에요. 까치발로 달리는 것이 특기죠. 초식성이며, 아주 긴 맹장으로 소화해요. 예전에는 번성했던 과이지만 현재는 종류가 많지 않아요.

Q 기제목에는 어떤 종이 있나요?

A 말과, 맥과, 코뿔소과가 속해 있어요. 16종밖에 없는 작은 그룹이에요.

말과 (▶114쪽~)

◀사바나얼룩말

앞발과 뒷발 둘 다 발가락이 한 개예요.

맥과 (▶119쪽~)

◀브라질맥

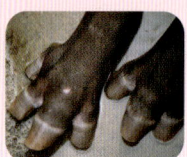
앞발 발가락은 네 개, 뒷발 발가락은 세 개.

코뿔소과 (▶120쪽~)

◀검은코뿔소

앞발, 뒷발 모두 발가락이 세 개예요.

Q 말의 앞발 발가락은 왜 하나뿐인가요?

A 빠르게 달리기 위해서예요. 발가락의 개수가 적을수록 다리가 가벼워져요. 또한, 다리가 길어져서 보폭이 늘어나므로 속도를 낼 수 있어요.

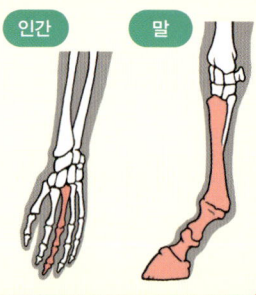
인간 / 말

▶말은 인간의 중지와 같은 제3 발가락만이 발달했으며, 다른 발가락은 퇴화해 사라졌어요.

더 알고 싶어! 육상 포유류 최대급, 파라케라테리움

기제목은 오래전에 번성했어요. 그중에는 파라케라테리움처럼 약 3,500만 년 전에 서식했던 코뿔소의 친척도 있었죠. 몸길이는 7.5m에 달했으며 아프리카코끼리에 필적하는 크기로, 육상 포유류 중 최대급으로 알려져 있어요.

사바나얼룩말 말과

시속 60km 정도로 달릴 수 있어요. 수백 마리에 달하는 큰 무리를 형성하며, 먹이인 풀을 찾아 500km가 넘는 거리를 이동하기도 해요. 📏 217~246cm, (꼬리 길이)47~57cm, (몸높이)127~140cm ⚖ 175~320kg 🌍 아프리카 동부~남부 🌿 사바나 🍽 풀, 잎, 나뭇가지, 나무껍질

사바나얼룩말의 아종

채프먼얼룩말
검은 선 사이에 희미한 선이 있는 것이 특징이에요.

그랜트얼룩말
검은 선이 뚜렷하게 보이며, 선 사이에 아무것도 없어요.

더 알고 싶어! 앞의 절반만 얼룩말?!

예전에 몸의 앞쪽 절반에만 얼룩무늬가 있는 얼룩말이 존재했어요. 이는 사바나얼룩말의 아종으로, 콰가얼룩말 이라고 불렸죠. 안타깝게도 1883년 동물원에서 기르고 있던 마지막 한 마리가 사망해 멸종되었어요.

▲1870년에 영국에서 촬영된 콰가얼룩말 사진.

▶사바나얼룩말 수컷은 초식 동물 중에서는 드물게 예리한 송곳니를 지녀, 암컷을 둘러싸고 격렬한 싸움을 벌여요.

짤막지식 얼룩말은 성질이 난폭해서 사람이 등에 탈 수 없어요.

기제목(말 무리)

그레비얼룩말 말과 ◇

1970년대 후반에서 1980년대 전반에 걸친 기간 동안 개체 수가 90% 감소했어요. 2016년 기준으로 성숙한 어른 개체 수는 약 2,000마리에 불과하다고 보고되었어요.

📏 250~275cm, (꼬리 길이)38~75cm, (몸높이)140~160cm
⚖ 350~450kg
🌍 아프리카 동부
🌳 건조한 초원
🍽 풀, 잎

마운틴얼룩말 말과 ◇

산지에 서식하는 얼룩말이에요. 수컷 한 마리와 암컷 여러 마리, 그리고 새끼들로 구성된 무리로 생활해요. 📏 210~260cm, (꼬리 길이)40~55cm, (몸높이)115~150cm ⚖ 240~380kg
🌍 아프리카 남서부·남부 🌳 산지의 초원, 사바나
🍽 풀, 잎

더 알고 싶어! 얼룩말 3종의 문양 차이

사바나얼룩말
배에 줄무늬가 있어요. 선이 굵고 선명해요.

그레비얼룩말
줄무늬가 가늘고 많아요. 배는 하얗고 문양이 없어요.

마운틴얼룩말
줄무늬가 두꺼워요. 배는 하얗고 문양이 없어요.

Q. 얼룩말은 왜 줄무늬가 있나요?

A. 지금까지는 육식 동물의 눈에 잘 띄지 않게 되는 위장 효과라는 설이 있었어요. 하지만 최근에는 등에와 같은 피를 빠는 곤충이 다가오지 못하도록 하는 효과가 있다고들 해요.

▶ 줄무늬를 그린 와규. 소의 몸에 줄무늬 문양을 그려 넣었더니 피를 빠는 등에의 접근이 줄었다는 실험 결과가 있어요.

크기 체크 — 그레비얼룩말 / 아시아당나귀

 몸길이 몸무게 분포 서식 환경  주된 먹이  한국에 서식하는 동물 ● 한국에 서식하는 외래종 ◇ 멸종위기종

▼해발 4,500m의 고지대에 서식하는 캉당나귀 무리.

캉당나귀 말과
야생 당나귀 중 가장 큰 종이에요.
📏 182~214cm, (꼬리 길이)32~45cm, (몸높이)132~142cm
⚖ 250~400kg 🌍 유라시아 중앙부(티베트 고원)
🌲 해발 2,700~5,300m의 초원, 사막 🍽 풀, 잎, 뿌리

프셰발스키말 말과 ◇
남획 때문에 일시적으로 멸종할 뻔했어요. 1994년경에 야생 복귀* 프로젝트로 동물원 등에 살아남아 있던 자손을 방생해 개체 수를 늘렸어요.
📏 220~280cm, (꼬리 길이)99~111cm, (몸높이)120~146cm ⚖ 200~300kg
🌍 몽골 🌲 사막, 초원 🍽 풀, 잎, 나무 열매
※야생 복귀 프로젝트는 동물원 등에서 사육하던 개체를 다시 야생 서식처로 방생하여 개체 수를 회복하는 작업이에요.

아프리카야생당나귀 말과 ◇
2014년 기준, 성체는 에티오피아 등에 불과 200마리 정도만 생존해 있다는 보고가 있었어요.
📏 195~205cm, (꼬리 길이)40~45cm, (몸높이)115~125cm ⚖ 270~280kg 🌍 에티오피아, 소말리아 등
🌲 사막, 관목림, 초원 🍽 풀, 잎

아시아당나귀 말과
서아시아에서 중국에 걸쳐 분포하며, 여러 아종이 존재해요. 📏 200~250cm, (꼬리 길이)30~49cm, (몸높이)126~130cm ⚖ 200~260kg
🌍 서아시아, 중앙아시아, 인도 북서부, 동아시아
🌲 반사막, 초원 🍽 풀, 잎

◀어린 아시아당나귀 수컷들이 싸우고 있는 모습이에요.

짧막 지식 말의 얼굴이 긴 이유는 풀을 씹어 먹는 데 필요한 어금니가 턱에 잔뜩 들어갈 공간이 필요했기 때문이에요.

맥 무리

맥과 동물의 특징은 길게 뻗은 코이며, 수천만 년 전부터 모습이 거의 알려지지 않았어요. 중앙·남아메리카와 동남아시아 숲에 분포하고 있어요. 암수 모두 홀로 생활해요.

더 알고 싶어! 맥의 코

맥의 코는 코끼리처럼 코와 윗입술이 함께 자란 형태예요. 식사할 때는 식물을 비틀어 뜯는 데 사용하며, 헤엄칠 때는 스노클링 역할을 해요. 코가 길어진 돼지처럼 보이기도 하지만, 맥은 말의 친척에 속해요.

▲코를 들어 올리는 베어드맥.

말레이맥 맥과

가장 큰 맥이에요. 숲에서는 몸의 흰 부분만이 눈에 띄므로, 전체 형태가 잘 안 보여서 적이 찾아내기 어려워요. 말레이언테이퍼라고도 해요. 🏛 250~300cm, (꼬리 길이)최대 10cm, (몸높이)100~130cm ⚖ 280~400kg 🌏 말레이반도, 수마트라섬 🌲 삼림, 습지 🍎 풀, 잎, 나뭇가지

산악맥 맥과

가장 몸집이 작은 맥이에요. 고산 지대에 서식해요. 🏛 180~200cm, (꼬리 길이)최대 10cm, (몸높이)80~90cm ⚖ 150~200kg 🌏 남아메리카(안데스산맥) 🌲 해발 2,200~4,800m의 삼림 🍎 잎, 나뭇가지, 풀, 열매

베어드맥 맥과

얼굴에서 목까지 걸친 피부의 옅은 색이 특징적이에요. 🏛 200~230cm, (꼬리 길이)최대 10cm, (몸높이)약 120cm ⚖ 250~350kg 🌏 중앙아메리카~남아메리카 북부 🌲 삼림, 습지 🍎 열매, 잎, 새싹, 꽃

브라질맥 맥과

물가와 가까운 삼림에 서식해요. 목 뒷면에 짧고 단단한 갈기가 있어 몸의 가장 약한 부분을 보호해요. 남아메리카테이퍼라고도 해요. 🏛 191~242cm, (꼬리 길이)최대 10cm, (몸높이)83~118cm ⚖ 180~300kg 🌏 남아메리카 북부~중부 🌲 삼림, 습지 🍎 잎, 열매, 작은 나뭇가지, 풀

크기 체크 산악맥 / 브라질맥 / 말레이맥

기제목(코뿔소 무리)

코뿔소 무리

코뿔소과 동물은 코끼리 다음으로 거대한 육상 포유류예요. 머리에 1~2개의 뿔을 지녔으며, 앞발과 뒷발 모두 3개의 발가락을 지녔어요. 아프리카와 아시아에 5종이 서식하지만, 전부 멸종이 우려되고 있어요.

흰코뿔소 코뿔소과
암컷을 둘러싸고 수컷끼리 싸우고 있어요.
🏛 340~420cm, (꼬리 길이)50~70cm, (몸높이)150~180cm ⚖ 1,350~3,500kg 🌍 아프리카 남부
🌳 사바나, 관목림 🍃 풀, 잎

Q 멸종 위기에 처한 코뿔소가 있다는 게 정말인가요?

A 흰코뿔소의 아종은 북부흰코뿔소와 남부흰코뿔소 2종이 있어요. 하지만 북부흰코뿔소는 2023년 시점에서 암컷 두 마리만 남고 말았어요. 이대로 가면 멸종이 확실하므로, iPS(유도만능줄기) 세포를 만드는 등 멸종을 막기 위한 연구가 진행되고 있어요.

▶ 케냐 보호 구역에 있는 북부흰코뿔소.

더 알고 싶어! 흰코뿔소와 검은코뿔소의 차이점

흰코뿔소	검은코뿔소

입술이 폭이 넓고 평평한 모양이에요. 잔디깎이처럼 지면의 풀을 먹어요.	입술 끝이 뾰족해요. 작은 나뭇가지를 끌어당겨 잎을 집듯이 먹어요.

검은코뿔소 코뿔소과 ◆
흰코뿔소보다 수목이 많은 환경에 서식하고 있어요. 🏛 300~380cm, (꼬리 길이) 25~35cm, (몸높이)140~170cm
⚖ 800~1,300kg 🌍 아프리카 동부~남부
🌳 사바나, 관목림 🍃 잎, 작은 나뭇가지, 풀, 나무껍질, 새싹, 열매

크기 체크
흰코뿔소 자바코뿔소 수마트라코뿔소

인도코뿔소 코뿔소과
갑옷처럼 보이는 두꺼운 피부를 지녔어요.
335~346cm, (꼬리 길이)66cm, (몸높이)175~200cm 수컷/약 2,200kg, 암컷/약 1,600kg 인도, 네팔 초원, 삼림
풀, 잎, 작은 나뭇가지, 새싹, 열매

Q 코뿔소의 뿔은 무엇으로 이루어져 있나요?

A 인간의 머리카락 성분과 똑같은 '케라틴'이라는 단백질이에요. 뿔은 케라틴이 모여 굳은 것으로, 잘라도 다시 자라요. 이 뿔이 한방약으로 쓰인다는 소문이 퍼져 많은 코뿔소가 목숨을 잃었어요. 코뿔소를 밀렵꾼으로부터 보호하기 위해 미리 뿔을 자르기도 해요.

▶밀렵당하지 않도록 뿔을 잘라 놓은 북부흰코뿔소.

자바코뿔소 코뿔소과
자바섬과 베트남 정글에 서식하고 있었지만, 베트남의 자바코뿔소는 멸종되었다고 해요.
305~344cm, (몸높이)150~170cm 1,200~1,500kg
 인도네시아(자바섬) 삼림 잎, 나뭇가지, 열매

수마트라코뿔소 코뿔소과
가장 몸집이 작은 코뿔소예요. 2019년 시점으로 겨우 80마리만이 남아 있어요.
236~318cm, (몸높이)100~150cm 600~950kg
 말레이반도, 수마트라섬, 보르네오섬 삼림
 잎, 나뭇가지, 열매, 나무껍질

경우제목 동물

경우제목은 어떤 동물인가요?

고래, 소, 사슴은 같은 무리

고래와 소, 사슴은 도저히 같은 무리로 보이지 않지만, 유전자나 몸의 구조를 분석해 보면 공통 선조로부터 진화했음을 알 수 있어요. '경우제목'은 크게 육지에 서식하는 우제류, 바다에 서식하는 고래류와 같은 두 종류로 나뉘어요. 우제류 동물은 발굽이 있는 발가락이 두 개이거나 네 개이며, 초식성 또는 잡식성이에요. 대부분은 풀이나 나뭇잎을 강력하게 소화하는 내장을 지녔죠. 고래류 동물은 수중 생활을 하는 몸으로 진화해 크릴이나 물고기 등을 먹는 육식성이에요.

▼순록

더 알고 싶어! 반추와 네 개의 위로 크게 번성하다

우제류는 대부분이 한번 삼킨 음식물을 위에서 입으로 되돌리고 다시 씹는 '반추'를 해요. 또한, 위가 4개 있으며, 미생물의 도움으로 소화하기 어려운 식물을 영양분으로 바꿀 수 있어요. 덕분에 전 세계에서 번성해 수많은 종이 탄생했어요.

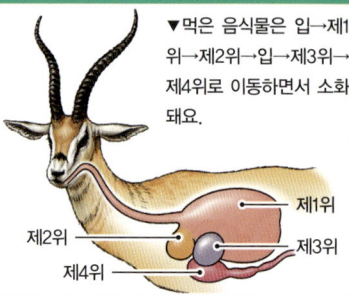

▼먹은 음식물은 입→제1위→제2위→입→제3위→제4위로 이동하면서 소화돼요.

Q 육지의 경우제목(우제류)은 어떤 종이 속해 있나요?

A 발굽이 있는 발가락이 두 개 또는 네 개인 초식성 동물, 혹은 잡식성 동물이 있어요. 오스트레일리아와 남극 대륙을 제외한 전 세계의 다양한 환경에 진출해 있죠. 멧돼지과와 페커리과, 하마과 이외에는 기본적으로 반추를 해요.

반추하지 않는다

멧돼지과(▶125쪽~)
부시피그

페커리과(▶126쪽)
하마과(▶150쪽~)
피그미하마

반추한다

낙타과(▶124쪽)
비쿠냐

사향노루과(▶127쪽)
작은사슴과(▶127쪽)
자바애기사슴

기린과(▶128쪽~)
가지뿔영양과(▶131쪽)
오카피 / 가지뿔영양

사슴과(▶132쪽~)
소과(▶136쪽~)
아기사슴 / 아메리카들소

바다의 경우제목(고래류)은 어떤 종이 속해 있나요?

A 원래는 육상 동물이었지만, 바다로 진출해 수중 생활에 적응한 몸 구조로 진화했어요. 크게 이빨고래와 수염고래로 나뉘어요.

이빨고래 무리

향유고래과 (▶153쪽)

향유고래

부리고래과 (▶153쪽)

은행이빨부리고래

참돌고래과 (▶154쪽~)

큰돌고래

외뿔고래과 (▶155쪽)

흰고래

아마존강돌고래과 (▶156쪽)

아마존강돌고래

쇠돌고래과 (▶158쪽)
쇠돌고래

- 꼬마향고래과 (▶153쪽)
- 양쯔강돌고래과 (▶156쪽)
- 인도강돌고래과 (▶156쪽)

수염고래 무리

수염고래과 (▶160쪽~)

혹등고래

긴수염고래과 (▶162쪽~)

북방긴수염고래

- 귀신고래과 (▶163쪽)
- 꼬마긴수염고래과

▼혹등고래

더 알고 싶어! 고래류와 우제류의 공통된 뼈

옛날 고래류의 화석을 조사해 본 결과, 다리의 복사뼈에 있는 거골 구조가 현재의 우제류와 같은 구조인 것으로 밝혀졌어요. 이는 고래류와 우제류가 공통 조상으로부터 진화했다는 것을 의미해요.

◀우제류와 복사뼈 구조가 같은 고대고래아목의 파키세투스.

◀일본 국립과학박물관에 전시된 파키세투스의 골격 표본.

낙타 무리

낙타과 동물은 북아메리카에서 번성한 그룹이에요. 하지만 대부분이 멸종해서 야생 개체는 남아메리카와 아시아에만 서식하고 있어요. 사막과 고지대의 건조한 환경에 강하며, 예로부터 가축화되어 길러져 왔어요.

단봉낙타 낙타과
야생 개체는 수천 년 전에 멸종했어요. 그 대신 짐을 옮기거나 젖을 생산하는 가축으로 오랜 세월 사람과 함께 살아왔어요. 220~340cm, (꼬리 길이) 45~55cm, (몸높이)180~200cm 400~600kg
아프리카 북부~서아시아, 중앙아시아 일부
사막, 반사막 풀, 잎, 나뭇가지

▶ 단봉낙타의 발. 발바닥에 있는 발볼록살이 넓어서 모래에 잘 빠지지 않아요.

쌍봉낙타 낙타과
무리 생활을 해요. 2008년을 기준으로 중국과 몽골의 야생 개체 수가 약 900마리 존재한다고 보고되었어요. 대부분이 가축화되었어요. 320~350cm, (꼬리 길이)51~64cm, (몸높이)160~180cm 450~500kg
중국 서부, 몽골 사막
잎, 풀, 나뭇가지, 나무껍질

비쿠냐 낙타과
수컷 한 마리를 중심으로 10마리 정도까지의 무리를 형성해요.
125~190cm, (꼬리 길이) 15~25cm, (몸높이)85~90cm
38~45kg
남아메리카 중부(안데스산맥)
해발 3,200~4,800m 산악지대의 초원 풀

과나코 낙타과
10~20마리 정도로 구성된 무리를 한 마리의 수컷이 이끌어요. 190~215cm, (꼬리 길이)23~27cm, (몸높이)90~130cm
90~140kg 남아메리카 중부~남부(안데스산맥) 해발 약 4,500m까지의 초원, 관목림 풀, 잎, 열매, 꽃

더 알고 싶어! 가축화된 낙타 무리

남아메리카 안데스산맥의 고원에서는 낙타류 동물을 가축으로 사육해 왔어요.

라마 낙타과
예로부터 안데스 사람들이 길들였고, 잉카 제국에서도 짐을 운반하는 가축으로 이용해 왔어요. 180~229cm, (꼬리 길이)18~22cm, (몸높이)102~106cm 110~220kg 남아메리카 중부(안데스산맥)
해발 3,800~5,000m의 고지대, 초원 풀, 나뭇가지, 잎

알파카 낙타과
현재의 페루에서, 과나코나 비쿠냐로부터 가축화되었어요. 털에서 질 좋은 직물을 뽑아낼 수 있어요. 114~150cm, (꼬리 길이)18~25cm, (몸높이)85~90cm
55~65kg 남아메리카 중부(안데스산맥)
해발 3,500~5,200m의 고지대
풀, 잎, 나뭇가지, 나무껍질, 꽃

멧돼지 무리

멧돼지과 동물은 반추하지 않으며, 우제류 중에서도 원시적인 몸의 특징이 보이는 동물이에요. 잡식성이며 유라시아나 아프리카에 분포해요.

혹멧돼지 멧돼지과
얼굴에 커다란 사마귀와 네 개의 예리한 엄니를 지녔어요. 주행성이며 시속 50km 정도로 달릴 수 있어요.
🏠 105~150cm, (꼬리 길이)35~50cm, (몸높이)55~85cm
⚖ 수컷/60~150kg, 암컷/50~75kg 🌍 사하라 사막 이남 아프리카
🌳 사바나, 관목림 🍚 풀, 열매, 뿌리, 곤충

부시피그 멧돼지과
수 마리에서 스무 마리 정도까지의 무리를 이루고 살아요. 저녁부터 활발하게 활동해요.
🏠 100~150cm, (꼬리 길이)30~40cm, (몸높이)55~88cm ⚖ 50~115kg 🌍 아프리카 동부~남부
🌳 삼림 🍚 뿌리, 열매, 곤충, 새

피그미호그 멧돼지과
가장 몸집이 작은 멧돼지예요. 멸종이 우려되고 있어요.
🏠 55~71cm, (꼬리 길이)2.5cm, (몸높이)약 25cm ⚖ 6.6~9.7kg
🌍 인도 북동부 🌳 관목이 있는 초원 🍚 풀, 잎, 곤충, 뿌리, 파충류

필리핀워티피그 멧돼지과
얼굴에 선명한 사마귀가 있고, 볼에는 수염이 자라나 있어요.
🏠 110~120cm, (꼬리 길이)11~14cm ⚖ 50~54kg
🌍 필리핀 🌳 삼림, 초원
🍚 열매, 뿌리, 잎, 풀

멧돼지 멧돼지과
유라시아 대륙에 널리 분포해요. 가축인 돼지의 원종이에요.
🏠 90~200cm, (꼬리 길이)15~40cm, (몸높이)55~110cm
⚖ 44~320kg 🌍 한국, 일본, 유럽, 아프리카 북부, 러시아, 아시아
🌳 삼림, 초원 🍚 뿌리, 열매, 씨앗, 풀, 곤충, 파충류

▲멧돼지의 발바닥. 보통은 발가락 두 개가 땅에 닿아 있지만, 경사면에서는 뒤쪽에 있는 발가락 두 개도 보조 역할을 해요.

Q 새끼 멧돼지의 별명이 있나요?

A 일본에서는 새끼 멧돼지를 '우리보(참외 도령)'라고 불러요. 몸의 줄무늬가 참외를 닮아서 이렇게 불린다고 해요.

크기 체크
단봉낙타 / 쌍봉낙타 / 혹멧돼지

쏠쏠 지식 낙타의 혹에는 지방이 있어요. 이는 먹이가 없을 때 소비돼요.

경우제목(멧돼지 무리)(페커리 무리)(작은사슴, 사향노루 무리)

◀ 수컷끼리 거칠게 싸우고 있는 북술라웨시바비루사.

자이언트숲멧돼지 멧돼지과

암수와 그들의 새끼로 구성된 가족 집단으로 생활해요.
🏠 130~210cm, (꼬리 길이) 25~45cm, (몸높이)75~110cm
⚖ 수컷/140~275kg, 암컷/100~200kg
🌍 아프리카 적도 부근 🌲 삼림
🍚 풀, 뿌리, 노래기, 사체의 고기, 알

북술라웨시바비루사 멧돼지과 ◆

수컷은 엄니 네 개 중에 두 개가 콧등을 뚫고 자라나 있어요. 🏠 85~110cm, (꼬리 길이)20~32cm, (몸높이) 65~80cm ⚖ 최대 100kg 🌍 인도네시아(술라웨시섬)
🌲 삼림 🍚 잎, 뿌리, 열매, 포유류(소형), 새

페커리 무리

아메리카 대륙에 3종이 서식하는 것으로 알려졌어요. 멧돼지와 비슷하지만, 다리가 길고 빠르게 달리는 데 적응한 무리예요. 등에 냄새가 나는 물질을 내뿜는 샘이 있으며, 이 샘이 배꼽과 비슷하게 생긴 것이 특징이에요.

목도리페커리 페커리과

십수 마리에서 수십 마리까지의 집단으로 생활해요.
🏠 84~106cm, (꼬리 길이)1~10cm, (몸높이)30~50cm ⚖ 15~28kg
🌍 북아메리카 남부~남아메리카 중부
🌲 삼림, 사막, 사바나
🍚 뿌리, 구근, 열매, 씨앗

흰입페커리 페커리과 ◆

때로는 100마리가 넘는 무리로 생활해요. 낮과 밤을 가리지 않고 먹이를 찾아 이동해요. 🏠 90.5~139cm, (꼬리 길이)1~6.5cm, (몸높이)40~60cm ⚖ 25~40kg 🌍 멕시코 남부~남아메리카 중부
🌲 관목림, 삼림 🍚 열매, 씨앗, 줄기, 잎, 양서류, 파충류, 물고기

크기 체크

자이언트숲멧돼지
북술라웨시바비루사
목도리페커리

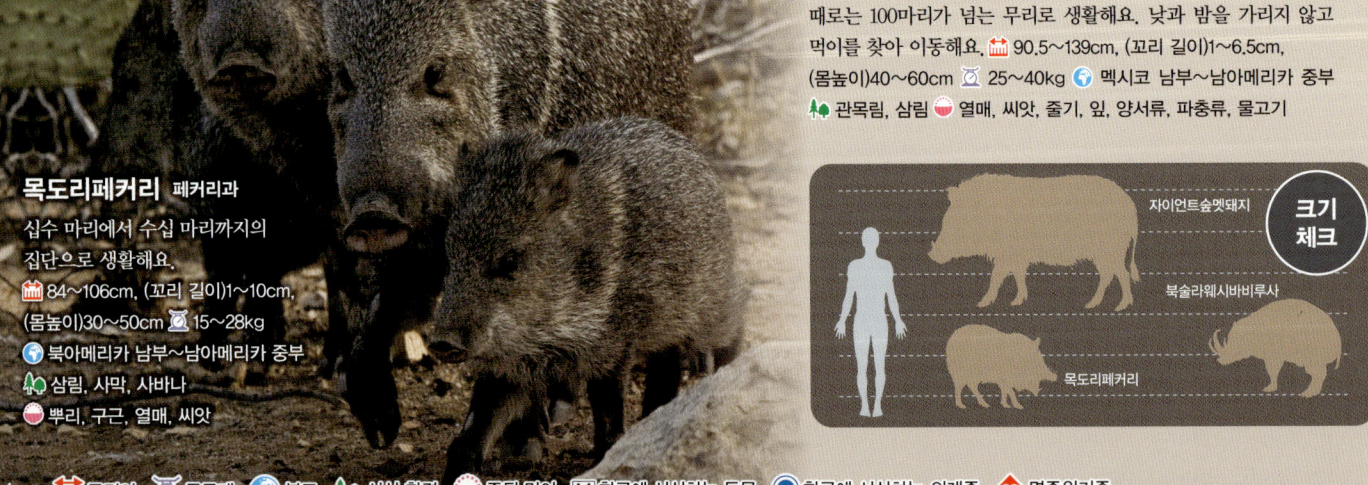

126 몸길이 몸무게 분포 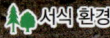서식 환경 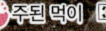주된 먹이 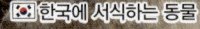한국에 서식하는 동물 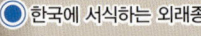한국에 서식하는 외래종 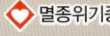멸종위기종

작은사슴, 사향노루 무리

원시적인 사슴에 가까운 동물이에요. 무리를 이루지 않고 홀로 생활해요. 작은사슴과는 열대 우림에, 사향노루과는 산지의 삼림에 서식해요. 사향노루 무리는 하복부에 냄새를 내뿜는 샘이 있어요.

인도얼룩무늬아기사슴
작은사슴과

수풀에 있으면 몸 색깔로 인한 위장 효과가 있어서 찾아내기 어려워요.
- 📏 55~59cm, (꼬리 길이)2.5cm
- ⚖️ 3kg 🌍 인도 🌳 삼림, 관목림
- 🍴 잎, 열매

자바애기사슴
작은사슴과

가장 몸집이 작은 작은사슴이에요.
- 📏 50~53cm, (꼬리 길이) 4~6cm ⚖️ 1.7~2.1kg
- 🌍 인도네시아(자바섬) 🌳 삼림
- 🍴 잎, 나뭇가지, 열매, 곤충

물아기사슴 **작은사슴과**

수영이 특기예요. 적에게 공격받으면 물속에 뛰어들어 잠수해서 도망쳐요.
- 📏 60~102cm, (꼬리 길이)7.2~10.9cm ⚖️ 7~16kg
- 🌍 아프리카 서부·중부 🌳 삼림 주변
- 🍴 열매, 잎, 나뭇가지, 곤충

큰아기사슴 **작은사슴과**

삼림의 깊은 수풀에 작은 길(터널)을 만들고 생활해요.
- 📏 42.5~68cm, (꼬리 길이)8.5cm, (몸높이)30~35cm
- ⚖️ 3.5~4.5kg 🌍 동남아시아 🌳 삼림 🍴 열매, 꽃, 나뭇가지, 잎

더 알고 싶어! 발달한 송곳니로 싸운다

작은사슴, 사향노루에게는 뿔이 없어요. 싸울 때는 수컷끼리 송곳니가 발달한 엄니로 겨뤄요.

▲ 엄니가 보이는 자바애기사슴.

산사향노루
사향노루과 🇨🇳

단독으로 또는 두세 마리가 모여 살아요. 낮과 저녁에 식사하러 나와요.
- 📏 85~90cm, (꼬리 길이)4~6cm, (몸높이)50~60cm ⚖️ 11~18kg
- 🌍 히말라야산맥~중국 서부
- 🌳 주로 해발 4,000~4,500m의 삼림, 관목림 🍴 잎, 꽃, 새싹, 줄기

사향노루
사향노루과 🇰🇷

겁이 많은 성격으로, 조용히 행동해요.
- 📏 65~90cm, (꼬리 길이)4~6cm, (몸높이)56~61cm ⚖️ 7~17kg
- 🌍 한국, 시베리아~동아시아 🌳 삼림
- 🍴 풀, 잎, 지의류

짤막지식 수컷 바비루사는 엄니의 크기와 형태로 암컷을 매혹한다고 해요.

경우제목(기린 무리)

기린 무리

기린과 동물은 기린과 오카피 총 2종으로 구성돼요. 기린은 사바나에, 오카피는 삼림에 서식하며 둘 다 긴 혀를 지녔어요. 풀이나 나뭇잎을 먹고 반추해요. 또한, 기린은 암수 모두 뿔이 있지만, 오카피는 수컷만 뿔을 지니고 있어요.

긴 다리

긴 다리를 활용해 시속 45~50km로 장거리를 달릴 수 있어요. 발가락이 두 개인 것은 빠르게 달리기 위해 적응한 결과예요.

신기한 뼈

뿔은 뼈로 되어 있으며 피부와 털로 덮여 있어요. 뿔의 수는 2~5개예요.

▲기린의 두개골.

긴 혀

혀의 길이가 약 50cm에 달해요. 이 혀를 나뭇가지에 휘감고 잎을 잡아당겨 먹어요.

발가락은 2개

발가락은 2개이며, 앞부분은 발굽이에요.

기린 기린과

키가 가장 큰 동물이에요. 키와 비교해 짧은 몸통도 특징이에요. 3.5~4.8m, (꼬리 길이)0.8~1.1m, (정수리까지의 높이)4.5~6m 수컷/1,800~1930kg, 암컷/450~1,180kg 사하라 사막 이남 아프리카 사바나, 광활한 삼림, 사막 아카시아 등의 잎, 꽃, 씨앗, 열매

더 알고 싶어! 몸의 문양 비교

기린은 4~9개의 아종이 존재하며, 아종에 따라 몸의 문양이 달라요.

▲아종 누비아기린.

▲아종 마사이기린.

▲아종 그물무늬기린.

▲아종 남아프리카기린.

기다란 목

큰 키를 활용해 사바나에 자라는 아카시아 등의 나뭇잎을 먹어요. 나뭇잎은 소화하기 어려운 먹이이지만, 반추와 위 속 미생물의 도움으로 영양분을 섭취할 수 있어요.

▼다리와 목이 길어서 물을 마실 때는 앞다리를 크게 벌리고 목을 뻗어요.

오카피 기린과

콩고의 열대 우림에 서식하는 기린과 동물이에요. 홀로 생활하며 수컷이 암컷보다 넓은 영역을 가져요.
🏛 200~210cm, (꼬리 길이)30~42cm, (몸높이)150~170cm ⚖ 180~320kg 🌍 콩고민주공화국 북부
🌳 삼림 🍚 풀, 잎, 새싹, 열매

▼긴 혀로 잎을 잡아당겨 먹는 행동은 기린과 같아요.

가지뿔영양 무리

가지뿔영양과 동물은 북아메리카에서 번영한 그룹이지만, 대부분이 멸종하여 현재는 1종만이 존재해요. 사슴과와 소과의 중간에 가까운 동물이에요.

▶도망칠 때는 엉덩이의 하얀 털을 부각시켜 동료에게 위험을 알려요.

Q 뿔 내부는 어떻게 되어 있나요?

A 가지뿔영양의 뿔은 골심(骨芯) 위쪽에 털이 딱딱하게 변해 생긴 집이 덮인 것으로, 길이는 30cm 이상에 달해요. 매년 아래에서 새 집이 자라고 오래된 집은 떨어져요. 이와 같은 형태의 뿔을 지닌 동물은 가지뿔영양이 유일해요.

집 / 피부 / 골심
▲가지뿔영양의 뿔 단면도.

가지뿔영양 가지뿔영양과

시속 80km 이상으로 달릴 수 있으며 치타 다음으로 빠른 동물이에요. 거대한 무리를 이루고 생활해요. 🏛 130~140cm, (꼬리 길이)9.7~10.5cm, (몸높이)86~87.5cm ⚖ 30~80kg 🌍 북아메리카 중부·남부 🌱 초원, 사막 🍚 풀

경우제목(사슴 무리)

사슴 무리

사슴과 동물은 대부분의 종에서 수컷만이 가지처럼 갈라진 뿔을 지녔다는 특징이 있어요. 유라시아와 아메리카 대륙에 분포하며, 기본적으로 아프리카와 오스트레일리아에는 서식하지 않아요. 삼림부터 툰드라까지 폭넓은 환경에 적응해 식물을 섭취하고 있어요.

말코손바닥사슴 사슴과
가장 큰 사슴이에요. 수컷의 거대한 가지 뿔은 좌우 넓이가 2m, 무게는 35kg에 달해요.
- 240~300cm, (꼬리 길이) 12~16cm, (몸높이)185~210cm
- 280~600kg(수컷은 770kg 이상의 기록도 존재)
- 유라시아 북부, 북아메리카
- 툰드라, 삼림
- 풀, 잎, 나무껍질

▼도로에 나타난 말코손바닥사슴. 차와 비교하면 거대한 크기를 짐작할 수 있어요.

Q. 사슴은 정말 위쪽 앞니가 없나요?

A. 네, 그래요. 사슴과 동물은 위쪽 앞니가 없어요. 딱딱하게 변화한 잇몸을 아래쪽 앞니와 맞물려 음식물을 씹죠. 사슴과 이외에 소과, 기린과도 마찬가지예요.

▶흰꼬리사슴의 위턱 X선 사진. 하얗게 찍혀야 할 앞니가 없다는 사실을 알 수 있어요.

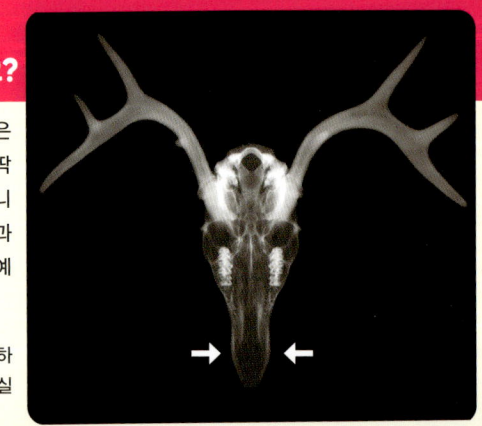

붉은사슴 사슴과

수컷의 뿔이 좌우 너비 1m를 넘어가는 커다란 사슴이에요.
🏛 165~205cm, (꼬리 길이)14~16cm, (몸높이)95~130cm ⚖ 수컷/110~220kg, 암컷/75~120kg 🌍 유럽, 서아시아, 아프리카 북부 🌳 삼림, 초원
🍓 풀, 열매, 씨앗

◀붉은사슴의 발바닥. 사람으로 비유하면 제1발가락(엄지)이 퇴화하고 네 발가락만 남았어요. 제3발가락(중지)과 제4발가락(약지)이 길어서 지면에 닿아요. 제2발가락(검지)과 제5발가락(새끼손가락)은 짧아요.

흰꼬리사슴 사슴과

북아메리카의 보편적인 사슴이에요. 몇 마리의 작은 무리로 생활해요. 놀라면 꼬리를 들고 꼬리 뒷부분의 새하얀 부분을 드러낸 채 도망쳐요.
🏛 115~190cm, (꼬리 길이)14~37cm, (몸높이)55~105cm
⚖ 수컷/30~130kg, 암컷/25~85kg
🌍 북아메리카~남아메리카 북부
🌳 삼림, 초원, 관목림
🍓 잎, 작은 나뭇가지, 꽃봉오리, 열매

와피티사슴 사슴과

최신 분류에서 유럽의 붉은사슴과 나뉘어 별종이 됐어요. '엘크'라고도 불려요.
🏛 190~240cm, (꼬리 길이) 10~16cm, (몸높이)130~165cm
⚖ 수컷/220~400kg, 암컷/150~250kg
🌍 북아메리카, 러시아 중남부~극동 러시아, 중앙아시아, 몽골, 중국, 부탄 🌳 삼림, 초원
🍓 풀, 잎, 작은 나뭇가지

Q 우제류의 뿔의 차이점은 무엇인가요?

A 뼈로만 구성된 뿔, 뼈에 각질이 덮여 있는 뿔 등 과에 따라 차이가 있어요.

기린과
뼈 표면에 피부와 털이 덮여 있어요.

사슴과
뼈가 변화한 것으로 매년 새로 자라나요.

가지뿔영양과
뼈에 각질이 덮여 있어요. 평생 자라요.

소과
뼈에 각질이 덮여 있어요. 각질 부분만 자라요.

말코손바닥사슴은 유라시아와 북아메리카의 개체군을 별종으로 생각하는 설도 있어요.

순록 사슴과

사슴류 중에서 유일하게 암수 모두 뿔을 지녔어요. 여름에는 툰드라로, 겨울에는 남쪽으로 매년 집단 대이동을 해요.
- 170~210cm, (꼬리 길이)14~16cm, (몸높이)70~135cm
- 수컷/65~170kg, 암컷/55~110kg
- 북극권, 유라시아 북부, 북아메리카 북부
- 툰드라, 타이가 / 지의류, 이끼, 양치식물, 풀, 잎

경우제목(사슴 무리)

◀겨울에서 봄에 걸친 기간에는 암컷에게도 뿔이 있어요.

▲암컷을 둘러싸고 순록 수컷끼리 싸움을 벌이고 있어요.

남방푸두 사슴과
남아메리카의 온난한 삼림에 서식하는 작은 사슴이에요.
- 80cm, (꼬리 길이)4cm, (몸높이)30~40cm
- 9~10kg
- 남아메리카 남부 / 삼림 / 잎, 열매, 새싹

팜파스사슴 사슴과
광활한 초원에서 5, 6마리 정도의 작은 무리를 형성하고 생활해요.
- 85~120cm, (꼬리 길이)10~14cm, (몸높이)60~70cm
- 22~34kg
- 남아메리카 중부·남부 / 초원 / 풀, 잎

마자마사슴 사슴과
삼림의 강가에 서식하며 열매를 주식으로 삼아요.
- 90~145cm, (꼬리 길이)12~16cm, (몸높이)60~80cm
- 30~35kg
- 남아메리카 북부~중부 / 삼림 / 열매, 씨앗, 잎, 꽃

아기사슴 사슴과
커다란 소리로 울어요. 일본에는 외래종으로 정착했다고 해요.
- 70~80cm, (꼬리 길이)12~13cm, (몸높이)45~50cm
- 12~15kg
- 중국 남부, 대만 / 삼림, 관목림, 초원 / 잎, 열매, 새싹

고라니 사슴과
원시적인 사슴이에요. 뿔이 없고 수컷은 긴 엄니가 있어요.
- 90~100cm, (꼬리 길이)6~7cm, (몸높이)50~55cm
- 11~15.5kg
- 한국, 중국 동부 / 물가와 가까운 초원 / 열매, 꽃의 꿀, 잎, 풀

꽃사슴 사슴과 🇰🇷
평소에는 수컷과 암컷이 따로 무리를 이뤄요. 하지만 교미기가 되면 수컷 한 마리와 암컷 여러 마리가 같은 무리에서 생활해요.
- 📏 110~190cm, (꼬리 길이)10~18cm, (몸높이)60~115cm
- ⚖️ 수컷/30~140kg, 암컷/20~90kg
- 🌏 한국, 일본, 중국, 극동 러시아 🌳 삼림
- 🍽️ 풀, 잎, 열매, 씨앗

더 알고 싶어! 꽃사슴의 아종
일본에는 에조사슴, 혼슈사슴, 규슈사슴, 마게사슴, 야쿠사슴, 쓰시마사슴, 게라마사슴 등의 아종이 알려져 있어요. 가장 몸집이 큰 종은 에조사슴, 가장 작은 건 야쿠사슴이에요. 북쪽에 분포하는 아종일수록 몸집이 커요(▶73쪽, 베르그만의 법칙).

▲몸집이 가장 큰 에조사슴.

▲몸집이 가장 작은 야쿠사슴.

유럽노루 사슴과
여름에는 작은 무리, 겨울에는 거대한 무리로 생활해요.
- 📏 107~127cm, (꼬리 길이)1.5~3cm, (몸높이)65~84cm
- ⚖️ 17~30kg
- 🌏 유럽~서아시아
- 🌳 삼림, 초원
- 🍽️ 풀, 잎, 씨앗, 열매

액시스사슴 사슴과
몸에 있는 하얀 물방울 모양이 특징이에요.
- 📏 140~155cm, (꼬리 길이)25~30cm, (몸높이)70~95cm
- ⚖️ 수컷/70~85kg, 암컷/45~60kg
- 🌏 인도, 스리랑카 🌳 초원, 삼림, 관목림
- 🍽️ 풀, 꽃, 열매, 잎

사불상 사슴과 (야생 절멸)
중국에 살던 야생 개체는 약 1,600년 전에 절멸했어요. 하지만 영국에서 기르던 개체 중 일부가 중국으로 반환되어, 1985년부터 야생 복귀* 작업이 계속되고 있어요.
- 📏 180~210cm, (꼬리 길이)35cm, (몸높이)110~140cm
- ⚖️ 140~220kg 🌏 중국 🌳 평원, 초원, 습지
- 🍽️ 풀, 갈대, 잎

※야생 복귀는 동물원 등에서 기르던 개체를 다시 야생 서식지로 돌려보내 개체 수를 회복하는 작업이에요.

삼바(물사슴) 사슴과
물을 자주 마시며, 수영이 특기이므로 물사슴이라고도 불러요.
- 📏 160~210cm, (꼬리 길이)25~33cm, (몸높이)110~160cm ⚖️ 130~270kg
- 🌏 남아시아~동남아시아~동아시아 남부
- 🌳 삼림 🍽️ 풀, 잎, 꽃봉오리, 꽃

소 무리

소 무리는 육상 우제류 중에서도 가장 번성한 그룹으로, 소, 영양, 염소 등 많은 종이 속해 있어요. 뿔은 암수 모두 자라며, 사슴처럼 가지가 생기거나 빠지지는 않아요. 반추하며, 네 개의 방으로 나뉜 위로써 식물을 효율적으로 소화할 수 있어요.

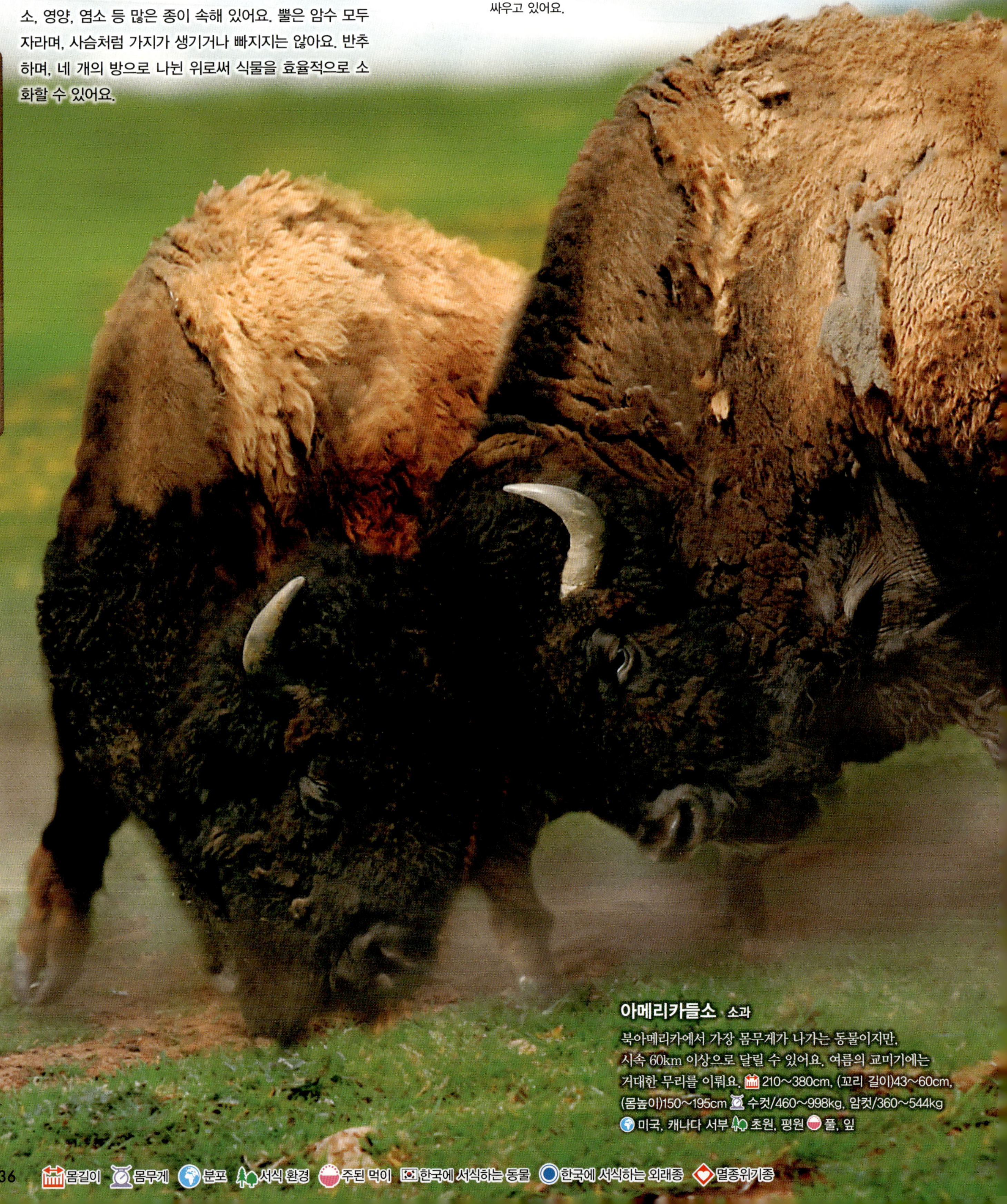

▼암컷을 둘러싸고 수컷들이 머리를 부딪쳐 싸우고 있어요.

아메리카들소 소과

북아메리카에서 가장 몸무게가 나가는 동물이지만, 시속 60km 이상으로 달릴 수 있어요. 여름의 교미기에는 거대한 무리를 이뤄요. 210~380cm, (꼬리 길이)43~60cm, (몸높이)150~195cm 수컷/460~998kg, 암컷/360~544kg 미국, 캐나다 서부 초원, 평원 풀, 잎

 몸길이 몸무게 분포 서식 환경 주된 먹이 한국에 서식하는 동물 한국에 서식하는 외래종 멸종위기종

더 알고 싶어! 남획당한 아메리카들소

한때 아메리카들소는 북아메리카 평원에 5,000만 마리 이상이 서식했어요. 가을에는 거대한 무리의 대이동을 볼 수 있었죠. 하지만 남획 때문에 일시적으로 수백 마리까지 개체 수가 감소했어요. 현재는 국립공원과 조수 보호구에서 보호함으로써 50만 마리까지 개체 수가 회복됐어요.

▶부활한 거대 아메리카들소 떼.

유럽들소 소과

야생에서는 멸종했으나, 동물원에서 기르던 개체를 바탕으로 자연의 개체 수를 늘려 현재는 야생 복귀*됐어요.

210~350cm, (꼬리 길이)30~60cm, (몸높이)150~200cm 350~1,000kg

유럽 삼림, 초원 풀, 나뭇잎

※야생 복귀는 동물원 등에서 기르던 개체를 다시 야생 서식지로 돌려보내 개체 수를 회복하는 작업이에요.

크기 체크

아메리카들소 | 유럽들소

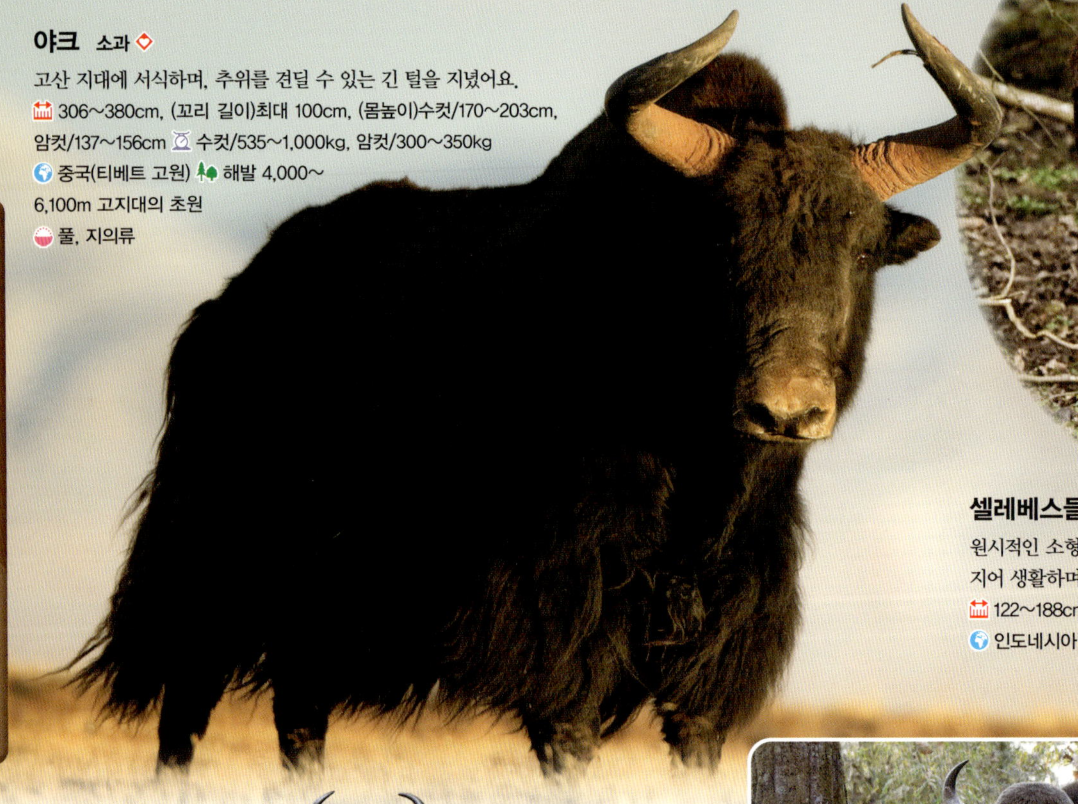

경우제목(소 무리)

야크 소과
고산 지대에 서식하며, 추위를 견딜 수 있는 긴 털을 지녔어요.
- 306~380cm, (꼬리 길이)최대 100cm, (몸높이)수컷/170~203cm, 암컷/137~156cm
- 수컷/535~1,000kg, 암컷/300~350kg
- 중국(티베트 고원) 해발 4,000~6,100m 고지대의 초원
- 풀, 지의류

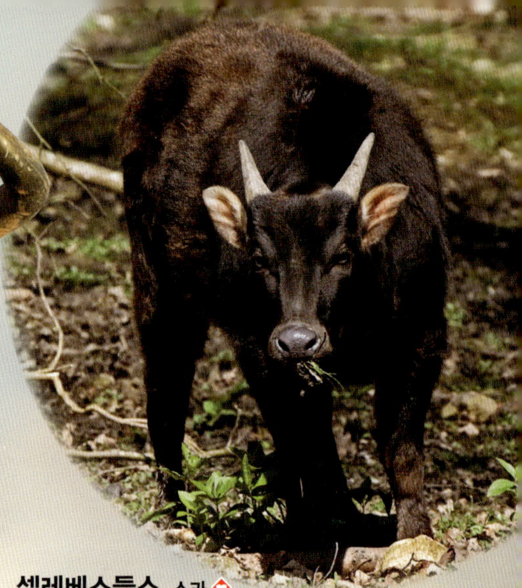

셀레베스들소 소과
원시적인 소형 물소류예요. 홀로 생활하거나 짝을 지어 생활하며 이른 아침과 저녁 무렵에 활동해요.
- 122~188cm, (몸높이)60~100cm
- 300kg 미만
- 인도네시아 삼림, 습지
- 풀, 잎, 열매

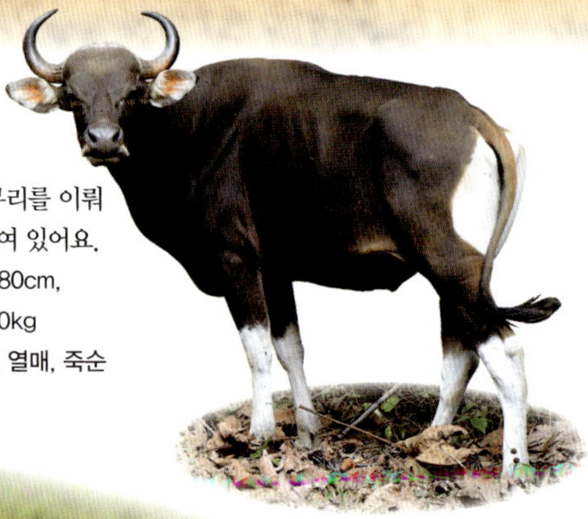

반텡 소과
암컷과 새끼가 최대 40마리의 무리를 이뤄요. 무리에는 수컷이 한 마리 섞여 있어요.
- 190~225cm, (꼬리 길이)65~80cm, (몸높이)최대 160cm
- 600~800kg
- 동남아시아 삼림
- 풀, 잎, 열매, 죽순

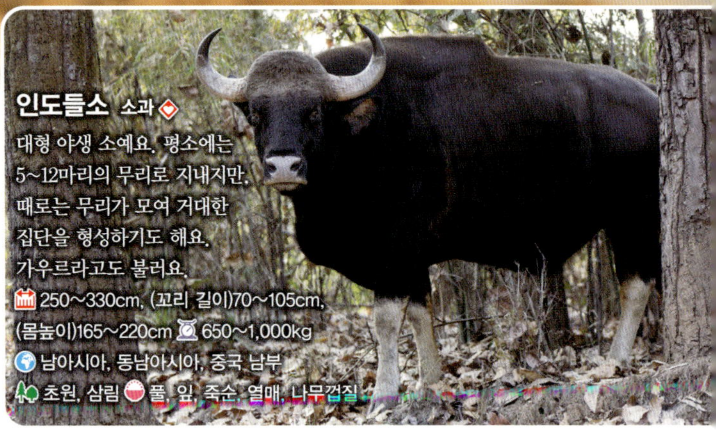

인도들소 소과
대형 야생 소예요. 평소에는 5~12마리의 무리로 지내지만, 때로는 무리가 모여 거대한 집단을 형성하기도 해요. 가우르라고도 불러요.
- 250~330cm, (꼬리 길이)70~105cm, (몸높이)165~220cm
- 650~1,000kg
- 남아시아, 동남아시아, 중국 남부
- 초원, 삼림
- 풀, 잎, 죽순, 열매, 나무껍질

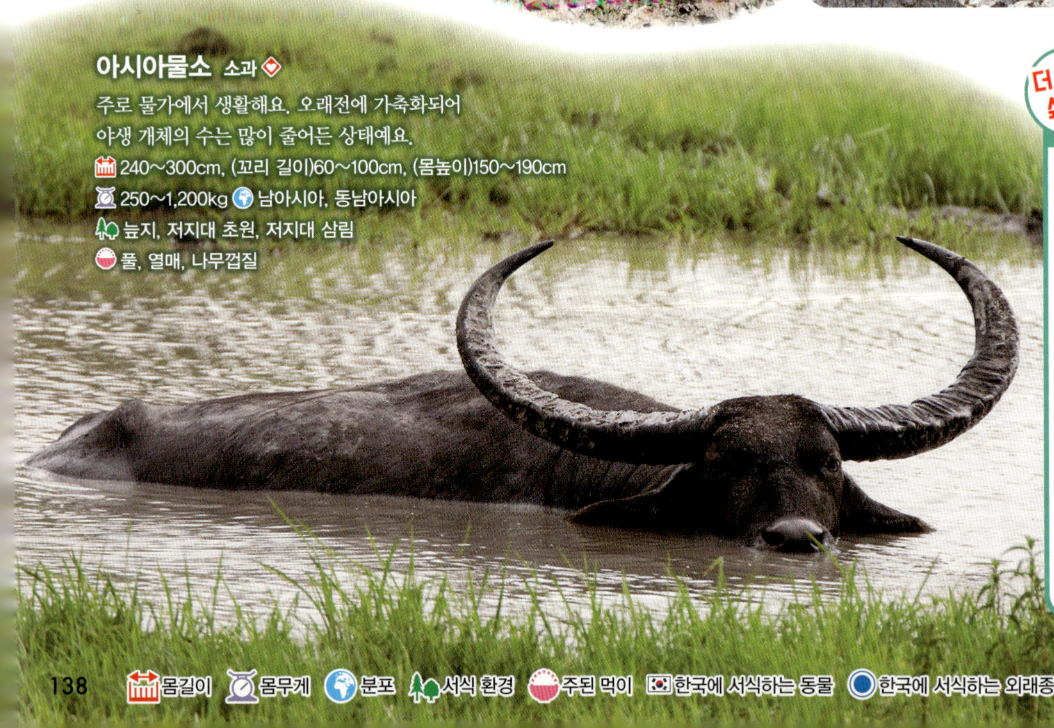

아시아물소 소과
주로 물가에서 생활해요. 오래전에 가축화되어 야생 개체의 수는 많이 줄어든 상태예요.
- 240~300cm, (꼬리 길이)60~100cm, (몸높이)150~190cm
- 250~1,200kg
- 남아시아, 동남아시아
- 늪지, 저지대 초원, 저지대 삼림
- 풀, 열매, 나무껍질

더 알고 싶어! 가축화된 아시아물소
아시아물소는 5,000년 이상 전부터 가축화되어 인간의 생활을 지탱해 왔어요. 뿔은 평평하게 되어 있어요.

▲모내기 준비를 위해 밭을 가는 아시아물소.

아프리카들소 소과

건기에는 수천 마리의 대군을 이루기도 하며, 영역을 지니지 않고 이동해요. 시속 60km에 가까운 속도로 달릴 수 있어요.

📏 240~340cm, (꼬리 길이)50~110cm, (몸높이)148~175cm ⚖ 수컷/500~900kg, 암컷/350~620kg 🌍 사하라 사막 이남 아프리카 🌳 삼림, 사바나, 습지 🌱 풀

▼사자와 싸우는 아프리카들소. 성질이 난폭해 '검은 죽음'으로 불리는 두려움의 대상이에요.

Q 아프리카들소의 무기는 무엇인가요?

A 헬멧처럼 딱딱한 뿔이에요. 뿔은 좌우 연결부에 꼭 붙어 있으며 머리를 헬멧처럼 감싸고 있어요. 아주 단단하고 견고하므로 머리를 숙인 채 돌진하면 사자도 당해 내지 못해요.

크기 체크
야크 / 아시아물소 / 아프리카들소

붉은물소 (아프리카들소의 아종)

아프리카 서부~중부의 숲에 서식해요. 아프리카들소의 아종 중 몸집이 가장 작아요.

겜스복 소과
암수 모두 뿔이 1.5m까지 자라기도 해요.
🏠 180~195cm, (꼬리 길이)48~52.5cm,
(몸높이)112~125cm ⚖ 190~240kg
🌍 아프리카 남부 🌳 초원, 사막
🍴 풀, 잎, 열매, 뿌리

검은영양 소과
수컷 한 마리가 10~30마리 정도의 암컷과 새끼를
이끄는 무리 생활을 해요. 🏠 185~194cm,
(꼬리 길이)44~53cm, (몸높이)135~140cm
⚖ 수컷/180~230kg, 암컷/160~180kg 🌍 아프리카
남서부·남동부 🌳 사바나, 삼림 🍴 풀, 잎

나사뿔영양 소과 ◇
멸종 직전인 종이에요. 야생에 살아남은 개체 수
가 100마리 이하라고 해요. 아닥스라고도 불러요.
🏠 120~130cm, (꼬리 길이)25~35cm, (몸높이)95~115cm ⚖ 수컷/100~125kg, 암컷/60~90kg
🌍 아프리카 북부 🌳 사막, 반사막 🍴 풀, 잎

물영양 소과
물을 자주 마시며, 적에게 쫓기면 물속
으로 도망쳐요. 🏠 175~235cm, (꼬리
길이)33~40cm, (몸높이)120~136cm
⚖ 수컷/250~275kg, 암컷/160~180kg
🌍 사하라 사막 이남 아프리카
🌳 물가, 초원, 삼림 🍴 풀

봉고 소과
숲속에 살면서 주로 나뭇잎을 먹어요.
홀로 생활하거나 작은 무리를 지어요.
🏠 220~235cm, (꼬리 길이)45~65cm,
(몸높이)122~128cm
⚖ 수컷/240~405kg, 암컷/210~235kg
🌍 아프리카 서부·중앙부 🌳 관목림,
삼림 🍴 잎, 풀, 나뭇가지, 꽃, 열매

경우제목(소 무리)

▼ 풀을 찾아 계절 이동하는 거대한 누 무리.

누 소과
검은꼬리누라고도 하며, 사바나를 가득 메울 정도로 큰 무리를 지어요. 무리는 얼룩말 등과 함께 이루기도 해요. 194~209cm, (꼬리 길이)45~56cm, (몸높이)128~140cm 수컷/232~295kg, 암컷/164~216kg 아프리카 남부 사바나, 관목림 풀, 잎

스프링복 소과
놀라면 오른쪽의 사진 같은 자세로 높이 3m가 넘는 점프를 반복하며 경계해요. 수컷/114.1cm, 암컷/112.2cm, (몸높이)수컷/75cm, 암컷/72cm 수컷/31.2kg, 암컷/26.5kg 아프리카 남부 사바나 잎, 풀, 열매

임팔라 소과
평소에는 암수가 따로 무리 생활을 하지만, 교미기에는 수컷 한 마리와 암컷 여러 마리가 같은 무리에서 생활해요. 소과 중에서는 드물게 암컷이 뿔을 지니지 않아요. 125~135cm, (꼬리 길이)25~30cm, (몸높이)86~98cm 수컷/57~64kg, 암컷/43~47kg 아프리카 동부・남부 사바나, 삼림 풀, 잎, 열매

톰슨가젤 소과
아프리카 사바나에서 가장 자주 관찰되는 종이며, 최고 시속 80km에 달하는 속도로 달려요. 89~107cm, (꼬리 길이)19~26cm, (몸높이)58~76cm 14.5~24.5kg 아프리카 동부 사바나, 반사막 풀

인디아영양 소과
약 50마리까지로 구성된 무리로 생활해요. 최고 시속 80km로 달릴 수 있어요. 120~132cm, (꼬리 길이)8.2~13.5cm, (몸높이)68~84.5cm 25~35kg 남아시아 삼림, 초원, 반사막 풀, 잎

142 몸길이 몸무게 분포 서식 환경 주된 먹이 한국에 서식하는 동물 한국에 서식하는 외래종 멸종위기종

사슴영양 소과
보통은 약 300마리, 때로는 1만 마리에 달하는 무리를 짓고 아침과 저녁에 활동해요. 시속 70~80km의 속도로 달릴 수 있어요.
🏛 195~200cm, (꼬리 길이)30cm, (몸높이)112~130cm ⚖ 126~183kg
🌍 아프리카 🌳 사바나 🍽 풀

바위타기영양 소과
바위 터에 서식하며, 때로는 6m를 점프하기도 해요.
🏛 75~90cm, (꼬리 길이)6.5~10.5cm, (몸높이)43~51cm ⚖ 10~15kg
🌍 아프리카 중부의 일부·남서부·동부
🌳 바위 터, 초원 🍽 잎, 나뭇가지, 열매, 씨앗, 꽃

기린영양 소과
뒷발로 우뚝 선 채 긴 목을 활용해 나뭇잎을 먹어요.
🏛 140~160cm, (꼬리 길이)22~35cm, (몸높이)80~105cm ⚖ 29~52kg
🌍 아프리카 동부 🌳 사바나, 관목림
🍽 잎, 꽃, 열매

조이터가젤 소과 ◇
수컷은 교미기가 되면 목이 크게 부풀어요. 갑상선가젤이라고도 해요. 🏛 90~126cm, (꼬리 길이)10~23cm, (몸높이)56~80cm ⚖ 18~40kg 🌍 서아시아~중앙아시아~몽골, 중국 🌳 사막, 모래 언덕, 초원, 사바나
🍽 풀, 열매

파란다이커 소과
숲속에서 홀로 살거나 짝을 이뤄 생활해요. 아프리카 중부에서 가장 많이 밀렵되는 포유류 중 하나로, 지역 사람들의 귀중한 식재이기도 해요.
🏛 55~72cm, (꼬리 길이)7~12.5cm, (몸높이)30~40cm ⚖ 4~6kg
🌍 아프리카 중부·남부 🌳 삼림
🍽 열매, 씨앗, 잎

그랜트가젤 소과
종종 톰슨가젤과 함께 무리를 지어요.
🏛 127~153cm, (꼬리 길이)27~34cm, (몸높이)75~94cm ⚖ 38~81.5kg
🌍 아프리카 동부 🌳 사바나, 반사막
🍽 풀, 잎

Q 사이가산양은 어째서 코가 큰가요?
A 들이마신 차가운 공기를 덥히거나 건조한 공기를 촉촉하게 하는 역할을 해요. 그 외에도 수컷은 코를 이용해 커다란 소리를 내는 것으로 구애해요.

▶코에는 뼈가 없으며, 주머니 같은 구조예요.

사이가산양 소과
한때는 개체 수가 줄어 멸종이 우려되었으나, 보호 활동을 통해 개체 수를 회복하고 있어요.
🏛 108~146cm, (꼬리 길이)6~12.5cm, (몸높이)57~79cm
⚖ 21.4~51kg 🌍 중앙아시아 🌳 초원, 반사막 🍽 풀

알파인아이벡스 소과

알프스산맥에 서식하는 염소로, 거대한 수컷의 뿔은 1m에 달하기도 해요.
- 수컷/115~135cm, 암컷/55~100cm, (꼬리 길이)15~29cm, (몸높이)65~95cm
- 수컷/70~120kg, 암컷/40~50kg
- 유럽(알프스 산맥)
- 해발 1,600~3,200m의 고산 지대
- 풀, 잎, 나무껍질, 나뭇가지

크기 체크
바바리양 / 알파인아이벡스 / 큰뿔야생양 / 티베트푸른양

Q 흰바위산양은 왜 절벽에서 떨어지지 않나요?

A 흰바위산양은 적은 면적의 바위 돌출부 위일지라도 발굽으로 몸을 지탱할 수가 있어요. 이는 뒷발의 발볼록살이 바위 표면을 꽉 붙잡는 덕분이에요. 
◀발굽이 있는 흰바위산양의 발.

알프스산양 소과

해발 3,500m까지인 고산 지대의 험난한 산비탈에 서식하고 있어요.
- 110~130cm, (꼬리 길이)8~10cm, (몸높이)70~85cm
- 25~60kg
- 유럽
- 고지대의 초원, 관목림, 바위 터
- 풀, 꽃, 잎

흰바위산양 소과

로키산맥의 절벽에 서식하는 대형 산양이에요.
- 140~180cm, (꼬리 길이)10~20cm, (몸높이)90~110cm
- 수컷/95~115kg, 암컷/60~75kg
- 북아메리카 서부(로키산맥)
- 고지대의 초원, 바위 터
- 풀, 잎, 지의류

바바리양 소과 ◇

20마리 정도까지로 구성된 무리를 이뤄요. 더운 낮에는 바위 그늘에서 지내고, 밤에 활동해요.
- 수컷/128cm, 암컷/112cm, (꼬리 길이)17.5~20.5cm, (몸높이)수컷/92~110cm, 암컷/80~85cm
- 수컷/약 82kg, 암컷/약 41kg
- 아프리카 북부
- 고지대의 반사막, 바위 터
- 풀, 나뭇가지, 잎

큰뿔야생양 소과
수컷과 암컷이 따로따로 집단을 꾸려요. 수컷들은 교미기 직전에 격렬하게 싸우는데, 뿔과 뿔이 부딪히는 소리가 몇 시간이나 울려 퍼진다고 해요.
- 96~169cm, (꼬리 길이)10.2~15.2cm, (몸높이)76~112cm
- 수컷/약 79kg(최대 145kg), 암컷/약 59kg(최대 104kg)
- 북아메리카 서부　고지대의 초원, 바위 터　풀, 나뭇가지, 잎

티베트푸른양 소과
암수 모두 뿔이 있으며, 수컷의 뿔은 길이 80cm를 넘기도 해요.
- 120~140cm, (꼬리 길이)13~20cm, (몸높이)69~91cm
- 수컷/60~75kg, 암컷/35~55kg
- 남아시아~중국 서부　산악 지대　풀, 나뭇가지, 잎

시베리아아이벡스 소과
야생 염소 중에서는 가장 분포가 넓으며, 몇몇 아종이 존재해요.
- 85~132cm, (꼬리 길이)13~22cm, (몸높이)65~105cm
- 수컷/60~130kg, 암컷/30~56kg
- 중앙아시아, 남아시아 북부, 러시아 중남부, 동아시아
- 고지대의 바위 터, 초원　풀, 나뭇가지

돌산양 소과
북아메리카 북서부의 산악 지대에 서식하는 야생 양이에요.
- 130~178cm, (꼬리 길이)8~13cm, (몸높이)78.7~109cm
- 수컷/평균 81.7kg, 암컷/평균 56.8kg
- 알래스카, 캐나다 북서부　산악 지대　풀

아르갈리양 소과
가장 큰 야생 양이에요. 넓은 지역에 분포하며 몇몇 아종이 있어요.
- 167~180cm, (꼬리 길이)9.5~12cm, (몸높이)100~120cm
- 수컷/101~175kg, 암컷/80~100kg
- 중앙아시아, 남아시아 북부, 러시아 중남부, 동아시아
- 고지대의 초원, 바위 터, 사막　풀, 나뭇가지

일본산양 소과

산의 급경사면을 좋아하며, 벼랑의 바위에서 휴식하고 출산해요. 새끼는 태어난 후 1년 동안은 어미와 생활하지만, 이후에는 독립해요.

- 약 130cm, (꼬리 길이)6~8cm, (몸높이)68~80cm
- 31~48kg 일본 삼림, 산지
- 잎, 꽃, 나무껍질, 새싹

▲개체에 따라 몸의 색은 차이가 있으며, 사진처럼 검은 일본산양도 존재해요.

▲일본산양은 한 곳에 대변을 계속 보는 습성이 있어요.

수마트라산양 소과

숲속의 절벽 밑이나 바위 구멍에서 홀로 서식해요. 이른 아침과 늦은 저녁에 광활한 산비탈에서 먹이를 먹어요.

- 140~155cm, (꼬리 길이)11~16cm, (몸높이)85~94cm 85~140kg
- 수마트라섬, 말레이반도
- 해발 200~3,000m의 산악 지대
- 잎, 나뭇가지

더 알고 싶어! 마킹 행동

일본산양은 홀로 영역을 만들고 생활해요. 자신의 영역을 주장하기 위해 눈 아래에 있는 냄새나는 부위를 나무 등에 문질러 마킹해요.

▲나무에 냄새를 묻히는 마킹 행동을 하는 일본산양.

크기 체크: 마코르염소, 일본산양, 사향소

◀ 맹렬한 눈바람을 견디는 사향소.

사향소 소과
북극권에 서식하는 소과 동물이에요. 긴 털이 몸을 덮고 있어서 극한의 추위에도 버틸 수 있어요. 📏 190~230cm, (꼬리 길이)9~10cm, (몸높이)120~151cm
⚖ 200~410kg 🌍 북아메리카 북부, 그린란드 🌲 툰드라 🌱 풀, 잎, 나뭇가지, 지의류

▲늑대 등의 천적이 다가오면 새끼를 둘러싼 형태로 원형 진을 펼쳐 지키는 행동을 해요.

마코르염소 소과
가축 염소의 조상 중 하나예요. 산지 삼림 지대의 바위 터에서 생활해요. 📏 140~180cm, (꼬리 길이)10~20cm, (몸높이)65~104cm
⚖ 수컷/80~108kg, 암컷/32~50kg
🌍 중앙아시아, 남아시아 북부
🌲 해발 600~3,600m의 삼림, 관목림, 바위 터
🌱 풀, 잎, 나뭇가지

타킨 소과
몇 개의 아종이 존재하며, 각각 몸 색깔이 달라요. 📏 170~220cm, (꼬리 길이)10~22cm, (몸높이)107~140cm ⚖ 150~350kg
🌍 남아시아 북동부, 중국 남서부
🌲 산악 지대의 삼림 🌱 잎, 나뭇가지, 풀

▲가족 무리가 절벽에 올라 식물을 먹고 있어요.

소, 돼지의 품종

소는 오록스라고 불리는 야생 소를 가축으로 삼은 것으로 여겨져요.
돼지는 멧돼지를 개량한 가축이에요.

헤리퍼드
식육용 품종이에요. 튼튼하고 기르기 쉬워 전 세계에서 많이 사육하고 있어요.
127~140cm
650~1,200kg ◆ 영국

홀스타인
주로 소젖을 이용하기 위한 품종이지만, 식육용으로도 쓰여요. 전 세계에서 사육하고 있어요. 140~150cm
600~700kg ◆ 네덜란드

흑모화우
식육용 품종으로, 외국 소와 교배해 품종 개량한 종이에요. 고품질 고기로 유명해요.
130~142cm
520~962kg ◆ 일본

저지
소젖을 이용하는 품종이에요. 지방분이 많아 버터를 만들기에 적합해요. 전 세계에서 사육하고 있어요.
130~140cm 400~700kg ◆ 영국

요크셔
1880년경 영국의 재래종에 중국의 돼지 등을 교배하여 탄생한 종이에요.
350~380kg ◆ 영국

랜드레이스
덴마크 재래종과 요크셔를 교배해 태어난 품종이에요. 지방분이 적은 고기가 특징이에요.
350~380kg ◆ 덴마크

메이산
중국 재래종이에요. 고품질 고기를 얻을 수 있어요. '서유기' 저팔계의 모델이라고도 해요. 150~170kg ◆ 중국

=몸높이(동물이 네 다리로 똑바로 섰을 때, 지면에서 어깨까지의 높이) =몸무게 ◆=원산지

염소, 양의 품종

염소와 양은 고기와 털, 젖, 가죽 등 이용할 것이 많은 우수한 가축이에요.

앙고라염소
털이 이용되는 염소예요. '모헤어'라고 불리는 하얀 비단처럼 광택 있는 긴 털이 특징이에요. 55cm ◆ 중앙아시아

캐시미어염소
이 염소로부터 얻을 수 있는 털을 '캐시미어'라고 하며, 이를 재료로 고급 직물을 만들 수 있어요. 65~80cm ◆ 중앙아시아

자넨종
스위스에서 탄생한 염소예요. 전 세계에서 많이 사육하고 있어요. 75~80cm ◆ 스위스

코리데일종
양털과 고기를 이용할 수 있는 품종이에요. 한국에서도 많이 사육하고 있어요. 60~100kg ◆ 뉴질랜드

시바염소
일본의 재래종이에요. 예로부터 나가사키현 고토 열도 등지에서 고기를 얻기 위해 사육해 왔어요. 55cm ◆ 일본

서포크
식육용 품종이에요. 양털은 메리야스나 트위드 등의 직물이나 펠트에 쓰여요. 90~130kg ◆ 영국

메리노
양모용 품종이에요. 12세기경 탄생한 이후, 전 세계에서 이 품종을 기반으로 새로운 품종이 만들어지고 있어요. 35~40kg ◆ 스페인

경우제목(하마 무리)

하마 무리

하마과 동물은 물속에서 생활하는 데 적응한 우제류예요. 광활한 환경의 물가에 서식하는 하마와 숲속 물가에 서식하는 피그미하마 2종 모두 아프리카에 서식하고 있어요. 커다란 입으로 풀을 뜯어 먹어요.

크기 체크
하마　　피그미하마

하마　하마과

낮에는 물가나 물속에서 시간을 보내고, 밤에는 육지에서 식사해요. 수컷은 입을 크게 벌리고 암컷을 둘러싼 싸움을 벌여요.
290~505cm, (꼬리 길이)40~56cm, (몸높이)150~165cm　1,000~4,500kg
사하라 사막 이남 아프리카
초원과 가까운 물가　풀, 뿌리, 잎, 나무껍질

더 알고 싶어!

수영이 특기인 동물들의 얼굴

수영이 특기인 동물은 얼굴의 눈, 코, 귀가 수평으로 위치한 것이 특징이에요. 이는 전부 동시에 수면 위로 내밀고 헤엄칠 수 있게 하기 위해서예요.

하마(하마과)

북극곰(곰과)

카피바라(천축서과)

특징적인 입술
폭이 넓은 입술로 풀을 뽑아 먹어요.

초스피드로 달린다
거대한 몸집에도 불구하고 시속 40km로 달릴 수 있어요.

발가락의 개수
우제류이므로 앞발과 뒷발의 발가락은 네 개예요.

수영이 특기
물속에서 걷듯이 헤엄쳐요. 콧구멍은 물이 들어가지 않도록 닫혀 있어요.

Q 하마의 땀은 무슨 색인가요?

A 붉은색을 띠고 있어요. 하마의 피부에서는 약간 끈적끈적한 붉은 땀 같은 액체가 나와요. 이는 땀이 아니라 특수한 색소를 머금은 액체로, 털이 나지 않은 피부를 해로운 자외선이나 세균 감염으로부터 보호하는 역할을 해요.

피그미하마 하마과
아주 작은 원시적인 하마예요. 열대 우림의 늪지 등에 서식해요. 개체 수가 아주 적어 멸종이 우려되고 있어요. 애기하마라고도 해요. 150~175cm, (꼬리 길이) 20cm, (몸높이) 75~100cm 160~270kg
🌍 아프리카 서부 🌳 삼림
🍎 풀, 뿌리, 잎, 열매

▲울창한 열대 우림이 거처이기 때문에 현지를 제외하고는 19세기까지 존재가 알려지지 않았어요.

알려줘! 동물 칼럼

경우제목
고래류

경우제목(이빨고래 무리)

바다에 들어간 우제류

포유류 중 가장 수중 생활에 적합한 몸을 지녔지만, 폐호흡을 하기 위해 수면으로 콧구멍을 내밀고 숨을 쉴 필요가 있어요. 모든 종이 물고기나 오징어, 갑각류, 포유류 등을 먹는 육식성이며, 이빨이 있는 이빨고래 무리와 입속에 수많은 판 모양의 '고래수염'이 있는 수염고래 무리로 나뉘어요. 대형 종이 많고 가장 작은 종도 몸길이가 1.5m에 달하며, 가장 큰 종인 대왕고래는 지구 역사상 가장 몸무게가 무거운 동물로 알려져 있어요. 4~5m 이상인 종을 '고래', 그보다 작은 종을 '돌고래'로 부르지만, 명확한 구분은 아니에요.

Q 고래류는 몸에 어떤 특징이 있나요?

A 물고기처럼 물속에서 헤엄치는 데 적합한 몸 구조를 지녔어요.

▲고속으로 헤엄치는 줄무늬돌고래. 물의 저항을 줄이기 위해 피부에 몸털이 거의 없고, 몸이 유선형 모양이에요. 몸에 수평으로 붙어 있는 꼬리지느러미를 위아래로 힘차게 움직여 앞으로 나아가요.

▲큰돌고래의 골격. 앞다리는 가슴지느러미가 되고, 뒷다리와 골반은 퇴화해 없어졌어요. 등뼈의 후반부에 있는 거대한 근육은 꼬리지느러미를 위아래로 힘차게 흔드는 원동력이에요. 등지느러미와 꼬리지느러미에는 뼈가 없어요.

더 알고 싶어! 이빨고래와 수염고래의 차이

이빨고래류의 턱에는 이가 있으며, 종에 따라 개수가 달라요. 이빨은 모두 같은 모양이고 잘게 씹지는 못해요. 또한, 먹잇감을 잡을 때는 반향정위라는 방법을 사용해요. 수염고래류는 이빨이 없으며, 위턱에 판 모양의 '고래수염'이 촘촘히 나 있어요. 입에 들어온 바닷물을 고래수염으로 통과시켜 밖으로 내보내면, 작은 물고기나 플랑크톤을 한 번에 대량으로 걸러 먹을 수 있어요.

향유고래(이빨고래류)의 이빨은 전부 같은 모양이에요.

▶혹등고래(수염고래류)의 고래수염.

더 알고 싶어! 고래의 분출

고래의 콧구멍은 대부분 머리 위에 있으며, 이를 해수면 위로 드러내고 호흡해요. 뿜어낸 숨은 안개처럼 위로 솟아오르죠. 이처럼 '분출'은 실제로는 바닷물을 내뿜는 것이 아니라, 따뜻한 숨이 급속히 차가워지면서 안개 형태로 변한 것이거나, 콧구멍 주변의 바닷물이 흩뿌려진 현상이에요.

▶대왕고래의 증기 분출. 높이 9m까지 솟아올라요.

이빨고래 무리

이의 개수는 위아래 총합 200개 이상에 달하는 종부터 2개밖에 없는 종까지 다양해요. 이가 많은 종은 먹잇감을 끼워서 붙잡고, 적은 종은 빨아들이듯 잡아요. 이는 평생 새로 나지 않아요. 장거리를 잘 회유하지 않고 정해진 해역에서 생활하는 종이 대부분이에요. 모든 종의 콧구멍이 하나인 것이 특징이에요.

향유고래 향유고래과
가장 큰 이빨고래예요. 수심 3,000m 정도까지 잠수할 수 있는 개체도 있어요. 머리 부분에는 먹잇감인 대왕오징어의 흡반 자국이 남아 있을 때도 있어요. 🏠 수컷/15.2~19.2m, 암컷/10.4~12.5m
⚖ 수컷/약 45t(최대 70t 이상), 암컷/약 15t(최대 24t) 🌏 전 세계 바다
🌿 수심 1,000m 이상, 해면 수온 약 15도의 바다 🍣 오징어, 물고기

더 알고 싶어! 향유고래의 커다란 머리
머리의 대부분을 차지하는 '뇌유'는 몸의 균형을 잡는 역할을 하는 것으로 여겨져요. 분출 구멍은 하나지만, 코로 이어지는 관(비도)은 좌우 두 개로 나뉘어 있어요.

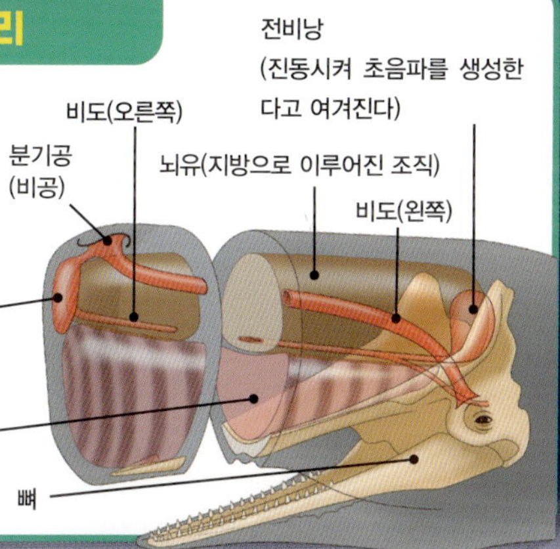

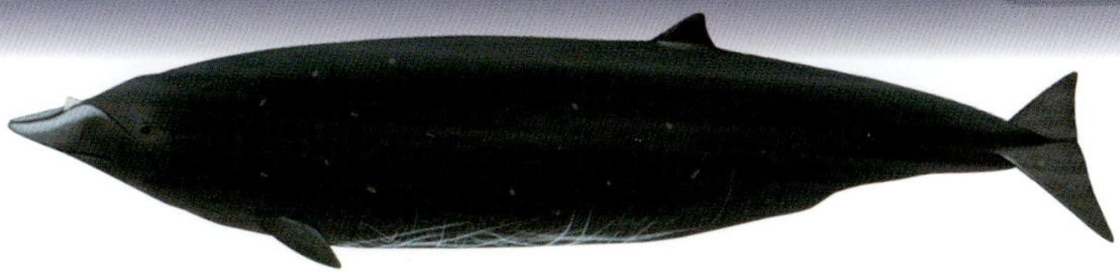

- 분기공(비공)
- 전정낭 (균형 감각을 유지하는 기관)
- 정크 (뇌유를 만드는 조직)
- 전비낭 (진동시켜 초음파를 생성한다고 여겨진다)
- 비도(오른쪽)
- 뇌유(지방으로 이루어진 조직)
- 비도(왼쪽)
- 뼈

큰이빨부리고래 부리고래과
작은 무리로 생활해요. 해수면 근처를 나란히 늘어서서 이동하거나 함께 잠수하기도 해요. 🏠 4.8~5.7m ⚖ 1~1.3t 🌏 한국 근해, 일본 근해, 북태평양
🌿 수심 200m 이상의 바다 🍣 오징어, 물고기

쇠향고래 꼬마향고래과
가장 작은 고래 중 하나로, 관찰 사례가 거의 없어요. 🏠 2~2.7m ⚖ 136~280kg 🌏 한국 근해, 일본 근해, 태평양, 대서양, 인도양
🌿 수심 900~1,500m의 열대부터 온대 바다, 해안 🍣 오징어, 물고기

은행이빨부리고래 부리고래과
아래턱에 자란 한 쌍의 이가 은행나무 잎 같은 모양이어서 이러한 이름이 붙었어요. 🏠 4.7~5.3m ⚖ 약 1t 🌏 일본 근해, 태평양, 인도양
🌿 수심 200m 이상의 열대부터 온대 바다 🍣 오징어, 물고기

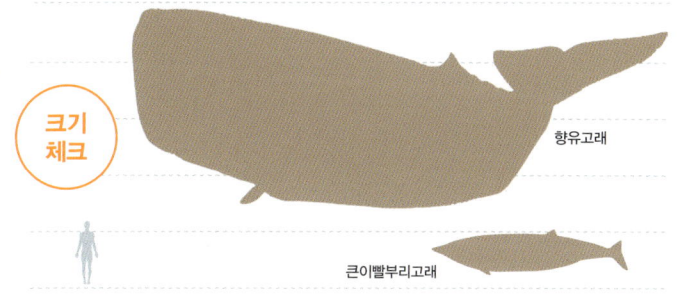

크기 체크 — 향유고래, 큰이빨부리고래

향유고래는 뇌가 가장 무거운 동물이라고 하며, 그 무게가 평균 7kg에 달해요.

경우제목(이빨고래 무리)

범고래 참돌고래과 🇰🇷
커다란 고래를 무리로 협력해 잡아먹는 바다의 사냥꾼이에요.
- 수컷/최대 9.8m, 암컷/최대 7.7m
- 수컷/최대 6.6t, 암컷/최대 4.7t
- 전 세계 바다 / 수심 20~60m의 바다
- 해양 포유류, 오징어, 물고기, 새

▶가장 나이가 많은 암컷이 리더가 되어 무리를 꾸려요.

▶해안에 있는 남아메리카바다사자를 노리고 돌진하는 범고래.

Q 범고래의 암수 구분법은 무엇인가요?

A 등지느러미의 높이로 구분해요. 암컷보다 수컷의 것이 더 길며 2m에 달한다고 해요.

▲등지느러미가 더 긴 오른쪽이 수컷이에요.

▲게잡이바다표범을 노리는 범고래. 파도를 일으켜 얼음 위에서 내쫓은 뒤 덮치기도 해요.

참돌고래 참돌고래과 🇰🇷
수백에서 수천 마리로 구성된 무리를 이뤄요. 무리는 줄무늬돌고래나 낫돌고래와 섞이기도 해요.
- 수컷/1.7~2.3m, 암컷/1.6~2.2m
- 최대 200kg
- 한국 근해, 일본 근해, 태평양, 대서양, 지중해, 인도양
- 열대부터 온대의 난바다 / 물고기, 오징어

긴부리돌고래 참돌고래과 🇰🇷
수면에서 점프한 후 몸을 회전시키는 행동이 자주 관찰돼요. 스피너돌고래라고도 해요.
- 수컷/1.3~2.8m, 암컷/1.4~2.1m
- 수컷/최대 80kg, 암컷/최대 63kg
- 한국 근해, 일본 근해, 태평양, 대서양, 인도양 / 열대부터 아열대 연안 / 물고기, 오징어

큰돌고래 참돌고래과
수족관의 돌고래 쇼에서 활약하는 종이에요.
- 1.9~3.8m / 136~635kg / 한국 근해, 일본 근해, 태평양, 대서양, 지중해, 인도양
- 열대부터 온대 연안까지의 난바다 / 물고기, 오징어

▲해저 진흙을 그물처럼 감아올려 물고기를 가두고 사냥해요.

Q 일각돌고래가 지닌 엄니의 역할은 무엇인가요?

A 수컷끼리 싸울 때의 무기 또는 감각 기관으로서의 역할을 한다고 여겨져요.

▲때때로 엄니를 물 밖으로 내미는 행동이 관찰돼요.

일각돌고래 외뿔고래과
뿔처럼 보이는 것은 엄니 한 개가 길게 자란 것으로, 수컷에게만 있어요.
- 3.7~5m
- 700~1,800kg
- 북극권 바다
- 연안부터 난바다
- 오징어, 물고기, 갑각류

흰고래(벨루가) 외뿔고래과
돌고래 중 드물게도 목을 유연하게 움직일 수 있어요. 등지느러미가 없는 것도 특징이에요.
- 3~4.5m / 500~1,600kg / 북극권 바다 / 후미, 피오르
- 물고기, 오징어, 갑각류

▲입으로 물방울 고리를 만드는 재주를 지닌 수족관의 흰고래. 해저에 물을 내뿜어 먹잇감을 잡는 습성이 있으며, 이를 이용한 재주예요.

크기 체크
큰돌고래 / 범고래 / 긴부리돌고래 / 흰고래

범고래는 사나운 사냥꾼으로 불리지만, 사람은 거의 공격하지 않아요.

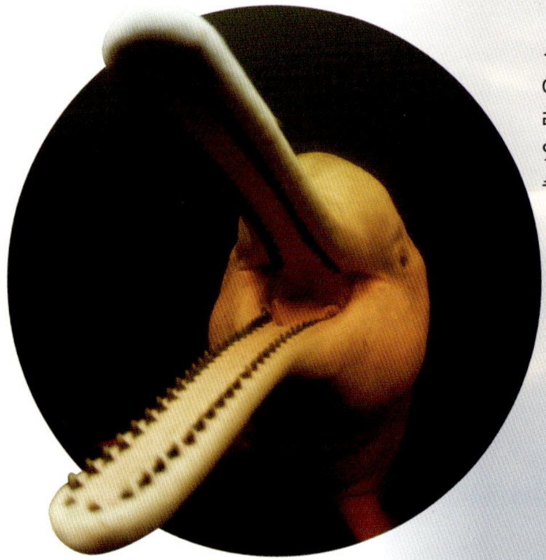

경우제목(이빨고래 무리)

◀ 작은 이빨이 늘어서 있는 아마존강돌고래의 입. 위아래 턱에 50~70개의 이빨이 있어서 물고기를 끼워 잡을 수 있어요.

아마존강돌고래
아마존강돌고래과

담수에 서식하는 돌고래 중 가장 몸집이 커요. 성장하면 몸이 분홍색으로 변하는 개체도 있어요.
- 몸길이 1.8~2.6m
- 몸무게 72~207kg
- 분포 남아메리카(오리노코강, 아마존강 유역)
- 서식환경 하천의 담수 구역
- 주된 먹이 물고기, 게, 거북

갠지스강돌고래 — 인도강돌고래과

인도 등에 흐르는 갠지스강에 서식하는 담수 돌고래예요.
- 몸길이 1.7~2.6m
- 몸무게 약 110kg
- 분포 인도(갠지스강 등)
- 서식환경 하천의 담수 구역
- 주된 먹이 물고기, 새우

더 알고 싶어! 강에 서식하는 돌고래

아마존강이나 갠지스강, 양쯔강(장강) 등의 큰 강에는 바다로부터 진출해 온 강돌고래가 서식해요. 원시적인 돌고래로, 탁한 강 속에서는 시력 대신 반향정위(159쪽)로 물고기를 사냥하죠. 강은 인간의 활동이 활발한 곳이므로 수질 오염이나 어업인에 의한 남획 등에 의해 모든 종이 멸종 위기에 처해 있어요.

인간 근처에 있는 갠지스강돌고래.

양쯔강돌고래 양쯔강돌고래과

중국 양쯔강에 서식했지만 멸종한 것으로 추정되고 있어요.
- 몸길이 1.8~2.5m
- 몸무게 최대 167kg
- 분포 중국(양쯔강)
- 서식환경 하천의 담수 구역
- 주된 먹이 물고기

꼬마돌고래
참돌고래과

아마존강 등에 서식하는 작은 돌고래예요. 투쿠시라고도 해요.
- 몸길이 최대 1.5m
- 몸무게 최대 52kg
- 분포 남아메리카(오리노코강, 아마존강 유역)
- 서식환경 하천의 담수 구역
- 주된 먹이 물고기

크기 체크
- 남방큰돌고래
- 들고양이고래
- 긴부리참돌고래
- 아마존강돌고래

 몸길이 몸무게 분포  서식 환경 주된 먹이  한국에 서식하는 동물 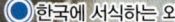 한국에 서식하는 외래종 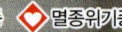 멸종위기종

경우제목(이빨고래 무리)

낫돌고래 참돌고래과 🇰🇷
수면에서 자주 점프하는 활발한 돌고래예요. 2.3~2.5m 약 198kg
- 한국 근해, 일본 근해, 북태평양
- 난바다부터 대륙붕
- 물고기, 오징어, 새우

크기 체크
- 낫돌고래
- 쇠돌고래
- 사라왁돌고래

쇠돌고래 쇠돌고래과 🇰🇷
가장 작은 몸집을 지닌 돌고래 중 하나로, 강에 유입되기도 해요. 1.3~2m 45~75kg 한국 근해, 일본 근해, 북극해, 북태평양, 북대서양 온대부터 한대의 비교적 얕은 바다
- 물고기, 오징어

사라왁돌고래 참돌고래과
말레이시아, 사라왁에서 발견되어 붙은 이름이에요. 따뜻한 바다의 넓은 범위에 서식하고 있어요. 샛돌고래라고도 해요.
최대 2.7m 210kg 이상 일본 근해, 태평양, 대서양, 인도양
열대부터 아열대 연안까지의 난바다 물고기, 오징어, 새우

머리코돌고래 참돌고래과
몸 색깔이 하얀색과 검은색 두 가지로 이뤄졌어요.
최대 1.5m 최대 66kg 남아메리카 남부 연안, 인도양 남부 케르겔렌 제도 부근 연안, 피오르, 만, 하구 갑각류, 물고기, 오징어

줄무늬돌고래 참돌고래과 🇰🇷
때로는 천 마리가 넘는 무리를 만들고 생활해요. 젖을 뗀 새끼들만으로 구성된 무리를 이루기도 해요. 2.2~2.6m 131~156kg 한국 근해, 일본 근해, 태평양, 대서양, 지중해, 인도양 열대부터 온대의 연안~난바다 오징어, 물고기

몸길이 몸무게 분포 서식 환경 주된 먹이 한국에 서식하는 동물 한국에 서식하는 외래종 멸종위기종

더 알고 싶어! 돌고래가 지닌 세 가지 소리

돌고래는 클릭, 휘슬, 버스트 펄스와 같은 세 가지 음성을 낼 수 있으며, 제각기 지닌 역할이 달라요. 그중에서도 클릭은 소리로 물체의 위치나 형태를 파악하는 '반향정위(에코 로케이션)'라는 기술에 이용해요. 자신이 낸 소리가 물체에 닿고, 튀어 반사된 소리의 진동을 감지하는 방식으로, 돌고래는 탁한 물속과 어둡고 깊은 바다에서도 물체의 위치나 형태를 파악할 수 있어요.

소리의 종류	클릭	휘슬	버스트 펄스
소리	딸깍딸깍	퓨, 퓨	갸아, 갸아
주된 역할	반향정위	의사소통 등	감정 표현 등

멜론
반향정위를 하기 위해 머리에 존재하는 지방질 기관이에요. 고래와 범고래에게도 같은 기관이 있어요.

Q 돌고래는 의사소통도 하나요?

A 돌고래가 내는 세 가지 소리 중, 휘슬은 개체에 따라 특징이 있는 것으로 알려져 있어요. 이 특징적인 소리를 '시그니처 휘슬'이라고 해요. 무리 중에서도 누가 말을 거는지 알 수 있으므로 동료와 의사소통을 할 때 이용한다고 생각돼요.

수족관에서는 큰돌고래나 낫돌고래를 많이 사육해요.

경우제목⟨수염고래 무리⟩

수염고래 무리
이빨이 없고, 위턱에 '고래수염'이 자라 있어 플랑크톤이나 작은 물고기를 걸러 먹어요. 대형이며 종의 대부분이 먹이가 풍부한 차가운 바다와 새끼를 기르는 데 적합한 따뜻한 바다를 왕래하는 회유 행동을 보여요.

점프력
물 위로 기세 좋게 점프하여 거대한 물보라를 만들며 수면으로 낙하하는 행동을 '브리칭(breaching)'이라고 해요. 동료들과의 의사소통이나 기생충을 없애기 위해서라는 등 다양한 설이 있지만, 자세한 건 밝혀지지 않았어요.

콧구멍
수염고래류는 모든 종이 두 개의 콧구멍을 지녔어요.

◀혹등고래의 콧구멍.

혹등고래의 버블넷 피딩(Bubble-net feeding)

▶입안으로 넣은 대량의 바닷물은 고래수염을 사용해 배출하며, 물고기만 걸러 삼켜요.

▲고래 여러 마리가 물고기 무리의 아래로 잠수한 후, 원을 그리며 작은 거품을 만들어 가두고 모인 물고기들을 해수면으로 내쫓아요. 그리고 커다란 입으로 대량의 바닷물째 삼켜 잡아요.

혹등고래 수염고래과 🇰🇷
가슴지느러미가 길며 몸길이의 3분의 1에 달해요.
고래 관광에서 자주 보이는 종이에요. 🏛 15~17m
⚖ 30~34t 🌐 한국 근해, 일본 근해, 전 세계 바다(지중해 등 제외)
🌳 열대부터 한대의 바다 🍽 플랑크톤, 크릴, 물고기

스파이홉
▶해수면에서 수직으로 머리를 내밀어 눈으로 직접 보고 주변의 상황을 살펴요.

더 알고 싶어! 고래가 거대한 이유

물속은 중력의 부담이 적어 몸집이 커지는 것이 가능해요. 몸이 거대해지면 충분한 먹이가 있는 경우 체력이 좋아지고, 천적에게 잡아먹힐 위험이 줄어드는 등 생존에 유리하죠. 또한, 수염고래 무리에 거대한 종이 많은 이유는 먹이가 적은 시기에 출산과 양육을 하고 장거리를 이동하는 생활과 관계가 있으며, 수많은 영양분을 저장할 수 있는 거대한 몸이 필요했기 때문이라고 여겨져요.

▲역사상 가장 큰 동물인 대왕고래는 천적이 거의 없으며, 100살까지 살 수 있다고 해요.

경우제목(이빨고래 무리)

참고래 수염고래과 🇰🇷 ◆
대왕고래에 이어 두 번째로 큰 고래예요. 수영이 빨라 시속 30km 이상에 달한다고 해요. 📏 22~27m ⚖ 60~90t
🌐 전 세계 바다(적도 부근 제외) 🌳 열대부터 한대의 바다
🍱 크릴, 플랑크톤, 물고기, 오징어

북방긴수염고래 긴수염고래과 🇰🇷 ◆
등지느러미가 없는 고래예요. 📏 약 17m
⚖ 약 80t 🌐 한국 근해, 일본 근해, 북태평양
🌳 온대부터 아한대의 비교적 얕은 바다
🍱 플랑크톤

보리고래 수염고래과 🇰🇷 ◆
수영이 빠르며, 홀로 생활하거나 여러 마리의 무리로 활동해요. 📏 17~20m ⚖ 20~38t 🌐 한국 근해, 일본 근해, 태평양, 대서양, 인도양 🌳 열대부터 아한대의 난바다
🍱 플랑크톤, 크릴, 물고기

크기 체크

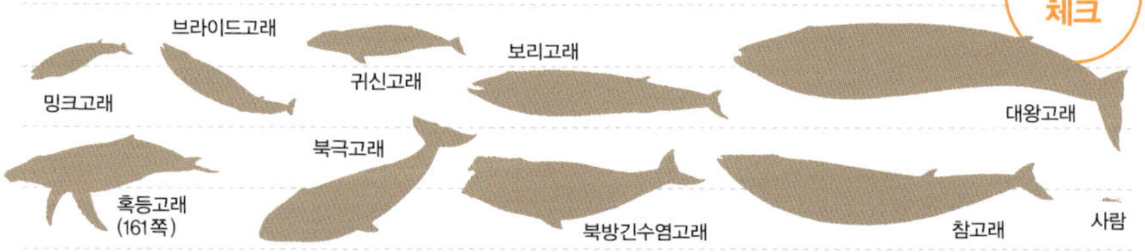

밍크고래 · 브라이드고래 · 귀신고래 · 보리고래 · 대왕고래
혹등고래(161쪽) · 북극고래 · 북방긴수염고래 · 참고래 · 사람

162 📏 몸길이 ⚖ 몸무게 🌐 분포 🌳 서식 환경 🍱 주된 먹이 🇰🇷 한국에 서식하는 동물   한국에 서식하는 외래종 ◆ 멸종위기종

브라이드고래 수염고래과
보리고래와 비슷하게 생긴 고래예요.
- 📏 13~14.5m ⚖️ 15~16.6t
- 🌐 일본 근해, 태평양, 대서양, 인도양
- 🌿 열대부터 온대의 바다
- 🍚 물고기, 플랑크톤, 크릴

북극고래 긴수염고래과
평생 북극해 등의 차가운 바다에서 서식해요. 커다란 머리의 무게는 몸무게의 3분의 1을 차지하고 있어요.
- 📏 수컷/최대 18m, 암컷/최대 20m
- ⚖️ 약 100t 🌐 북극해, 북태평양, 북대서양
- 🌿 북반구의 차가운 바다 🍚 플랑크톤, 크릴

대왕고래 수염고래과 🇰🇷 ◇
전 세계에서 가장 큰 동물이에요. 홀로 생활하거나 짝을 이뤄요. 여름에는 아한대 지역에서 살고 겨울에는 온대, 아열대 바다에서 새끼를 길러요.
- 📏 31.7~32.6m
- ⚖️ 113~150t 🌐 전 세계 바다(적도 부근 제외)
- 🌿 열대부터 한대의 난바다 🍚 크릴, 플랑크톤

귀신고래 귀신고래과 🇰🇷
수심 100m보다 얕은 바다에 서식하며, 해저의 먹잇감을 먹어요. 쇠고래라고도 해요.
- 📏 수컷/11.9~14.3m, 암컷/12.8~15.2m
- ⚖️ 16~34t 🌐 한국 근해, 일본 근해, 북태평양
- 🌿 대륙붕, 연안 🍚 크릴, 오징어, 갯지렁이

밍크고래 수염고래과 🇰🇷
수염고래 중에서는 몸집이 작으며, 가슴지느러미에 하얀 띠가 있어요.
- 📏 6.5~8.8m ⚖️ 2~2.7t 🌐 전 세계 바다
- 🌿 연안부터 난바다
- 🍚 물고기, 크릴, 플랑크톤

나무두더지목 동물

나무두더지목은 어떤 동물인가요?

다람쥐 같지만, 원숭이에 가까워요

동남아시아나 인도의 열대 우림에 서식하는 소형 동물로, 다람쥐와 비슷하게 생겼어요. 처음에는 두더지의 친척으로 여겨지다가 영장목으로 분류가 바뀌었으나, 현재는 나무두더지목으로서 독립했어요.

큰나무두더지 투파이아과
주로 지상에서 생활하며 곤충을 먹어요.
- 17.5~21cm, (꼬리 길이)15~19.5cm
- 200~300g
- 동남아시아(수마트라섬, 보르네오섬)
- 삼림
- 곤충, 열매, 지렁이

피그미나무두더지 투파이아과
주행성이며 나무 위에서 생활해요.
- 11~14cm, (꼬리 길이)13.5~17.3cm
- 35~80g
- 동남아시아(말레이반도, 수마트라섬, 보르네오섬)
- 삼림, 농경지
- 열매, 곤충

북부나무두더지 투파이아과
주행성이며 삼림에 서식하지만, 농원 등에서도 관찰돼요.
- 16~23cm, (꼬리 길이)15~20cm
- 160~200g
- 남아시아 동부~동남아시아, 중국 남부
- 삼림
- 곤충, 열매

더 알고 싶어! 산지나무두더지의 화장실

보르네오섬 고지대에 있는 벌레잡이통풀은 주머니 모양 잎에서 달콤한 꿀을 내보내서 산지나무두더지를 유인해요. 꿀을 핥은 산지나무두더지는 마치 화장실처럼 주머니 안에 대변을 봐요. 식충 식물인 벌레잡이통풀은 주머니에 빠진 벌레가 양분이지만, 고지대에는 벌레가 적어서 벌레 대신 동물의 대변을 양분으로 삼는 거예요.

산지나무두더지 투파이아과
해발 600m 이상의 산지 삼림에 서식해요.
- 15~17.5cm, (꼬리 길이)12~15cm
- 110~150g
- 동남아시아(보르네오섬)
- 삼림, 산지
- 곤충, 식물의 꿀

◀ 벌레잡이통풀에 대변을 보는 산지나무두더지.

붓꼬리나무두더지 붓꼬리투파이아과
꼬리 끝에 날개 같은 털이 나 있어요. 나무두더지목 중 유일한 야행성이에요. 천연 야자 술을 마시는 것으로 알려졌지만, 취하지는 않아요.
- 13~15cm, (꼬리 길이)16~20cm
- 50~60g
- 동남아시아
- 삼림
- 열매, 곤충, 꽃의 꿀

날원숭이목 동물

날원숭이목은 어떤 동물인가요?

하늘을 나는 원숭이의 친척

날원숭이목은 동남아시아 열대 우림에 서식하며, 2종만이 속한 작은 그룹이에요. 원숭이와 공통 조상으로부터 갈라진 동물로 여겨져요. 밤이 되면 비막을 펼치고 활공하여 나무와 나무 사이를 이동해요.

순다날원숭이 / 크기 체크

◀활공하는 순다날원숭이.

필리핀날원숭이
날원숭이과

필리핀 남부에만 분포하는 고유종이에요.

- 🏠 34~42cm, (꼬리 길이)17~28cm
- ⚖ 1~1.5kg 🌏 필리핀 남부 🌲 삼림
- 🍱 잎, 꽃, 열매, 개미

Q 날원숭이는 어떻게 대변을 보나요?

A 나무에서 대변을 보지만, 평소 자세대로라면 커다란 비막이 거치적거려요. 그래서 꼬리를 등 쪽으로 들어 올려 세우고 비막을 감아올린 후 엉덩이를 내밀고 대변을 봐요.

▶순다날원숭이의 대변.

순다날원숭이   날원숭이과

커다란 눈은 사물을 입체적으로 볼 수 있으며, 정확한 착지에 도움이 돼요.

- 🏠 34~42cm, (꼬리 길이)17~28cm
- ⚖ 1.2~1.7kg 🌏 동남아시아 🌲 삼림
- 🍱 잎, 꽃, 열매, 지의류, 개미

영장목 동물

영장목은 어떤 동물인가요?

큰 대뇌를 지닌 나무 위의 생활자

영장목의 가장 큰 몸 특징은 앞발과 뒷발 둘 다 물체를 잡을 수 있다는 점이에요. 숲속에서 생활하면서도 네 개의 '손'으로 나뭇가지를 꽉 잡을 수 있게 진화한 거예요. 대부분이 열대 우림에 서식하지만, 초원이나 사막에서 사는 종도 있어요. 커다란 뇌와 긴 수명도 특징이에요. 이 목에 속한 동물을 '영장류'라고 부르며, 우리 인간도 속해 있어요.

나무 위 생활에 적합한 몸

물체를 잡을 수 있다
다섯 개의 손가락을 지녔어요. 엄지가 다른 손가락 네 개와 마주 보고 있어서 나뭇가지를 능숙하게 붙잡을 수 있어요.

입체적으로 본다
두 눈이 앞에 있어서 사물을 입체적으로 보는 능력이 우수해요. 나무 위를 이동할 때, 다음 가지까지의 거리를 정확하게 잴 수 있어요.

손발톱이 평평하다
영장목 대부분은 모든 손가락과 발가락에 평평한 손발톱이 있어요. 그 덕에 손끝으로 가는 나뭇가지를 꽉 붙잡을 수 있어요.

▲새끼 보르네오오랑우탄.

영장목의 두개골

영장목 중 가장 몸집이 큰 동부고릴라(왼쪽)와 가장 몸집이 작은 피그미마모셋(오른쪽)의 두개골. 몸무게는 1,400배 가까이 차이가 난다고 해요.

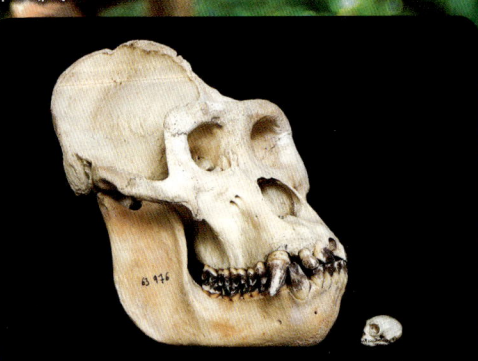

영장목의 계통수

사람과 가장 가까운 동물은 침팬지로, 유전자의 약 99%가 같다는 연구 결과도 있어요.

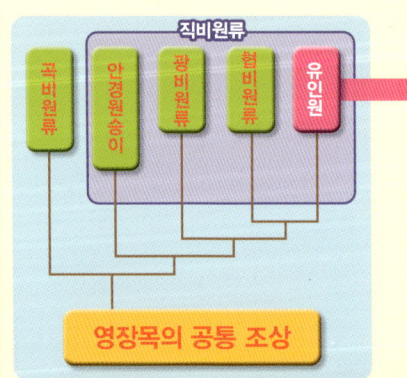
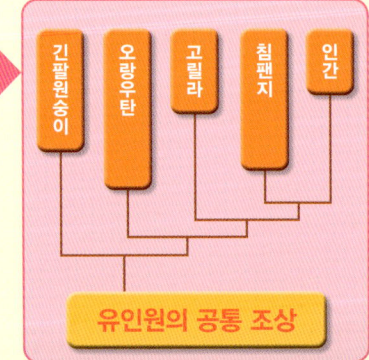

직비원류: 꼬리원류, 안경원숭이, 광비원류, 협비원류, 유인원 → 긴팔원숭이, 오랑우탄, 고릴라, 침팬지, 인간

영장목의 공통 조상 / 유인원의 공통 조상

◉ 곡비원류와 직비원류

영장목은 크게 곡비원류, 직비원류와 같은 두 그룹으로 나뉘어요. 또한, 직비원류는 광비원류, 협비원류, 유인원으로 나뉘어요.

최북단의 원숭이
일본 시모키타반도에 서식하는 일본원숭이는 세계에서 가장 북쪽에 사는 원숭이로 알려졌어요.

유인원 아프리카·동남아시아

광비원류 중앙·남아메리카

영장목의 분포
주로 아프리카와 아시아, 중앙·남아메리카에 서식해요. 유럽이나 북아메리카에는 거의 서식하지 않아요.

협비원류 아프리카·아시아

곡비원류 아프리카(주로 마다가스카르섬)·동남아시아 등

곡비원류
여우원숭이 등을 제외하고는 대부분 야행성이에요. 후각이 뛰어나며, 냄새에 기대 행동해요.

인드리원숭이(마다가스카르섬)

호랑꼬리여우원숭이(마다가스카르섬)

자바늘보로리스(동남아시아)

세네갈갈라고(아프리카)

직비원류
안경원숭이와 올빼미원숭이를 제외하고 대부분이 주행성이에요. 주로 시각에 의지해 행동해요.

광비원류 중앙·남아메리카의 숲에 서식하는 원숭이예요. 카푸친원숭이, 거미원숭이, 사키원숭이 등이 있으며 대부분 몸이 별로 크지 않아요. 야행성인 올빼미원숭이도 광비원류예요.

검은손거미원숭이 (중앙아메리카)

은색마모셋 (남아메리카)

검은머리카푸친 (남아메리카)

협비원류 아프리카나 아시아에 서식하는 원숭이예요. 열대 우림부터 사바나, 고지대 또는 사막까지 다양한 환경에 서식해요.

금빛원숭이 (아시아)

로에스트원숭이 (아프리카)

겔라다개코원숭이 (아프리카)

안경원숭이 안경원숭이는 한때 곡비원류로 여겨졌지만, 최신 연구에서는 직비원류로 분류하고 있어요. 동남아시아에 서식하며, 야행성이고 커다란 눈이 특징이에요.

호스필드 안경원숭이 (동남아시아)

유인원 아프리카나 동남아시아에 서식해요. 사람과 가깝고 지능이 발달해 있어요. 앞다리가 뒷다리보다 길며, 앞다리로 매달리는 것(브래키에이션)이 특기예요. 꼬리는 없어요.

◉ 긴팔원숭이과   ◉ 사람과

보넷긴팔원숭이 (동남아시아)

침팬지 (아프리카)

보르네오오랑우탄 (동남아시아)

서부고릴라 (아프리카)

※ ( )는 분포를 나타내요.

곡비원류는 코 내부가 굽어 있고 직비원류는 곧게 돼 있어요.

로리스, 갈라고 무리

영장목(로리스, 갈라고 무리)

아프리카와 동남아시아 등에 분포하는 원시적인 원숭이류예요. 약간 뾰족한 코와 커다란 눈이 특징이에요. 야행성이며, 나무 위에서 홀로 생활해요. 반려동물로 인기가 있어서 위법 밀수가 문제시되고 있어요.

늘보원숭이 로리스과
천천히 움직여서 들키지 않고 먹잇감을 잡을 수 있어요. 순다로리스라고도 해요. 30~34cm 635~850g 동남아시아(말레이반도, 수마트라섬 등) 삼림 열매, 씨앗, 곤충, 새

▲새를 잡은 늘보원숭이.

자바늘보로리스 로리스과
반려동물로 삼기 위한 밀렵으로 개체 수가 급속히 줄어, 멸종이 우려되고 있어요. 약 25cm 750~1,150g 동남아시아(자바섬) 삼림 열매, 수액, 새, 개구리, 곤충, 꽃의 꿀

붉은홀쭉이로리스
로리스과
네 다리가 가늘고 귀가 큰 것이 특징이에요.
18~21cm 85~220g 남아시아(실론섬) 삼림 곤충, 파충류

포토원숭이 로리스과
아프리카의 숲에 서식해요. 짧은 꼬리를 지녔어요.
약 30cm, (꼬리 길이) 4~6cm 850~1,000g 아프리카 중서부 삼림 열매, 수액, 곤충

Q 늘보로리스는 어떻게 몸을 보호하나요?

A 몸에 독을 발라 보호해요. 늘보로리스류 동물은 앞발의 안쪽 샘에서 나오는 분비액과 타액을 섞어 독소를 만들고, 그루밍을 할 때 몸에 발라 천적으로부터 자신을 보호한다고 해요.

보르네오늘보로리스
로리스과
늘보원숭이의 아종이었다가 별개의 종으로 인정받았어요.
27~30cm 265~800g 동남아시아(보르네오섬 등) 삼림 수액, 곤충, 열매

몸길이 몸무게 분포 서식 환경 주된 먹이 한국에 서식하는 동물 한국에 서식하는 외래종 멸종위기종

여우원숭이 무리

여우원숭이(리머) 무리는 아프리카 마다가스카르섬에만 서식하는 원시적인 원숭이예요. 코가 톡 튀어나온 얼굴이 여우를 닮아 이러한 이름이 붙었어요. 뒷발의 제2발가락이 갈고리 모양 발톱인 것이 특징이에요.

영장목(여우원숭이 무리)

호랑꼬리여우원숭이 여우원숭이과

약 20마리까지로 구성된 암컷 중심의 무리를 지어요. 보통 나무 위에서 지내지만, 멀리 이동할 때는 지상에 내려와요. 📏 39~46cm, (꼬리 길이)56~63cm
⚖ 2.2kg 🌐 마다가스카르섬 남서부~남부
🌳 삼림, 관목림 🍎 열매, 잎, 꽃, 나무껍질, 곤충

Q 이 호랑꼬리여우원숭이는 무엇을 하고 있나요?

A 일광욕으로 몸을 따뜻하게 하고 있어요. 호랑꼬리여우원숭이는 체온 조절에 서툴러요. 그래서 추운 아침에는 이런 자세로 햇볕을 쬐어 몸을 덥힌 후 활동하기 시작해요.

▶몸을 크게 펼쳐서 가능한 한 많은 햇빛을 받고 있어요.

◀마킹을 하는 호랑꼬리여우원숭이. 손목과 음부에서 냄새나는 액체를 내뿜고, 나무 등에 문질러 마킹해요. 영역 주장과 위협의 의미를 담고 있다고 해요.

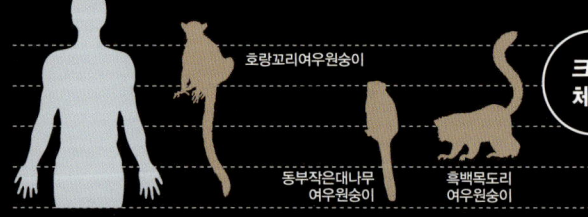

크기 체크

호랑꼬리여우원숭이 / 동부작은대나무여우원숭이 / 흑백목도리여우원숭이

동부작은대나무여우원숭이
여우원숭이과
주로 대나무숲에 서식하며 대나무를 주식으로 삼아요.
📏 28~30cm, (꼬리 길이) 35~37cm ⚖ 813~967g
🌍 마다가스카르섬 🌿 대나무숲
🍴 대나무, 열매, 꽃

검은여우원숭이
여우원숭이과
2~15마리의 무리로 생활해요.
📏 39~45cm, (꼬리 길이) 51~65cm ⚖ 1.9~2kg
🌍 마다가스카르섬 북서부 🌿 삼림
🍴 열매, 씨앗, 꽃, 잎

흑백목도리여우원숭이
여우원숭이과
나무 구멍 등에 간단한 둥지를 틀고 새끼들을 남겨 둔 채 사냥을 떠나요.
📏 45cm, (꼬리 길이) 60~61cm ⚖ 3.6~3.7kg
🌍 마다가스카르섬 동부 🌿 삼림
🍴 열매, 꽃의 꿀, 잎, 씨앗

▶ 갈색여우원숭이의 뒷발. 제2발가락이 갈고리발톱이에요. 이는 여우원숭이과의 공통적 특징이에요.

관여우원숭이
여우원숭이과
건조한 낙엽수림 등지에 서식해요. 수컷은 정수리에 점은 반점이 있어요.
📏 34~36cm, (꼬리 길이) 41~49cm ⚖ 1.3kg
🌍 마다가스카르섬 북부 🌿 삼림
🍴 열매, 잎, 꽃, 곤충

갈색여우원숭이
여우원숭이과
작은 무리를 짓고 나무 위에서 지내요. 하루 생활 리듬이 일정하지 않으며 낮과 밤을 가리지 않고 활동하거나 쉬어요.
📏 43~50cm, (꼬리 길이) 41~51cm ⚖ 1.5kg
🌍 마다가스카르섬 북부·북동부 🌿 삼림
🍴 열매, 잎, 꽃, 수액, 곤충, 지네

여우원숭이의 얼굴이 튀어나와 있는 건 후각이 발달했기 때문이에요.

베록스시파카 인드리과
나무에서 나무로 10m 가까이 점프하기도 해요. 🛏 40~48cm, (꼬리 길이)50~60cm ⚖ 2.9kg 🌐 마다가스카르섬 남서부~남부 🌳 삼림 🍽 잎, 열매, 꽃, 씨앗, 나무껍질

코쿠렐시파카 인드리과
시파카는 모두 지상에서 옆쪽으로 점프하며 이동해요. 🛏 42~50cm, (꼬리 길이)50~60cm ⚖ 3.7kg 🌐 마다가스카르섬 북서부 🌳 삼림 🍽 잎, 열매, 꽃, 나무껍질

왕관시파카 인드리과
마다가스카르섬 동부의 좁은 지역에만 분포하는 시파카예요. 🛏 50~55cm, (꼬리 길이)44~50cm ⚖ 5.7~6.8kg 🌐 마다가스카르섬 동부 🌳 삼림 🍽 열매, 씨앗, 꽃, 잎

▲얇고 긴 중지로 나무를 두드려, 안에 있는 벌레를 소리로 찾아내요. 발견하면 날카로운 앞니로 구멍을 뚫어 손가락을 넣고 벌레를 긁어내 잡아요.

▲아이아이원숭이의 앞발. 중지와 약지가 매우 길어요.
약지 | 가늘고 긴 중지

아이아이원숭이 아이아이과
완전한 야행성으로, 단독 생활을 해요.
🛏 30~37cm, (꼬리 길이)44~53cm ⚖ 2.4~2.6kg 🌐 마다가스카르섬 🌳 삼림 🍽 곤충, 열매, 수액

시파카라는 이름은 울음소리가 그렇게 들려 붙은 이름이라고 해요.

안경원숭이 무리

안경원숭이 무리는 동남아시아 숲에 약 10종이 서식하고 있어요. 모든 종이 야행성이며, 어두운 밤에도 잘 보이는 커다란 눈이 특징이에요. 예전에는 곡비원류에 속해 있었으나, 현재는 직비원류로 분류되어 있어요. 주로 곤충을 먹는 육식성이에요.

영장목〈안경원숭이 무리〉〈사키원숭이 무리〉

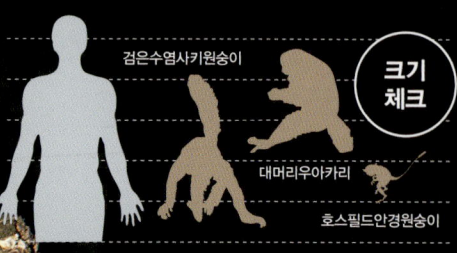
크기 체크
검은수염사키원숭이
대머리우아카리
호스필드안경원숭이

유령안경원숭이 안경원숭이과
뒷다리가 길며, 힘찬 점프로 먹잇감을 사냥해요.
12~14cm, (꼬리 길이)23~26cm 98~103g
인도네시아(술라웨시섬) 삼림 곤충, 도마뱀

필리핀안경원숭이
안경원숭이과
필리핀 제도 남부에 분포하는 고유종이에요. 11.8~14cm, (꼬리 길이) 14.7~28.8cm 110~153g
필리핀 삼림
곤충, 도마뱀, 개구리

호스필드안경원숭이 안경원숭이과
커다란 눈은 고정되어 있어 움직이지 못해요. 대신 목을 180도 돌릴 수 있어요.
11.4~13.2cm, (꼬리 길이)20~23cm
100~138.5g 동남아시아(수마트라섬, 보르네오섬) 삼림 곤충, 박쥐, 새, 뱀

더 알고 싶어! 어두운 곳에서도 잘 보이는 안경원숭이의 눈

야행성 동물은 대개 휘판이라고 불리는 조직이 눈에 있어서, 빛이 적은 환경에서도 물체를 잘 볼 수 있어요. 하지만 안경원숭이의 선조는 주행성이며 휘판은 잃은 상태였기에, 다시 야행성이 된 지금도 휘판은 지니고 있지 않아요. 대신에 눈이 커지는 진화를 한 것으로 여겨져요.

▲호스필드안경원숭이의 낮과 밤의 동공 크기 차이. 밝을 때(왼쪽)는 동공을 닫아 빛이 들어오는 양을 줄이고, 어두울 때(오른쪽)는 동공을 열어 빛이 들어오는 양을 늘려요.

사키원숭이 무리

사키원숭이 무리는 남아메리카 열대 우림에 서식하는 광비원류예요. 모든 종이 몸을 긴 털로 덮고 있으며 얼굴도 개성적이죠. 꼬리는 길고, 덥수룩한 털이 나서 두꺼워 보여요. 점프력이 좋아 나뭇가지 사이를 가볍게 뛰어다녀요.

▲대머리우아카리의 앞발. 검지와 중지가 떨어져 있어요.

흰얼굴사키원숭이
사키원숭이과
짝을 이루거나 작은 가족 무리를 짓고 생활해요.
- 28.5~46cm, (꼬리 길이) 32.8~45.5cm ⚖ 1.4~1.9kg
- 🌎 남아메리카 북동부(아마존강 하류 지역) 🌲 삼림
- 🍽 씨앗, 열매, 곤충

검은머리우아카리 사키원숭이과
얼굴과 앞다리의 털이 새까만 우아카리예요.
- 30~50cm, (꼬리 길이)13~21cm
- ⚖ 2.4~4.5kg 🌎 남아메리카 북부 일부 지역
- 🌲 삼림 🍽 씨앗, 열매, 곤충

대머리우아카리 사키원숭이과
털이 없는 빨간 얼굴이 특징이에요.
- 36~57cm, (꼬리 길이)14~19cm
- ⚖ 2.3~3.5kg 🌎 남아메리카 북서부 (아마존강 상류 지역) 🌲 삼림
- 🍽 씨앗, 열매, 곤충

목도리티티 사키원숭이과
목 주변의 털이 목도리처럼 하얘 붙은 이름이에요.
- 23~36cm, (꼬리 길이)42~49cm
- ⚖ 1.1~1.5kg 🌎 남아메리카 북부 일부 지역 🌲 삼림 🍽 열매, 꽃, 잎, 곤충

몽크사키원숭이 사키원숭이과
머리털이 그리스도교 수도사(몽크)가 쓰는 모자와 비슷해서 이러한 이름이 붙었어요.
- 33~48cm, (꼬리 길이) 30.5~50cm ⚖ 1.3~3.1kg
- 🌎 남아메리카 북서부(아마존강 상류 지역)
- 🌲 삼림 🍽 씨앗, 열매, 곤충

검은수염사키원숭이
사키원숭이과
머리털이 좌우로 나뉘어 볼록하게 자라 있어요.
- 34~42cm, (꼬리 길이) 36~42cm ⚖ 2~4kg
- 🌎 브라질 북동부 🌲 삼림
- 🍽 씨앗, 열매, 곤충

짤막지식 대머리우아카리는 몸의 털 색이 하얀 아종이 있어요.

영장목(마모셋원숭이 무리)

마모셋원숭이 무리

마모셋원숭이 무리는 남아메리카 숲에 분포하는 광비원류예요. 모든 종의 몸집이 작으며 수액이나 곤충을 주로 먹어요. 엄지발가락에만 평평한 발톱이 있고, 다른 발톱은 전부 갈고리발톱인 것도 특징이에요.

비단마모셋 비단원숭이과
아래턱의 앞니로 나무줄기에 구멍을 뚫고 수액 또는 나무즙을 먹어요.
🏠 16~21cm, (꼬리 길이)24~31cm
⚖ 약 320g 🌐 브라질 북동부 🌳 삼림
🍽 수액, 열매, 곤충, 도마뱀

검은술마모셋 비단원숭이과
가족으로 된 10마리 정도의 무리로 생활해요. 다 함께 육아에 동참하며, 젊은 구성원도 장래 자신의 아이 양육을 준비해요. 🏠 18~23cm, (꼬리 길이)약 29cm
⚖ 수컷/230~350g, 암컷/약 190g 🌐 브라질 남동부
🌳 삼림 🍽 수액, 열매, 곤충, 개구리

은색마모셋
비단원숭이과
귀에 털이 없는 것이 특징이에요.
🏠 20~22cm, (꼬리 길이)26~33cm
⚖ 349~406g
🌐 브라질 북동부(아마존강 하류 지역)
🌳 삼림 🍽 수액, 열매, 곤충

굘디원숭이
비단원숭이과 ◆
이빨, 발톱 등이 카푸친원숭이와 마모셋원숭이 양쪽의 특징을 모두 가지는 특이한 원숭이예요. 🏠 19~25cm, (꼬리 길이)26~35cm
⚖ 355~366g 🌐 남아메리카 북서부(아마존강 상류 지역) 🌳 삼림 🍽 열매, 수액, 곤충, 버섯

피그미마모셋
비단원숭이과 ◆
강가의 열대 우림에서 서식해요. 🏠 12~16cm, (꼬리 길이) 17~23cm ⚖ 85~140g
🌐 남아메리카 북서부(아마존강 상류 지역) 🌳 삼림
🍽 수액, 곤충, 열매

Q 피그미마모셋은 어느 정도로 작나요?

A 사람의 손바닥으로 감쌀 수 있을 정도의 크기밖에 안 돼요. 직비원류 중 가장 작은 종이에요.

▲손바닥에 올라온 성체 피그미마모셋.

콧수염타마린 비단원숭이과
입의 좌우에 난 털이 하얘서 콧수염처럼 보여 붙은 이름이에요. 약 24cm, (꼬리 길이)약 38cm
360~650g 남아메리카 북서부(아마존강 상류 지역)
삼림 열매, 곤충, 수액, 꽃의 꿀

솜털머리타마린 비단원숭이과
2020년을 기준으로 성체 수가 2,000마리에 불과해 멸종이 우려되고 있어요. 21~26cm, (꼬리 길이) 33~40cm 404~418g 콜롬비아 북서부 삼림
곤충, 열매, 수액, 꽃의 꿀, 잎

황금사자타마린 비단원숭이과
브라질의 좁은 지역에만 서식해요. 2015년에는 성인 개체 수가 약 1,400마리로 보고되었어요. 26~33cm, (꼬리 길이)32~40cm
710~795g 브라질 남동부 삼림
열매, 꽃의 꿀, 수액, 곤충

크기 체크
피그미마모셋 / 황금사자타마린 / 비단마모셋 / 황제타마린

붉은손타마린 비단원숭이과
다리 끝이 적갈색이에요. 가족 단위로 생활해요. 약 25cm, (꼬리 길이)약 38cm
380~500g 남아메리카 북부(아마존강 하류 지역) 삼림 곤충, 열매, 수액

황제타마린 비단원숭이과
황제처럼 길고 멋있는 수염이 특징이에요.
23~26cm, (꼬리 길이)35~42cm 400~550g
남아메리카 북서부 삼림 열매, 꽃의 꿀, 수액, 곤충

짤막지식 마모셋원숭이와 타마린은 대부분 쌍둥이를 출산해요.

영장목(카푸친원숭이 무리)(올빼미원숭이 무리)

카푸친원숭이 무리

카푸친원숭이(꼬리감는원숭이) 무리는 중앙·남아메리카 숲에 서식하는 소형 광비원류예요. 다람쥐원숭이류 이외에는 긴 꼬리를 나뭇가지에 휘감아 몸을 지탱할 수 있어요. 또한, 지능이 아주 높다고도 알려져 있어요.

크기 체크: 세줄무늬올빼미원숭이 / 커먼다람쥐원숭이 / 검은머리카푸친

검은줄무늬카푸친
꼬리감는원숭이과
브라질의 건조한 숲에 서식하며 도구를 사용하는 원숭이예요.
- 34~44cm, (꼬리 길이)38~49cm
- 1.3~4.8kg
- 브라질
- 삼림
- 열매, 곤충, 씨앗, 개구리

▲도구를 사용하는 검은줄무늬카푸친. 돌을 던져서 딱딱한 야자 열매를 깨 먹는 기술을 지녔어요. 옆에서 보고 있는 카푸친원숭이는 새끼예요. 이와 같은 행동이 4종의 카푸친원숭이에게서 관찰돼요.

검은머리카푸친
꼬리감는원숭이과
아마존의 넓은 범위에 분포해요. 지능이 높아 도구를 사용하는 것으로 알려져 있어요.
- 38~46cm, (꼬리 길이)38~49cm
- 1.3~4.8kg
- 남아메리카 북부~중앙부
- 삼림
- 열매, 씨앗, 곤충, 개구리

흰머리카푸친
꼬리감는원숭이과
열매를 비롯해 개구리, 새알 등을 먹어요.
- 33~45cm, (꼬리 길이)35~55cm
- 1.5~4kg
- 파나마, 콜롬비아, 에콰도르
- 삼림
- 열매, 곤충, 잎, 꽃, 개구리, 새의 알

 몸길이 몸무게 분포 서식 환경 주된 먹이 한국에 서식하는 동물 한국에 서식하는 외래종 멸종위기종

커먼다람쥐원숭이 꼬리감는원숭이과
다람쥐처럼 작은 몸으로 삼림의 나무 사이를 가볍게 오가며 먹잇감을 찾으러 돌아다녀요.
🏠 25~37cm, (꼬리 길이)36~47cm ⚖ 0.6~1.4kg
🌍 남아메리카 북부 🌳 삼림 🍒 곤충, 열매, 꽃의 꿀, 씨앗

흰이마카푸친 꼬리감는원숭이과
열 마리에서 수십 마리의 무리로 생활해요.
🏠 36.5~37.5cm, (꼬리 길이)41~46cm
⚖ 2~3kg 🌍 남아메리카 북서부 🌳 삼림, 사바나
🍒 열매, 씨앗, 곤충, 도마뱀, 거미

올빼미원숭이 무리
중앙·남아메리카 숲에 서식하는 야행성 광비원류예요. 깜깜한 밤 속에서, 청각과 촉각에는 의존하지 않고 대부분 시각과 후각에 의존해 활동해요. 12종이 있어요.

세줄무늬올빼미원숭이 올빼미원숭이과
올빼미원숭이 중 가장 일반적인 종이에요. 🏠 30~38cm, (꼬리 길이) 33~40cm ⚖ 736~813g
🌍 남아메리카 북부
🌳 삼림
🍒 열매, 곤충, 꽃의 꿀, 잎

회색배올빼미원숭이
올빼미원숭이과 ◆
안데스산맥의 숲에 서식해요.
🏠 30.6~32.5cm, (꼬리 길이) 약 34cm ⚖ 0.8~1.1kg
🌍 베네수엘라, 콜롬비아, 에콰도르 🌳 삼림
🍒 열매, 곤충, 꽃의 꿀

Q 어둠 속에서도 잘 보이는 올빼미원숭이의 눈
A 올빼미원숭이의 선조는 낮에 활동했던 원숭이로 여겨지며, 휘판이 퇴화했어요. 이후 야행성이 된 지금도 휘판은 없죠. 하지만 그 대신 적은 빛으로도 볼 수 있도록 아주 커다란 눈을 갖게 되었어요. 이는 안경원숭이(174쪽)와 비슷한 진화예요.

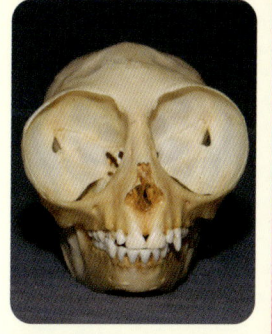

▲회색배올빼미원숭이의 두개골.

스픽스올빼미원숭이
올빼미원숭이과
스픽스는 독일인 동물학자의 이름이에요. 🏠 35~45cm, (꼬리 길이) 31~47cm ⚖ 698~708g
🌍 남아메리카 북서부(아마존강 상류 지역) 🌳 삼림 🍒 열매, 꽃

179

거미원숭이 무리

거미원숭이는 나무 위에서의 생활에 가장 적합하게 적응한 원숭이예요. 꼬리가 길고 나뭇가지를 잡는 등 마치 손처럼 사용하죠. 꼬리 안쪽에는 털이 나 있지 않으며, 지문과 비슷한 무늬가 있어서 미끄럼을 방지해요.

갈색양털원숭이
거미원숭이과
전신이 빽빽한 털로 덮여 있어요.
- 46~65cm, (꼬리 길이)53~77cm
- 5~7kg 남아메리카 북서부 삼림
- 열매, 잎, 씨앗, 나무 열매

검은손거미원숭이 거미원숭이과
16~56마리 정도로 구성되는, 크고 작은 다양한 규모의 무리로 생활해요.
- 31~63cm, (꼬리 길이)64~86cm 6~9.4kg
- 중앙아메리카 삼림 열매, 잎, 씨앗

페루거미원숭이
거미원숭이과
수컷을 중심으로 무리를 지어요. 주로 열매를 먹어요.
- 40~60cm, (꼬리 길이)70~88cm
- 5~7kg 페루, 브라질, 볼리비아
- 삼림 열매, 꽃, 곤충

북부양털거미원숭이 거미원숭이과
광비원류 중 가장 몸집이 큰 종이에요. 2019년의 보고에 따르면 성체 수가 1,000마리 정도로 추정되어 멸종이 우려되고 있어요.
- 54~61cm, (꼬리 길이)67~84cm
- 6.9~9.6kg 브라질 남동부
- 삼림 잎, 열매, 꽃, 씨앗

▼지면의 물을 마시는 북부양털거미원숭이.

햄린원숭이 긴꼬리원숭이과
얼굴은 올빼미를 닮았지만 주행성이에요.
🏛 56cm, (꼬리 길이)57cm ⚖ 수컷/5.5kg, 암컷/3.1~3.7kg 🌍 아프리카 중앙부
🌲 삼림, 대나무숲 🍎 열매, 씨앗, 잎, 대나무, 곤충

알렌원숭이 긴꼬리원숭이과
열대 우림의 강가나 늪지에 서식하는 원숭이로, 특기는 수영이에요. 긴꼬리원숭이과의 선조와 가까운 모습일 것으로 여겨져요.
🏛 40~50cm, (꼬리 길이) 36~51cm ⚖ 수컷/5.9~6.1kg, 암컷/3.2~3.7kg
🌍 아프리카 중앙부 🌲 삼림
🍎 열매, 곤충, 꽃, 게, 물고기

다이아나원숭이 긴꼬리원숭이과
지상 15~20m 정도의 나무 위에서 생활하는 경우가 많으며, 넓은 범위를 활발하게 돌아다녀요.
🏛 수컷/50~60cm, (꼬리 길이)85cm, 암컷/42~45cm, (꼬리 길이)70cm
⚖ 수컷/5.2kg, 암컷/3.9kg 🌍 아프리카 서부
🌲 삼림 🍎 열매, 꽃, 잎, 곤충

파타스원숭이 긴꼬리원숭이과
지상에서 생활하며, 원숭이류 중에 가장 빠르게 달릴 수 있어요. 🏛 수컷/60~87.5cm, (꼬리 길이) 63~72cm, 암컷/48~52cm, (꼬리 길이) 48~55cm ⚖ 수컷/7~13kg, 암컷/4~7kg 🌍 아프리카 중부
🌲 사바나, 반사막
🍎 열매, 곤충, 잎, 구근, 새의 알

버빗원숭이 긴꼬리원숭이과
표범이나 독수리 등, 습격해 오는 적의 종류에 따라 다른 울음소리를 내요.
🏛 30~70cm, (꼬리 길이)41~76cm ⚖ 수컷/3.1~6.4kg, 암컷/1.5~4.9kg
🌍 아프리카 중동부~남부 🌲 사바나, 관목림 🍎 열매, 꽃, 잎, 씨앗, 곤충

영장목(긴꼬리원숭이 무리)

일본원숭이 긴꼬리원숭이과
세계에서 가장 북쪽에 서식하는 원숭이로 알려져 있어요. 암컷 간의 서열이 태어날 때부터 정해져 있어요.
- 📏 46.4~65cm, (꼬리 길이) 8.1~8.7cm
- ⚖️ 수컷/5.6~18.4kg, 암컷/4~13.8kg
- 🌐 일본(혼슈~야쿠시마섬) 🌲 삼림
- 🍎 열매, 씨앗, 잎, 곤충

Q. 일본원숭이 무리에 우두머리 수컷은 있나요?

A. 야생 일본원숭이 무리에는 우두머리가 없다고 해요. 무리 구성원은 암컷이 중심이며, 수컷은 무리를 나갔다 들어왔다 해요. 태어난 새끼가 암컷일 경우 평생 같은 무리에 소속되지만, 수컷은 성체가 되면 나가서 다른 무리에 합류해요.

▲ 암컷을 중심으로 구성된 일본원숭이 무리.

◀ 감자를 씻는 행동. 일본 미야자키현 고지마섬에서는 한 젊은 원숭이가 감자를 바닷물로 씻은 후 맛을 음미하며 먹었던 것을 시작으로, 이러한 행동이 무리 구성원 전체에게 퍼졌어요. 그리고 새끼와 자손에게도 계승되었다고 해요.

바바리마카크 긴꼬리원숭이과 ◆
아프리카 북부의 산악 지대에 서식하고 있어요.
- 📏 55.7~63.4cm, (꼬리 길이) 0.4~2.2cm
- ⚖️ 9.9~14.5kg
- 🌐 아프리카 북서부
- 🌲 삼림, 바위 터 🍎 잎, 뿌리, 열매, 씨앗, 곤충

타이완원숭이 긴꼬리원숭이과
대만에 서식하는 고유종이에요. 일본의 경우, 외래종으로 정착해 있어요.
- 📏 42~65cm, (꼬리 길이) 35~50cm
- ⚖️ 수컷/6.3~18.5kg, 암컷/5.5~9.5kg
- 🌐 대만 🌲 삼림, 대나무숲
- 🍎 열매, 씨앗, 잎, 곤충

짧은꼬리마카크 긴꼬리원숭이과 ◆
번식을 위해 수컷끼리 협력하는 모습이 관찰되는 특이한 마카크원숭이예요.
- 📏 48.5~65cm, (꼬리 길이) 1.7~8cm
- ⚖️ 수컷/9.9~15.5kg, 암컷/7.5~9.1kg
- 🌐 남아시아~중국 남부~동남아시아
- 🌲 삼림 🍎 열매, 씨앗, 잎, 곤충, 새

📏 몸길이 ⚖️ 몸무게 🌐 분포 🌲 서식 환경 🍎 주된 먹이 🇰🇷 한국에 서식하는 동물 🔵 한국에 서식하는 외래종 ◆ 멸종위기종

크기 체크

일본원숭이 / 게잡이원숭이 / 타이완원숭이 / 검정짧은꼬리원숭이

검정짧은꼬리원숭이 긴꼬리원숭이과
복수의 수컷과 암컷이 속한 무리를 이루고 주로 지상에서 생활해요. 일본원숭이와 달리 암컷 간의 서열이 거의 없어요. 44.5~57cm, (꼬리 길이)1.5~2.5cm
수컷/10.2~13kg, 암컷/5.5~8kg
인도네시아(술라웨시섬)
삼림, 열매, 잎, 종자, 곤충, 개구리

레서스원숭이 긴꼬리원숭이과
삼림뿐만 아니라 마을에서도 생활해요. 37~66cm, (꼬리 길이)12.5~31cm
3~14.1kg 남아시아~동남아시아~중국
삼림, 인가 열매, 잎, 씨앗, 곤충

남부돼지꼬리마카크 긴꼬리원숭이과
주로 삼림에 서식하지만, 인가 근처에서 서식하는 개체도 있어요. 43.4~73.8cm, (꼬리 길이)13~25cm 수컷/10~13.6kg, 암컷/5.4~7.6kg
동남아시아 삼림 열매, 잎, 씨앗, 곤충, 버섯

사자꼬리마카크 긴꼬리원숭이과
사자 같은 꼬리가 특징이에요.
42~61cm, (꼬리 길이)24~39cm
수컷/5~10kg, 암컷/2~6kg 인도 남서부
삼림 열매, 씨앗, 꽃, 곤충, 버섯

게잡이원숭이 긴꼬리원숭이과
게를 잡아먹는 한편 과실이나 나무 열매를 먹어요.
31.5~63cm, (꼬리 길이)31.5~71.5cm
수컷/3.4~12kg, 암컷/2.4~5.4kg 동남아시아
삼림 근처의 해안이나 강가 열매, 잎, 씨앗, 게, 곤충

칼라맹거베이 긴꼬리원숭이과
적갈색 머리와 목 주변의 하얀 털이 특징이에요. 커다란 어금니로 두꺼운 씨앗도 씹어 먹을 수 있어요. 42~67cm, (꼬리 길이)46~76cm 수컷/8~12.5kg, 암컷/5~8kg
아프리카 중서부 늪지, 삼림
열매, 씨앗, 잎, 곤충

짤막지식 태국에서는 400년 이상 전부터 야자나무 열매를 따기 위해 남부돼지꼬리마카크를 조련해 왔다고 해요.

잔지바르붉은콜로부스
긴꼬리원숭이과
맹그로브 숲에 서식하는 원숭이예요. 🏛 45~50cm, (꼬리 길이) 42~55cm ⚖ 7~9kg 🌍 아프리카 중동부(잔지바르 제도) 🌳 삼림
🍽 새싹, 잎, 열매, 곤충

두크마른원숭이
긴꼬리원숭이과
'세계에서 가장 아름다운 원숭이'라고들 해요. 🏛 49~63cm, (꼬리 길이) 42~66cm ⚖ 6~11.6kg
🌍 라오스, 베트남, 캄보디아 🌳 삼림
🍽 잎, 새싹, 열매, 씨앗

북부평원회색랑구르
긴꼬리원숭이과
인도에서는 신을 모시는 원숭이로 신성시되고 있어요. 🏛 45.1~78.4cm, (꼬리 길이) 80.3~111.8cm ⚖ 16.9~19.5kg
🌍 남아시아 🌳 삼림, 산지, 인가
🍽 꽃, 잎, 열매, 곤충

동부콜로부스
긴꼬리원숭이과
성체의 몸 색깔은 흑백이지만, 새끼는 새하얘요. 🏛 49.5~75cm, (꼬리 길이) 50~90cm
⚖ 수컷/8~13.5kg, 암컷/5.5~10.2kg
🌍 아프리카 중부 🌳 삼림 🍽 잎, 열매, 곤충

▶새끼 코주부 원숭이.

코주부원숭이 긴꼬리원숭이과
열대 우림의 강 근처에 무리로 서식하며, 주로 나뭇잎을 먹어요. 🏛 61~76cm, (꼬리 길이) 55~67cm
⚖ 수컷/20~24kg, 암컷/약 10kg 🌍 동남아시아(보르네오섬)
🌳 해안과 하천 근처의 삼림 🍽 잎, 열매, 씨앗, 곤충

은색랑구르
긴꼬리원숭이과
숲에 서식하는 원숭이예요. 새끼는 황금색을 띠어요. 🏛 46~58cm, (꼬리 길이) 66~75cm ⚖ 5.7~6.6kg
🌍 동남아시아(수마트라섬, 보르네오섬 등) 🌳 삼림
🍽 잎, 열매, 씨앗, 꽃

◀새끼 금빛원숭이.

금빛원숭이
긴꼬리원숭이과
추위에 강한 원숭이로, 영하 5도의 기온도 견딜 수 있어요. 🏛 47~83cm, (꼬리 길이) 51~104cm ⚖ 수컷/15~19kg, 암컷/6~10kg 🌍 중국 중앙부
🌳 산지, 밀림, 대나무숲
🍽 지의류, 잎, 열매, 씨앗, 나무 껍질

> **더 알고 싶어!**
>
> ### 특수한 위를 지닌 콜로부스 무리
>
> 나뭇잎을 주식으로 삼는 콜로부스는 우제류와 마찬가지로, 여러 개의 방으로 나뉜 위를 지녔어요. 위 속에는 나뭇잎을 분해하는 균이 있어서 영양분을 얻을 수가 있어요.
>
>
>
> ▲잎을 먹는 잔지바르붉은콜로부스.

혼고 박사의 특별 리포트!

동물의 생태를 탐구하면 사냥꾼의 생활에 이른다?!

혼고 슌 선생님
교토대학 하쿠비 센터 특별 교사

포유류의 생태는 아직 수많은 수수께끼로 넘치고 있으며, 동시에 동물과 함께 살아가는 사람들의 생활을 고려하기 위해서도 중요해요. 이 도감의 감수자인 혼고 선생님이 아프리카 카메룬과 가봉에서 진행 중인 연구를 특별 리포트로 보고할게요!

콩고 분지 열대 우림
카메룬
가봉

아프리카 대륙 한가운데에는 전 세계에서 두 번째로 큰 열대 우림이 펼쳐져 있어요. 높이 30m를 넘는 나무들의 아래는 낮에도 마치 깊은 바닷속처럼 어두워요. 다양한 동물들과 함께 7천만 명 이상의 사람들이 살고 있어요.

콩고 분지 열대 우림
높은 산이 적고 바다처럼 넓은 열대 우림이 펼쳐져 있어요.

1 수수께끼의 원숭이, 맨드릴개코원숭이

맨드릴개코원숭이는 콩고 분지의 서부에만 서식하는 원숭이예요. 수컷의 화려한 얼굴과 엉덩이로 유명하지만, 실은 이들에게는 한 가지 더 독특한 특징이 있어요. 바로 800마리 이상에 달하는 거대한 무리를 형성한다는 사실이지요. 이는 영장목 중에서 가장 큰 규모의 무리예요. 숲속에서 이 거대한 집단을 처음 봤을 때는 개체 수에 압도당해 말이 나오지 않을 정도였어요.

▲수컷 맨드릴개코원숭이(가봉의 사육 시설에서 촬영한 개체).

▲처음 발견한 거대한 맨드릴개코원숭이 무리.

◀대변의 내부. 열매와 씨앗은 물론, 풀이나 개미 파편 등도 보여요.

2 신출귀몰한 무리를 쫓아가다

이 무리는 도대체 어떻게 생겨난 것일까요? 대집단의 수수께끼를 풀기 위해, 가봉 무카라바 국립공원에서 맨드릴개코원숭이의 야외 연구를 진행했어요. 숲속에서 원주민들과 함께 캠핑하며 무리를 찾아다녔죠. 그들은 좀처럼 발견하기 어려웠어요. 운 좋게 찾으면 체력이 있는 한 끝까지 쫓아가, 먹이를 알아내기 위해 대변을 수없이 분해해 봤어요.

◀수집한 대변을 걸러 먹이를 조사해요.

3 서로 다른 암수의 생활 방식

연구 결과, 맨드릴개코원숭이 무리는 사람의 가족 같은 구성은 아닌 것으로 판명되었어요. 수컷은 대부분 암컷이 발정하는 건기에만 무리에 들어오고, 우기에는 무리를 떠나 홀로 생활했어요. 거대한 무리의 중심에는 암컷과 새끼들이 있었죠. 선호하는 먹이인 열매가 적은 시기에는 다 같이 배를 채우기 위해 땅속의 씨앗, 얇은 나무뿌리 등을 찾아 널리 돌아다녔어요.

4 야생 동물과 이어지는 사람들의 생활

가봉의 이웃 나라인 카메룬의 열대 우림에서는 야생 동물과 인간의 지속적인 관계를 생각하는 '보전' 연구를 하고 있어요. 제가 연구하는 동남부 마을에는 수렵 채집민인 바카(Baka), 농경민인 코나벰베(Konabembe)라고 불리는 사람들이 살고 있지요. 그들은 야생 동물을 함정이나 창, 총 등으로 사냥하고, 고기를 먹거나 마을에서 파는 식으로 생활해요. 일등 사냥감은 '다이커영양'이라는 우제류 동물이에요.

▲피터다이커. 숲속에서 열매 등을 먹어요.
(사진 제공: Projet Coméca)

▲함정에 빠진 피터다이커.

5 야생육 위기와 카메라 트랩

▶숲속에 설치한 카메라 트랩. 카메라 트랩은 야외에 설치하는 센서가 달린 카메라예요. 동물이 앞을 지나가면 열을 감지하여 사진이나 영상을 자동으로 촬영해요.

최근 삼림 벌채나 과도한 수렵으로 인해 동물이 줄어드는 '야생육(부쉬미트) 위기'가 일어나고 있어요. 이는 열대 우림 동물과 수렵 생활을 하는 인간 모두에게 큰 문제죠. 사냥당하는 동물의 개체 수나 종류를 파악하기 위해 우리는 '카메라 트랩'이라는 기기를 이용하고 있어요. 숲속 깊은 곳까지 들어가 하나하나 정성스럽게 카메라를 설치하는 조사는 마치 수도자의 수행 같아요.

▲카메라 조사를 위해 산과 늪지까지도 헤쳐 나가요.

6 과학자와 사냥꾼의 장벽을 넘어

'다이커 비율'은 동물을 모조리 없애지 않고도 수렵을 계속할 수 있도록 우리가 발견한 지표 중 하나예요. 특정 지역에서 함정에 잡힌 다이커영양을 종류별로 세어 비율을 측정해 보니, 그 지역의 먹이가 되는 동물 종 전체의 총량을 증명할 수 있었지요. 이 지표는 수렵하는 마을 사람들의 경험과도 유사해서, 그들이 직접 계산하고 동물을 너무 많이 잡고 있지 않은지 점검할 수 있게 됐어요. 야생육 위기에 맞서기 위해서는 우리 과학자들뿐만 아니라 원주민 사냥꾼들의 지식과 협력이 필요한 거예요.

▶조사 결과에 대해서 마을 사람들과 의논하는 모습.

긴팔원숭이 무리

긴팔원숭이 무리는 사람과 함께 '유인원'이라 불려요. 아시아에 16종이 분포하며, 모든 종이 높은 나무 위에서 생활하고 땅에는 거의 내려오지 않아요. 앞다리가 길고 꼬리는 없는 것이 특징이에요.

영장목(긴팔원숭이 무리)

개성 있는 몸 색깔

흰손긴팔원숭이의 몸 색깔은 크림색, 검은색, 갈색 등 다양해요. 이는 암수에 따른 차이가 아니라 개체에 따른 차이예요.

앞발의 엄지손가락

▲긴팔원숭이 무리의 앞발 엄지손가락은 다른 손가락과 거리가 매우 멀어요. 그래서 매달릴 때는 엄지를 제외한 손가락을 사용해요. 사진은 흰손긴팔원숭이의 앞발이에요.

흰손긴팔원숭이 긴팔원숭이과

부부와 새끼들로 구성된 가족 단위로 생활하며, 영역을 가져요. 다리 끝이 하얀 게 특징이에요. 약 42cm 3.9~7.3kg
동남아시아 삼림 열매, 잎, 곤충, 꽃

특수한 이동 방법

▼브래키에이션(팔로 건너기). 긴팔원숭이류의 독특한 행동으로, 긴 팔로 매달려 몸을 흔들면서 나뭇가지 사이를 이동해요.

검은손긴팔원숭이
긴팔원숭이과
수컷은 눈썹과 볼, 암컷은 눈썹에 하얀 털이 나 있어요.
- 45~64cm 4.5~7.5kg
- 동남아시아(말레이반도, 수마트라섬 등) 삼림
- 열매, 잎, 곤충

서부흰눈썹긴팔원숭이
긴팔원숭이과
암수가 서로 번갈아 울음소리를 내요.
- 약 81cm 6.1~6.9kg
- 인도 동부, 방글라데시, 미얀마 삼림
- 열매, 잎, 꽃, 지의류, 곤충

보넷긴팔원숭이
긴팔원숭이과
사진은 암컷으로, 수컷은 온몸이 검은색이에요.
- 45~64cm 4~8kg
- 대만, 라오스, 캄보디아 삼림
- 열매, 꽃, 잎, 곤충

노란뺨긴팔원숭이
긴팔원숭이과
예전에는 검은볏긴팔원숭이의 아종으로 취급했지만, 지금은 별종으로 분류해요.
- 45.5~49.5cm 5~12kg
- 캄보디아, 라오스, 베트남 삼림
- 열매, 잎, 꽃

주머니긴팔원숭이
긴팔원숭이과
긴팔원숭이 중 가장 큰 종으로, 큰긴팔원숭이라고도 해요.
- 75~90cm 9.1~12.7kg
- 동남아시아(말레이반도, 수마트라섬) 삼림
- 열매, 잎, 꽃, 나무껍질, 곤충

▶ 목 주머니를 부풀리고 우는 주머니긴팔원숭이.

Q 주머니긴팔원숭이의 목은 왜 크게 부푸나요?

A 목소리를 크게 내기 위해서예요. 목 주머니를 크게 부풀림으로써 목소리를 울리게 하거나, 공기를 모아 긴 시간 동안 계속 울 수 있어요. 긴팔원숭이류는 다양한 목소리를 내서 동료와 의사소통을 해요.

▲어미 수마트라오랑우탄과 새끼. 나무 위에 나뭇가지나 잎을 쌓아 둥지 같은 침대를 만들고 휴식을 취해요.

수마트라오랑우탄 사람과
열매가 주식이지만, 때로는 늘보로리스 등의 동물을 잡아 고기를 먹기도 해요.
- 수컷/94~99cm, 암컷/68~84cm
- 수컷/30~85kg, 암컷/30~45kg
- 동남아시아(수마트라섬 북부) 삼림
- 열매, 잎, 곤충, 포유류(소형)

▼수컷 수마트라오랑우탄.

Q 수컷 보르네오오랑우탄과 수마트라오랑우탄의 얼굴은 어떻게 다른가요?

A 얼굴 플랜지의 모양과 몸의 털 색 등에서 차이가 있어요.

▲수컷 보르네오오랑우탄. 얼굴이 둥글고 털 색이 짙은 경향이 있어요.

▲수컷 수마트라오랑우탄. 얼굴이 갸름하고 털 색이 옅은 경향이 있어요.

더 알고 싶어! 신종 오랑우탄 타파눌리오랑우탄

한때 수마트라오랑우탄으로 여겨졌지만, 두개골과 유전자를 자세히 조사한 결과 다른 종이라는 사실이 밝혀져 2017년에 신종으로 발표되었어요. 안타깝게도 800마리밖에 확인되지 않아 멸종이 우려되고 있어요.

▶수컷 타파눌리오랑우탄. 털이 구불거리는 것도 하나의 특징이에요.

크기 체크

보르네오오랑우탄

쌈막지식 수마트라오랑우탄은 채식을 위해 도구를 사용하는 모습이 관찰되었으나, 보르네오오랑우탄은 관찰되지 않았어요.

영장목(사람 무리)

침팬지 사람과

보통 나무 위에서 생활하지만, 이동할 때는 손가락의 바깥쪽을 지면에 붙인 채 걷는, 이른바 '너클 보행'이라고 불리는 방식으로 나아가요. 무리 생활을 하지만, 보통은 한 마리에서 여러 마리로 된 작은 그룹으로 나뉘어 있어요. 📏 수컷/77~96cm, 암컷/70~91cm
⚖ 수컷/28~70kg, 암컷/20~50kg
🌍 아프리카 서부~중부
🌳 사바나, 삼림 🍎 열매, 잎, 씨앗, 꽃, 곤충, 포유류(중형)

크기 체크 — 침팬지

더 알고 싶어!

침팬지 무리

복수의 성체인 수컷과 암컷, 연령대가 다양한 새끼들로 구성된 20~100마리의 무리로 생활해요. 수컷을 중심으로 한 무리로, 수컷은 태어난 무리에서 평생 지내지만, 암컷은 성숙하면 무리 밖으로 나가 다른 무리로 이동해요. 무리끼리는 사이가 아주 나빠서 만나면 격하게 싸우기도 해요.

▲숲속에서 휴식하는 침팬지 성체 무리.

침팬지의 양육

암컷은 13살 무렵부터 새끼를 낳으며, 약 3년 후 젖을 떼요. 젖을 뗀 이후에도 기본적으로 어미가 자식을 챙겨요.

Q 침팬지는 무엇을 먹나요?

A 주식은 열매지만, 개미나 흰개미, 새잎을 먹기도 해요. 또한, 무리 구성원들끼리 사냥으로 원숭이, 멧돼지, 작은 영양 등을 잡아서 고기를 섭취하기도 해요.

▲새끼 덤불멧돼지를 먹는 침팬지. 고기는 동료들과 나눠 먹어요.

▲15살 어미와 등에 업혀 있는 1년 9개월 된 딸.

보노보 무리

수컷만이 태어난 무리에 머물지만, 침팬지와는 달리 무리에서는 암컷이 수컷보다 높은 지위를 지녀요. 무리끼리 마주쳐도 싸움이 거의 벌어지지 않으며, 오랜 기간 함께 지내기도 해요.

보노보(피그미침팬지)　사람과

침팬지보다 이족 보행에 특화되어 있어요. 60~120마리가량으로 구성된 집단을 이루며, 낮에는 10마리 이하의 작은 무리로 나뉘어 활동해요. 수컷/73~83cm, 암컷/70~76cm 수컷/36~43kg, 암컷/26~36kg
콩고민주공화국　삼림　열매, 잎, 줄기, 나무껍질, 버섯, 곤충, 포유류(중형)

침팬지의 지적 행동

지능이 아주 높은 침팬지는 식재료를 얻기 위해 도구를 사용하는 등 지적인 행동을 보여요.

흰개미 사냥
나뭇가지를 흰개미 둥지에 집어넣어, 가지 끝에 들러붙는 흰개미를 낚아 먹어요.

견과류 깨기
딱딱한 나무 열매를 평평한 돌 위에 놓고 돌로 깨 먹어요.

잎을 이용한 수분 섭취
입속에서 접은 잎을 물속에 넣어, 스펀지처럼 흡수시킨 물을 마셔요.

나뭇가지로 끌어당긴다
긴 나뭇가지로 수면에 떨어진 열매를 끌어당기려 하는 모습도 관찰되었어요.

동부고릴라 사람과

아프리카 중앙부 삼림에 약 5,000마리만 서식해요. 멸종이 우려되고 있어요.

- 수컷/101~120cm, (선키)159~196cm, 암컷/(선키)130~150cm
- 수컷/120~209kg, 암컷/60~98kg
- 아프리카 중앙부
- 삼림
- 열매, 잎, 줄기, 나무껍질, 개미

영장목(사람 무리)

Q 고릴라는 바나나를 먹지 않는다는 게 사실인가요?

A 야생 고릴라는 바나나를 먹지 않아요. 고릴라의 서식지에 바나나가 자라지 않을 뿐만 아니라, 심은 바나나가 있어도 열매는 먹지 않고 줄기만 먹어요.

◀동부고릴라의 아종인 마운틴고릴라는 식물의 잎과 줄기가 주식이에요.

고릴라의 드러밍

고릴라가 가슴을 두들기는 행동은 '드러밍'이라고 하며, 과거에는 위협 행동으로 여겨졌어요. 하지만 연구 결과, 흥분했을 때뿐만 아니라 존재를 드러내기 위해서나 긴장을 해소하는 등, 자신의 감정을 표현하기 위해 하는 행동임이 밝혀졌어요. 드러밍은 수컷 성체뿐만 아니라 작은 새끼도 하며, 이로부터 위협 행동인 것만은 아니라는 사실을 알 수 있어요.

▲드러밍을 하는 새끼 동부고릴라.

고릴라의 종류

한때 고릴라는 1종만 존재한다고 여겨졌으나, 현재는 동부고릴라와 서부고릴라 2종으로 나뉘어 있어요. 나아가 동부고릴라는 마운틴고릴라, 동부저지대고릴라와 같은 2개 아종으로 나뉘며, 서부고릴라는 서부로랜드고릴라, 크로스강고릴라와 같은 2개 아종으로 분류돼요. 이들은 각각 분포 지역이 달라요.

- ■ …… 동부저지대고릴라
- ■ …… 마운틴고릴라
- ■ …… 크로스강고릴라
- ■ …… 서부로랜드고릴라

고릴라 집단

고릴라는 '실버백'이라 불리는 한 마리의 수컷과 복수의 암컷, 그 새끼들로 이뤄진 무리를 형성해요. 실버백과 각각의 암컷은 강하게 이어져 있으나, 암컷끼리의 유대는 별로 강하지 않아요.

▲동부고릴라 무리. 맨 앞에 있는 등의 털이 하얀 수컷이 실버백이에요.

동부고릴라의 아종

동부고릴라는 아프리카 중앙부의 고지대에 서식하는 마운틴고릴라, 그보다 서쪽 저지대에 서식하는 동부저지대고릴라와 같은 2개의 아종이 알려져 있어요. 각각 겉모습이 다르므로 구별할 수 있어요.

마운틴고릴라
▲얼굴이 둥글고 몸의 털이 긴 게 특징이에요.

동부저지대고릴라
▲얼굴이 평평해요. 고릴라 중에서 가장 몸집이 커요.

영장목(사람 무리)

서부고릴라 사람과

성체 수컷을 중심으로 한 10~20마리 정도의 가족 무리를 이뤄요. 전 세계의 동물원에서 사육하는 개체는 대부분 서부고릴라예요.

🏠 수컷/103~107cm, (선키)138~180cm, 암컷/(선키)109~152cm ⚖ 수컷/145~191kg, 암컷/57~73kg 🌍 아프리카 중서부 🌳 삼림
🍽 열매, 잎, 나무껍질, 개미, 흰개미

▲콩고 공화국의 서부고릴라가 서식하는 열대 우림. 둥근귀코끼리(왼쪽) 등의 귀중한 생물과 함께 숲에서 살고 있어요.

서부로랜드고릴라
아종인 서부로랜드고릴라 수컷. 이마에 있는 적갈색이 특징이에요.

서부고릴라의 아종

서부고릴라는 서부로랜드고릴라, 크로스강고릴라와 같은 두 아종이 알려져 있어요.

더 알고 싶어!

멸종이 우려되는 크로스강고릴라

나이지리아와 카메룬 국경 부근의 좁은 범위에만 서식하는 서부고릴라 아종이에요. 광대한 열대 우림이 서식 환경이지만, 삼림 벌채와 개발로 인해 서식지가 분단되는 등의 영향으로 개체 수가 줄어들었어요. 현재는 겨우 100~250마리만이 살아 있다고 해요. 대형 유인원 중 가장 멸종이 우려되는 종이에요.

▲귀중한 아종인 크로스강고릴라. 수가 적어서 사진이 거의 없어요.

고릴라의 식사

깊은 숲에 서식하는 서부로랜드고릴라와 동부저지대고릴라의 주식은 열매예요. 넓은 범위를 돌아다니며 다양한 종류의 열매를 먹어요. 또한, 고지대에 서식하는 마운틴고릴라의 주식은 식물의 잎이나 줄기예요. 고지대에는 열매가 거의 없어서 주변에 잔뜩 있는 잎을 먹는 거예요. 몸무게가 200kg인 수컷은 하루에 약 30kg의 식물을 먹어서 커다란 몸을 유지해요.

▲열매를 먹는 아종 서부로랜드고릴라.

▲셀러리 줄기를 먹는 아종 마운틴고릴라.

나무 타기가 특기

커다란 몸에도 불구하고, 나무를 척척 타는 아종 서부로랜드고릴라.

고릴라는 육아빠

고릴라 암컷은 7살 정도면 성숙해 10살 무렵이면 첫아기를 출산해요. 양육은 어미가 하지만 수컷도 육아에 참여하며, 특히 돌아다니기 시작한 새끼와 놀아 주는 등 다정하게 돌봐요.

▶아종 마운틴고릴라 아비와 실버백에게 상냥하게 보호받는 1살 반 된 새끼.

고릴라의 개체 수 감소 원인은 서식지 파괴와 수렵에 의한 남획, 에볼라 출혈열 등의 감염병 때문이에요.

토끼목 동물

토끼 무리

토끼과 동물은 오스트레일리아를 제외한 전 세계 대륙에서 관찰되며, 무리를 짓는 종과 홀로 생활하는 종이 있어요. 뒷발로 지면을 강하게 차 맹렬한 속도로 달려서 천적으로부터 도망쳐요. 새끼를 많이 낳는 편이에요.

굴토끼 토끼과

땅속에 터널을 파고 집단생활을 해요. 세계 각지에서 야생화되어 있으나, 본래의 서식지에서는 멸종위기종이에요.
- 38~50cm, (꼬리 길이)4.5~7.5cm
- 1.5~3kg 유럽(이베리아반도)
- 초원, 삼림 풀, 잎, 나무껍질, 뿌리

크기 체크
- 굴토끼
- 아마미검은멧토끼

토끼목은 어떤 동물인가요?

앞니가 이중으로 되어 있어요

토끼목은 귀가 긴 토끼과와 귀가 짧은 우는토끼과로 나뉘어요. 이동할 때는 뒷발을 모아 뛰듯이 나아가는 특징이 있어요. 위아래 턱에 커다란 앞니가 두 개씩 있고, 위쪽 앞니의 뒤편에는 두 개의 작은 앞니가 겹쳐지듯이 자라 있어요. 이러한 이중 앞니는 토끼목만의 특징이에요.

특수한 앞니

▲위턱의 앞니 뒤편에 작은 앞니가 자라서 이중 구조가 돼요.

▲굴토끼의 두개골.

굴토끼의 둥지 구멍

▲둥지 구멍에서 나와 있는 새끼 굴토끼. 땅속에 미로 같은 터널을 파고 생활해요. 출산과 육아도 구멍 안에서 이루어져요.

더 알고 싶어! 줄무늬 토끼

인도네시아 수마트라섬에는 몸에 줄무늬가 있고 귀가 짧은 희귀한 토끼가 살아요. 야행성으로, 낮에는 다른 동물이 판 삼림의 땅 구멍에 몸을 숨기고 있어요.

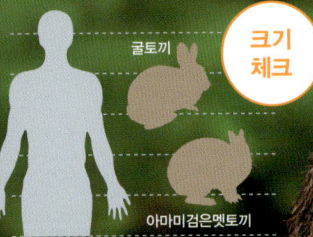

수마트라줄무늬토끼 토끼과
- 37~42cm, (꼬리 길이)1.7cm 약 1.5kg
- 수마트라섬 남서부
- 해발 600~1,900m의 삼림 잎, 풀

반려동물 토끼

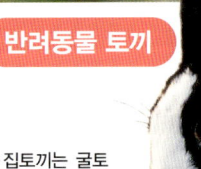

▶집토끼는 굴토끼를 품종 개량한 종이에요.

토끼 발자국의 특징은 무엇인가요?

 걸을 때나 뛸 때나 뒷다리는 앞을 밟고 앞다리는 뒤를 밟아요.

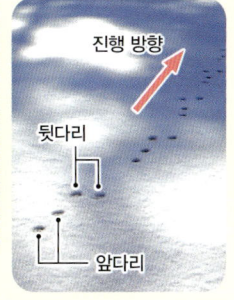

▲ 달리는 굴토끼.

멕시코토끼 토끼과
멕시코 중앙부의 화산 지대에만 서식하는 희귀한 토끼예요.
🏠 23~35cm, (꼬리 길이)1.2~3.1cm ⚖ 387~602g
🌐 멕시코 중앙부 🌲 삼림, 초원 🍽 풀, 잎

아마미검은멧토끼
토끼과
일본 아마미오섬과 도쿠노섬에만 서식하는 원시적인 토끼예요. 🏠 42~47cm, (꼬리 길이)1.1~3.5cm
⚖ 2~2.9kg 🌐 일본(아마미오섬, 도쿠노섬) 🌲 삼림
🍽 풀, 잎, 새싹, 열매, 나무껍질

늪토끼
토끼과
물가에 서식하며, 적에게 쫓기면 물로 뛰어들어 도망쳐요.
🏠 45~55cm, (꼬리 길이) 5~7.4cm ⚖ 1.6~2.7kg
🌐 미국 남동부 🌲 습지, 습원
🍽 풀, 잎, 나뭇가지, 나무껍질

산솜꼬리토끼 토끼과
꼬리가 하얗고 솜처럼 보여서 이러한 이름이 붙었어요.
🏠 34~39cm, (꼬리 길이)3~5.4cm
⚖ 629~871g 🌐 북아메리카 서부~중앙부
🌲 삼림, 초원 🍽 풀

브라질솜꼬리토끼 토끼과
수많은 아종이 있으며 분류가 검토되고 있어요. 브라질에 서식하는 아종은 멸종 위기종이에요. 🏠 38~42cm, (꼬리 길이) 2~2.1cm ⚖ 500~950g 🌐 남아메리카 북부~중부 🌲 삼림, 초원 🍽 풀, 잎, 새싹

 토끼의 긴 귀는 소리를 잘 듣는 것 외에도 체온을 조절하는 기능이 있어요.

우는토끼 무리

귀가 둥글고 새된 울음소리로 울어요. 초원에 둥지 구멍을 파고 생활하는 종과 바위 터에 서식하는 종이 있어요. 아시아와 북아메리카의 추운 지역이나 높은 산에서 살아요.

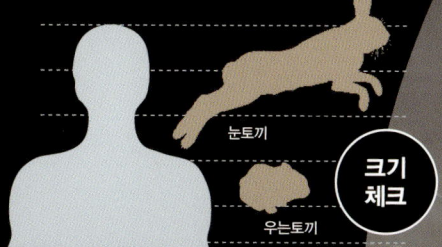

크기 체크
눈토끼
우는토끼

아메리카우는토끼 우는토끼과
산악 지대의 바위 터에서 암수 한 쌍이 함께 서식해요. 🏠16~20cm ⚖121~176g
🌏 북아메리카 서부(로키산맥)
🌲 해발 1,200~3,500m의 바위 터
🍃 풀, 지의류

우는토끼 우는토끼과
북방우는토끼라고도 하며, 바위틈에 서식해요. 일본 홋카이도에는 아종인 에조우는토끼가 있어요.
🏠13~18cm ⚖52~165g 🌏일본, 러시아, 동아시아 북부
🌲해발 200~2,000m의 바위 터 🍃풀, 지의류, 새싹

▼풀을 옮기는 아메리카우는토끼. 우는토끼는 늦여름부터 가을에 걸친 기간 동안, 대량의 풀을 베어 햇볕에 말린 후 바위틈 등에 저장해요. 겨울에는 동면하지 않고 말린 풀을 먹으며 지내요.

고원우는토끼 우는토끼과
초원에 서식하면서 땅속에 터널을 파고 생활해요. 🏠14~21cm
⚖90~210g 🌏중앙아시아~남아시아 북부~중국 서부
🌲해발 3,200~4,800m의 초원, 사막 🍃풀

큰귀우는토끼 우는토끼과
히말라야산맥 등의 고산 지대에 서식하는 우는토끼예요. 🏠15~21cm ⚖160~280g
🌏중앙아시아~남아시아 북부 🌲해발 2,500~5,700m의 바위 터 🍃풀, 지의류, 새싹

짤막지식 우는토끼는 쥐와 비슷하지만, 위턱에 이중 앞니를 지녔으므로 토끼목에 속해요.

설치목 동물

설치목은 어떤 동물인가요?

포유류 중 가장 종 수가 많아요

설치목 동물은 크게 다람쥐류, 산미치광이류, 쥐류로 나뉘어요. 포유류 중 가장 종의 개수가 많은 그룹으로 전 세계에 약 2,200종이 존재해요. 툰드라부터 사막, 열대 우림까지 전 세계의 다양한 장소에 진출해 있어요. 위아래 턱에 있는 앞니가 특징이에요. 겉은 에나멜질로 매우 딱딱하며, 무엇이든 씹어먹을 수 있어요. 게다가 평생 자라는 놀라운 특징이 있어요.

다람쥐 무리

다람쥐 무리에는 주로 낮에 활동하는 다람쥐과, 야행성 겨울잠쥐과, 그리고 산비버 1종만이 속한 산비버과가 있어요. 나무 위에 서식하는 종이 많지만, 땅에서 사는 마멋, 하늘을 활공하는 날다람쥐와 하늘다람쥐도 있죠. 오스트레일리아와 남극을 제외한 모든 대륙에 분포해요.

고산마멋 다람쥐과
고산 지대 남향 경사면의 초원에 복잡한 터널을 파고 가족 무리로 생활해요. 겨울은 땅속 깊이에 있는 둥지에서 동면해요.
- 50~60cm, (꼬리 길이)14~16.8cm
- 2.5~5kg 유럽(알프스산맥, 타트라산맥 등)
- 해발 1,200~3,000m의 초원 잎, 꽃

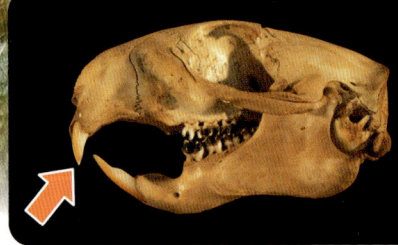

▶고산마멋의 두개골. 위턱과 아래턱 끝에는 평생 자라나는 앞니가 있어요. 앞니의 끝부분은 항상 깎여서 날카로워요.

북극땅다람쥐 다람쥐과
한 마리의 수컷과 여러 마리의 암컷이 무리로 생활해요. 땅이 얼지 않은 얕은 부분에 길이 20m에 달하는 터널을 파고 살아요. 25.7~26.6cm, (꼬리 길이)8.8~11cm
- 수컷/평균 673g, 암컷/평균 524.3g 러시아 동부, 북아메리카 북부 툰드라 풀, 새싹, 씨앗, 꽃, 열매, 곤충, 새

우드척 다람쥐과
다람쥐과 중 가장 큰 종이에요. 출입구가 여러 개인 둥지 구멍을 땅에 파고, 주로 홀로 생활해요. 41.8~66.5cm, (꼬리 길이)10~15.5cm
- 3.4~4.1kg 북아메리카 북부~중부
- 초원, 삼림 잎, 씨앗, 열매, 곤충

Q 다람쥐는 식물밖에 먹지 못하나요?

A 때로는 새나 죽은 동물의 고기 등을 먹기도 해요.

▲새를 먹는 북극땅다람쥐.

검은꼬리프레리도그 다람쥐과

대초원에서 복잡한 구조의 둥지 구멍을 파고 대규모 집단생활을 해요. 위험을 감지하면 망꾼이 날카로운 목소리로 울어요.
- 37.3cm, (꼬리 길이)8.4~8.7cm 819~905g
- 북아메리카 중앙부 초원 풀, 새싹, 씨앗

▶경계하며 우는 검은꼬리프레리도그.

더 알고 싶어! 둥지 구멍의 환기 시스템

검은꼬리프레리도그의 둥지 출입구는 높이가 다른 두 개의 작은 둔덕에 있어요. 둔덕의 높이가 다르므로 구멍에 바람이 통하고, 신선한 공기가 터널 안에 항상 들어오는 구조예요.

열세줄땅다람쥐 다람쥐과

등에 두 종류의 선이 총 열세 줄 나 있어요.
- 17~31cm, (꼬리 길이)6~13.2cm 110~270g
- 북아메리카 중부 초원, 관목림
- 잎, 꽃, 씨앗, 열매, 곤충

유럽땅다람쥐 다람쥐과

서식지가 분단되어 멸종이 우려되고 있어요.
- 17.4~22.8cm, (꼬리 길이)3.1~9cm
- 125~380g 유럽 초원
- 잎, 뿌리, 씨앗, 꽃, 곤충

타르바간마멋 다람쥐과

대초원에 서식하는 커다란 다람쥐예요. 수가 줄고 있어요.
- 36~49.5cm, (꼬리 길이)11.2~12.1cm
- 5~8kg 러시아 중남부, 몽골, 중국 북부
- 초원 잎, 풀, 새싹, 씨앗

크기 체크: 타르바간마멋, 열세줄땅다람쥐, 검은꼬리프레리도그, 유럽땅다람쥐

짤막지식: 북극땅다람쥐는 동면할 때 체온이 −2.9도까지 내려간 기록이 있어요.

설치목(다람쥐 무리)

남부하늘다람쥐 다람쥐과
야행성이에요. 해가 지면 둥지 구멍에서 나와 비막을 펼치고 나무 사이를 활공해요.
- 11.7~13.8cm, (꼬리 길이)8~12cm
- 42~141g
- 북아메리카 동부, 중앙아메리카
- 삼림 / 열매, 씨앗, 버섯, 지의류

일본하늘다람쥐 다람쥐과
일본 고유종인 하늘다람쥐로, 유두가 다섯 개인 것이 특징이에요.
- 14~20cm, (꼬리 길이)9.5~14cm
- 평균 151.8g / 일본(혼슈, 시코쿠, 규슈)
- 삼림 / 씨앗, 열매, 잎, 새싹, 버섯

하늘다람쥐 다람쥐과 천연기념물
동면은 하지 않으며, 겨울에도 둥지 밖에서 활동해요. 한국에서는 멸종 위기로 보호받아요. 일본의 경우, 홋카이도에 아종 에조하늘다람쥐가 있어요.
- 12~22.8cm, (꼬리 길이)9~14.9cm
- 95~200g
- 한국, 일본, 유라시아 / 삼림
- 새싹, 꽃가루, 꽃, 지의류

날다람쥐 다람쥐과
고양이 정도의 크기예요. 비막을 펼쳐 최장 100m에 달하는 거리를 활공해요.
- 27~48.5cm, (꼬리 길이)28~41.4cm
- 0.5~1.2kg
- 일본 / 삼림
- 잎, 씨앗, 열매

크기 체크 — 일본하늘다람쥐, 날다람쥐

Q 하늘다람쥐와 날다람쥐 비막은 어떤 차이가 있나요?

A 하늘다람쥐는 뒷다리와 꼬리 사이에는 비막이 없지만, 날다람쥐는 있어요. 하늘다람쥐보다 몸무게가 무거운 날다람쥐는 날기 위해 커다랗게 펼쳐지는 비막이 필요해요.

▲하늘다람쥐. ▲날다람쥐.

몸길이 / 몸무게 / 분포 / 서식 환경 / 주된 먹이 / 한국에 서식하는 동물 / 한국에 서식하는 외래종 / 멸종위기종

겨울잠쥐 겨울잠쥐과
겨울잠쥐류는 모두 동면을 해요.
야행성이며 주로 나무 위에서 생활해요.
일본겨울잠쥐라고도 하며, 일본의 천연기념물이에요.
- 6.6~9.3cm, (꼬리 길이)3.8~5.9cm
- 14~45g 일본 해발 400~1,880m의 삼림
- 곤충, 열매, 꽃, 새의 알

삼림겨울잠쥐 겨울잠쥐과
동작이 민첩해요. 나무 위에서는 나뭇가지의 아래쪽을 달려, 가지 사이를 1m 이상 점프하곤 해요.
- 8.7~11.7cm, (꼬리 길이)7.2~8.9cm 24~34g
- 아프리카 동부·남부 삼림 곤충, 씨앗, 잎, 열매

유럽겨울잠쥐 겨울잠쥐과
땅속이나 그루터기에서 동면용 둥지를 만들고, 여러 마리가 모여 함께 동면해요.
- 6.5~9.1cm, (꼬리 길이)5.7~8.6cm
- 15~30g 유럽, 터키 삼림
- 열매, 씨앗, 곤충, 꽃가루, 새의 알

정원겨울잠쥐 겨울잠쥐과
다양한 환경에 적응할 수 있으며, 둥지는 나무 위에도 짓고 땅에도 지어요.
- 9.9~12cm, (꼬리 길이)8.4~11cm 33~65.2g
- 유럽, 러시아 동부 삼림, 바위 터, 시가지
- 곤충, 열매, 씨앗, 달팽이

더 알고 싶어! 겨울잠쥐 무리의 **동면**
체내에 지방을 쌓고 털 뭉치처럼 몸을 웅크린 채 동면해요. 이 시기에는 체온과 심박 수를 내려서 에너지를 절약해요.

▲둥지에서 동면하는 겨울잠쥐.

산비버 산비버과
다람쥐와 가깝고 비버와는 다른 종이에요. 물가와 가까운 축축한 삼림에 지름 10~25cm 정도인 복잡한 터널을 파고 생활해요.
- 23~43cm, (꼬리 길이)2~5.5cm
- 0.6~1.4kg 북아메리카 중서부
- 삼림 잎, 나무껍질, 작은 나뭇가지

크기 체크
- 삼림겨울잠쥐
- 유럽겨울잠쥐
- 겨울잠쥐

산미치광이 무리

남아메리카에서 번성한 그룹으로 산미치광이(호저), 기니피그, 카피바라 등이 속해요. 땅딸막한 몸이 특징이며, 충분히 성장한 새끼를 낳아요.

설치목(산미치광이 무리)

크기 체크

케이프호저 산미치광이과
산미치광이 중 가장 몸집이 큰 종이에요. 배를 제외한 전신에 덮인 길고 예리한 가시가 몸을 보호해 줘요. 📏 63~80.5cm, (꼬리 길이)10.5~13cm ⚖️ 10~24.1kg 🌍 아프리카 중부~남부 🌳 사바나, 초원 🍽️ 나무껍질, 뿌리, 열매

◀ 위험이 다가오면 온몸의 털을 곤두세운 후 뒤쪽으로 돌진해요.

브라질호저 나무타기산미치광이과
야행성이며 나무 위에서 생활해요. 긴 꼬리를 나뭇가지에 휘감아 나무를 타요. 📏 44.4~56cm, (꼬리 길이)33~57.8cm ⚖️ 3.2~5.3kg 🌍 남아메리카 북부~중부 🌳 삼림 🍽️ 나무껍질, 씨앗, 열매

더 알고 싶어! 산미치광이의 가시
산미치광이의 가시는 알루미늄 캔을 뚫을 만큼 날카로우며, 적 등의 피부에 닿으면 쉽게 빠져서 상대방에게 꽂혀요. 빠진 가시는 새로 자라요.

▶ 케이프호저의 예리한 가시.

캐나다산미치광이
나무타기산미치광이과
나무 타기가 특기예요. 나무 위에서 많은 시간을 보내요. 📏 60~90cm, (꼬리 길이) 16~25cm ⚖️ 5~12kg 🌍 북아메리카 🌳 삼림 🍽️ 새싹, 줄기, 꽃, 잎, 씨앗

말레이호저
산미치광이과
이름에 말레이가 붙었지만, 말레이반도뿐만 아니라 동남아시아 삼림에 널리 분포해요. 📏 45.5~93cm, (꼬리 길이)6~17cm ⚖️ 8~27kg 🌍 인도 북동부~동남아시아~중국 🌳 삼림, 초원 🍽️ 나무껍질, 뿌리, 열매

큰사탕수수쥐 사탕수수쥐과
몸길이 70cm에 달하는 거대한 쥐예요. 아프리카에서는 산미치광이류의 뒤를 잇는 크기예요.
- 🏠 63~77cm, (꼬리 길이)16~19.5cm
- ⚖️ 3.2~5.2kg(최대 9kg)
- 🌍 사하라 사막 이남 아프리카 🌿 사바나, 습지, 강가 🍃 풀, 수초, 줄기

데구 데구과
5~10마리가량이 속한 무리로 굴을 파고 함께 생활해요.
- 🏠 16.9~21.2cm, (꼬리 길이) 8.1~13.8cm ⚖️ 200~300g
- 🌍 칠레 중앙부(안데스산맥 서쪽 경사면)
- 🌿 초원, 관목림
- 🍃 풀, 씨앗, 열매, 나무껍질, 뿌리

페루비스카차 친칠라과
안데스산맥의 바위 터에 서식해요.
- 🏠 29.5~46.4cm, (꼬리 길이)21.5~37.6cm ⚖️ 0.8~2.1kg
- 🌍 남아메리카 서부(안데스산맥) 🌿 고지대의 바위 터 🍃 잎, 꽃, 열매, 줄기, 나무껍질

비스카차 친칠라과
얼굴에 특징적인 검은 선이 두 개 있어요.
- 🏠 39.5~61.5cm, (꼬리 길이)13.5~20.5cm
- ⚖️ 3.5~8.8kg 🌍 남아메리카 중부~남동부
- 🌿 초원 🍃 풀, 씨앗, 열매, 나무껍질

긴꼬리친칠라 친칠라과
반려동물로 길러지지만, 야생 개체는 수가 적어서 멸종이 우려돼요.
- 🏠 22~24cm, (꼬리 길이)14~17cm
- ⚖️ 369~493g 🌍 칠레 북부
- 🌿 산악 지대의 바위 터
- 🍃 잎, 줄기

Q 벌거숭이뻐드렁니쥐는 왜 벌거숭이인가요?
A 기생충이 달라붙지 않게 하기 위함이에요. 또한, 땅속은 온도가 일정해 춥지 않아요.

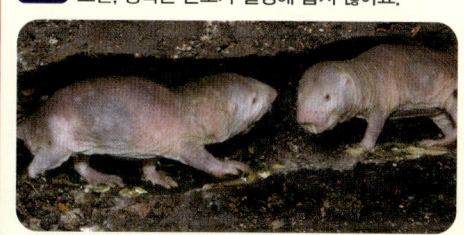

▲ 땅속에 둘러쳐진 터널이 둥지예요.

벌거숭이뻐드렁니쥐 벌거숭이뻐드렁니쥐과
포유류 중에서는 드물게 진사회성을 지닌 무리로, 땅속 생활을 해요.
- 🏠 7~11cm, (꼬리 길이)3~5cm ⚖️ 15~70g
- 🌍 아프리카 동부 🌿 사바나, 반사막
- 🍃 구근, 뿌리, 줄기

벌거숭이뻐드렁니쥐에게는 여왕이나 왕, 병졸, 일꾼 등 개체에 따른 역할이 있어요.

마라 천축서과

보통은 한 쌍의 암수가 영역을 만들지만, 번식기에는 수많은 암수 페어가 모여 공동 둥지에서 새끼를 양육해요. 시속 45km로 1km 이상 달릴 수 있어요. 📏 60~80cm, (꼬리 길이)2.5~4cm ⚖ 7~9kg 🌐 아르헨티나 🌳 초원, 관목림 🍚 풀

설치목(산미치광이 무리)

▼ 마치 소형 사슴처럼 보이는 마라. 긴 다리는 초원에서 빠르게 달리기 위해 적응한 결과예요.

산지기니피그 천축서과

기니피그의 원종 중 하나로 여겨져요. 📏 22~27cm ⚖ 295~390g 🌐 남아메리카 중서부(안데스산맥) 🌳 고지대의 초원, 사막 🍚 풀

검은아구티 아구티과

아마존의 깊은 숲속에 서식해요. 📏 54~76cm, (꼬리 길이)2~4cm ⚖ 3.5~6kg 🌐 남아메리카 북부 🌳 삼림 🍚 열매, 나무 열매

Q 기니피그는 야생 동물이 아닌가요?

A 기니피그는 산지기니피그 등을 사람이 품종 개량한 가축이에요. 3,000년 이상 전에 이미 가축화되어 있었다고 해요.

▶ 기니피그의 색은 다양해요.

데스마레후티아 가시쥐과

쿠바에 서식하는 커다란 설치류예요. 수컷과 암컷이 짝을 이뤄 함께 살아요. 📏 30.5~62.5cm, (꼬리 길이)13.1~31.5cm ⚖ 최대 7kg 🌐 쿠바 🌳 삼림, 습지, 해안 근처의 반사막 🍚 잎, 조류, 열매, 도마뱀, 곤충

크기 체크

파카라나
뉴트리아   검은아구티

📏 몸길이 ⚖ 몸무게 🌐 분포 🌳 서식 환경 🍚 주된 먹이 🇰🇷 한국에 서식하는 동물 🔵 한국에 서식하는 외래종 🔶 멸종위기종

뉴트리아 가시쥐과

기본적으로 야행성이지만 낮에도 활동해요. 뒷발에 물갈퀴가 있어 수영이 특기예요.

- 47.2~57.5cm, (꼬리 길이)34~40.5cm
- 최대 6.7kg
- 남아메리카 중부~남부
- 강, 호수, 늪
- 풀, 줄기, 잎, 뿌리, 나무껍질

더 알고 싶어! 야생화된 뉴트리아

뉴트리아는 모피를 얻기 위한 목적으로 사육되고, 이후 야생화한 경우가 많다고 해요. 일본에서는 1940~1950년경 야생화되었고, 농작물을 먹거나 생태계를 교란할 위험이 있어 특정 외래생물로 지정됐어요. 우리나라에서도 농가 사육 이후 야생화되어 생태계 교란종으로 지정됐어요. 이외에 북아메리카, 유럽, 아프리카 등 전 세계에서 야생화한 상태예요.

▲생태계 교란종인 붉은귀거북(오른쪽)과 같은 연못에 서식하는 뉴트리아(왼쪽).

▼수영이 특기이며 물가에서 떨어지지 않아요.

저지대파카 파카과

수영을 잘해요. 위험을 감지하면 물속으로 도망쳐요.

- 50~77.4cm, (꼬리 길이)1.3~3.5cm
- 5~14kg
- 중앙아메리카~남아메리카 중부
- 삼림
- 열매, 씨앗, 잎, 나무껍질

파카라나 파카라나과

동작이 느리며, 양쪽 앞발로 먹이를 잡고 식사해요.

- 73~79cm, (꼬리 길이)14~23cm
- 7.3~15kg
- 남아메리카 북서부(안데스산맥 저지대)
- 삼림, 초원
- 잎, 열매, 씨앗, 줄기

짤막지식 파카라나는 현지 말로 '가짜 파카'라는 의미예요.

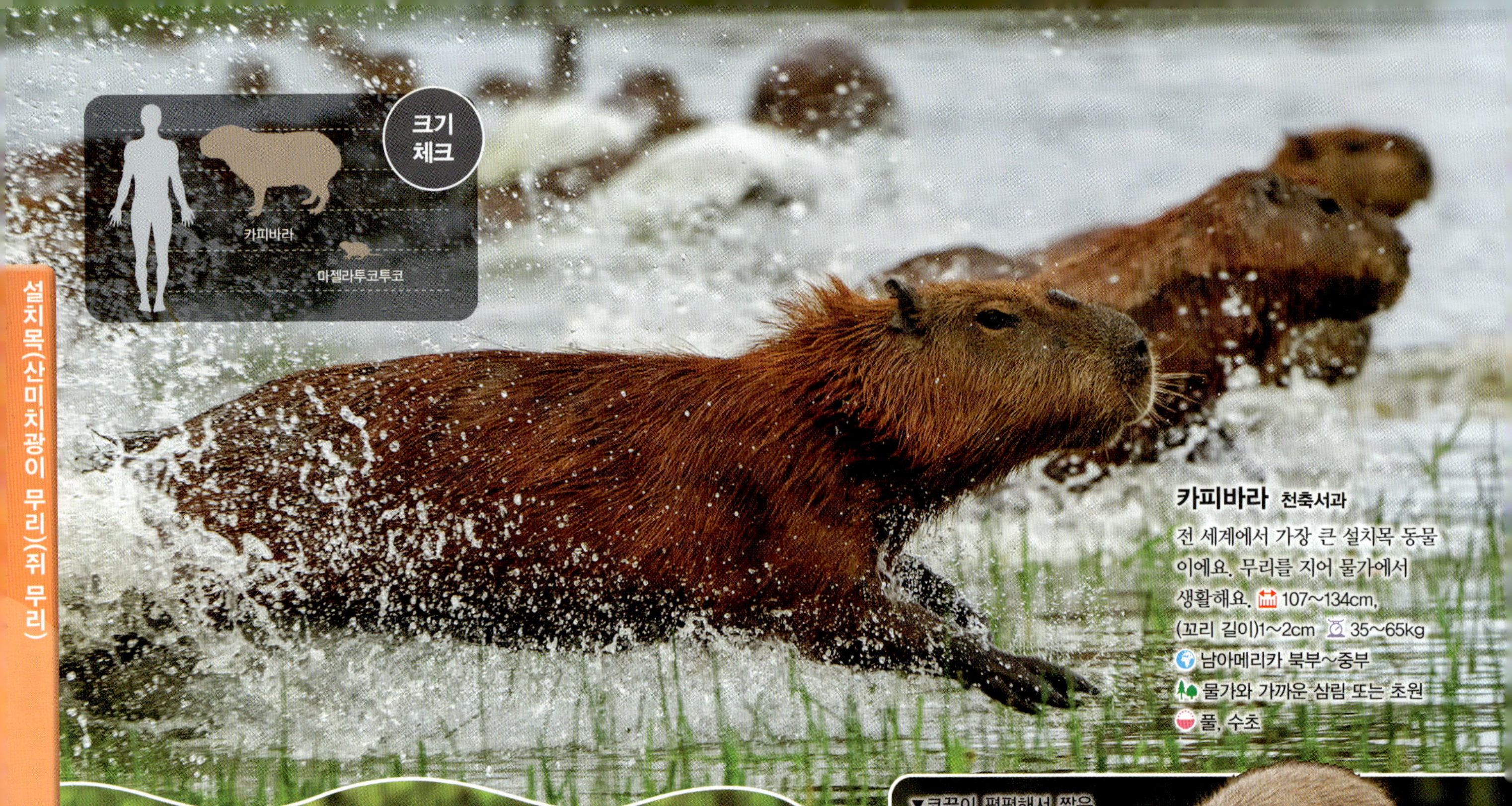

설치목(산미치광이 무리)(쥐 무리)

크기 체크
- 카피바라
- 마젤란투코투코

카피바라 천축서과
전 세계에서 가장 큰 설치목 동물이에요. 무리를 지어 물가에서 생활해요. 📏 107~134cm, (꼬리 길이)1~2cm ⚖ 35~65kg
🌐 남아메리카 북부~중부
🌲 물가와 가까운 삼림 또는 초원
🍚 풀, 수초

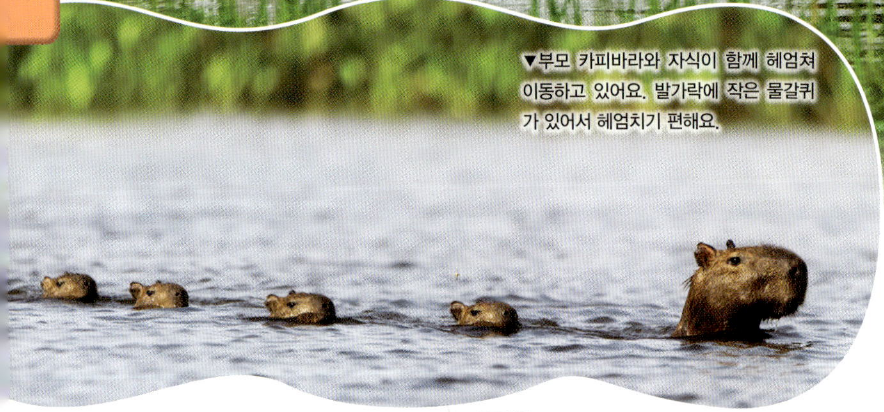

▼부모 카피바라와 자식이 함께 헤엄쳐 이동하고 있어요. 발가락에 작은 물갈퀴가 있어서 헤엄치기 편해요.

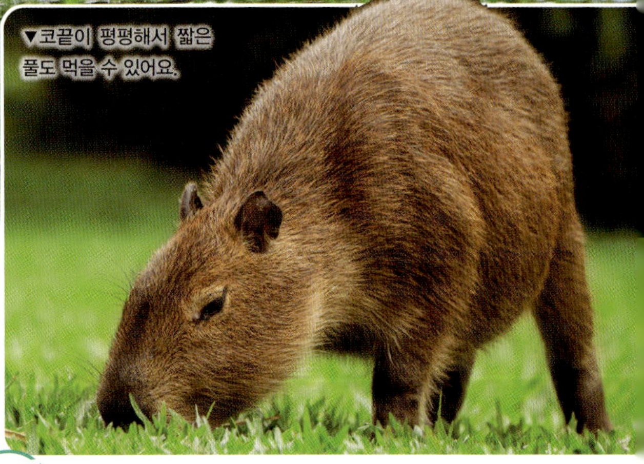

▼코끝이 평평해서 짧은 풀도 먹을 수 있어요.

마젤란투코투코
투코투코과
지면에 터널을 파고 생활해요. 그래서 작은 귀와 네 개의 짧은 다리를 지녔어요.
📏 (전체 길이)26.7~30.4cm
⚖ 240g 🌐 남아메리카 남부 (파타고니아) 🌲 초원 🍚 뿌리, 잎

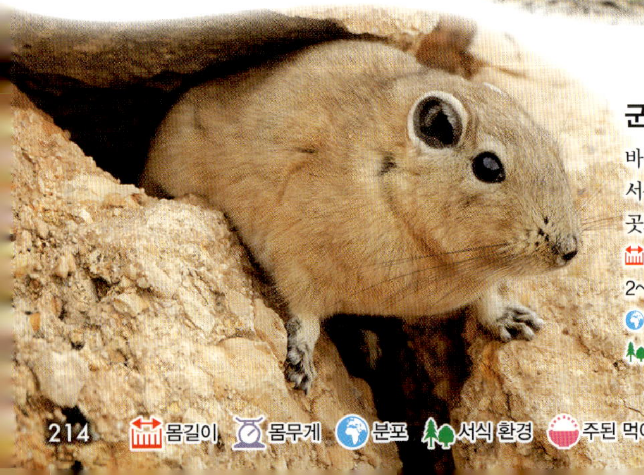

군디 군디과
바위 경사면에 가족 무리로 서식하며, 수직에 가까운 곳도 오를 수 있어요.
📏 15~22.8cm, (꼬리 길이) 2~4.5cm ⚖ 최대 396g
🌐 아프리카 북부
🌲 사막, 바위 터 🍚 잎, 꽃, 풀

더 알고 싶어! 카피바라가 설치목인 이유

거대한 카피바라는 다람쥐, 쥐 등과 같은 종처럼 보이지는 않아요. 하지만 두개골을 관찰하면 설치목의 특징인 평생 자라는 앞니와 어금니 사이의 커다란 틈이 보이죠. 이로써 설치목이라는 사실을 알 수 있어요.

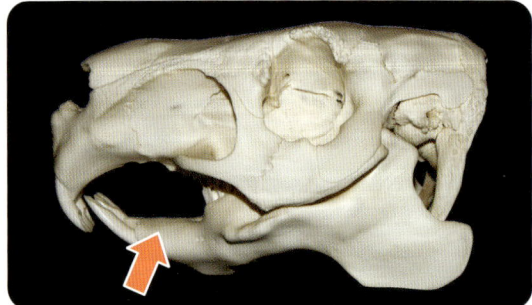

▲카피바라의 두개골. 앞니와 뒤어금니 사이에 틈이 보여요.

쥐 무리

설치목 중 가장 종이 많은 그룹이에요. 도시에도 적응한 쥐 이외에도 점프가 특기인 뛰는쥐와 뜀토끼, 나무 사이를 활공하는 비늘꼬리청서, 강에 댐을 짓는 비버, 땅속에 서식하는 장님쥐까지 실로 다양한 생활 스타일을 볼 수 있어요.

작은이집트뛰는쥐 　뛰는쥐과
홀로 생활하며, 사막에 반시계 방향의 나선형 굴을 파요.
- 11.9~13cm, (꼬리 길이) 19.1~19.7cm　64~74g
- 아프리카 북부, 시나이반도
- 사막
- 씨앗, 잎

긴귀날쥐 　뛰는쥐과
머리보다 긴 귀를 지녔어요. 뒷발로 점프하면서 나아가요.
- 9~10.5cm, (꼬리 길이)14.5~18cm
- 23~45g　중국 북서부, 몽골 남부
- 사막　곤충, 잎

사막캥거루쥐 　주머니생쥐과
모래땅에 구조가 복잡한 둥지 구멍을 만들고 낮의 무더위를 견뎌요.
- 13.4~15.5cm, (꼬리 길이)19.5~20.1cm
- 83~148g　북아메리카 남서부　사막
- 풀, 씨앗, 꽃, 줄기

바리쿤뛰는쥐 　뛰는쥐과
몽골에서 중국에 걸쳐 펼쳐지는 고비 사막에 서식해요.
- 12~13.5cm, (꼬리 길이)17~19.5cm　63~88g
- 몽골~중국(고비 사막)　사막　씨앗, 곤충, 뿌리

날쥐 　뜀토끼과
밤이 되면 둥지 구멍에서 나와 캥거루처럼 뒷다리로 점프하며 나아가요.
- 33.6~45.7cm, (꼬리 길이)39~48.5cm
- 2.5~3.5kg　아프리카 중부~남부
- 사바나, 초원　구근, 줄기, 씨앗, 새싹

더비경비늘꼬리청서
비늘꼬리청서과
비막을 펼쳐 50m 이상 활공할 수 있어요. 꼬리가 붙어 있는 부분의 뒤쪽에는 비늘이 있어서, 나무를 오를 때 미끄러지는 상황을 방지해요.
- 26~40cm, (꼬리 길이)22~33cm　0.5~1.1kg
- 아프리카 서부~중부　삼림　나무껍질, 열매, 잎, 꽃

짧막지식 투코투코과 동물은 남아메리카에서 번성해 약 60종이 존재해요.

설치목 (쥐 무리)

▶ 아메리카비버가 만든 연못. 댐에 의해 물길이 막혀 연못이 생겼으며, 중앙에는 로지(Lodge, 작은 집)라고 불리는 둥지가 만들어져 있어요. 연못이 되면 수초가 자라 먹이도 확보할 수 있죠. 비버는 스스로 서식 환경을 바꾸는 동물이에요.

유럽비버 비버과
설치목 중 카피바라 다음으로 몸집이 커요. 전에는 개체 수가 감소했었지만, 지금은 보호받아 수가 늘어났어요.
- 80~90cm, (꼬리 길이)20~30cm
- 15~20kg(드물게 30~40kg)
- 유럽~러시아, 몽골 남서부, 중국 북서부 / 삼림, 강, 연못, 호수 / 잎, 뿌리, 나무껍질

아메리카비버 비버과
암수 부부와 새끼들이 함께 살아요.
- 80~90cm, (꼬리 길이)20~30cm
- 15~20kg(드물게 30~40kg)
- 북아메리카
- 삼림, 강, 연못, 호수
- 잎, 뿌리, 나무껍질

몸길이 | 몸무게 | 분포 | 서식 환경 | 주된 먹이 | 한국에 서식하는 동물 | 한국에 서식하는 외래종 | 멸종위기종

▼아메리카비버가 지은 댐. 나뭇가지와 진흙을 운반해 강물을 틀어막아요.

▼갉아 쓰러트린 커다란 나무를 옮겨 댐을 만들어요.

비버의 둥지는 어떻게 생겼나요?

A 둥지는 비버가 운반해 온 나뭇가지와 진흙으로 만들어져요. 출입구는 물속에 있어서 적의 침입을 막는 효과가 있어요. 또한, 댐이 수위를 조절하는 역할을 하므로 둥지의 방에는 물이 들어오지 않아요.

더 알고 싶어! 아메리카비버와 유럽비버의 얼굴 차이

코의 크기, 콧구멍의 형태 등에서 차이가 있어요. 유럽비버의 콧구멍은 삼각형이에요.

▲아메리카비버. ▲유럽비버.

뒷발
비버의 뒷발 발가락 사이에는 물갈퀴가 발달해 있어요.

두개골
커다란 앞니가 위아래에 두 개씩 있으며, 평생 자라요. 적갈색인 이유는 먹이에 포함된 탄닌에 의해 물들었기 때문이에요.

굵은 나무를 쓰러트린다
예리하고 견고한 앞니로 지름 8cm 정도의 나무를 5분도 걸리지 않고 갉아 쓰러트릴 수 있어요.

◀유럽비버의 뒷발. ◀아메리카비버의 두개골.

▶굵은 나무를 갉는 아메리카비버.

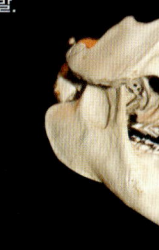

수영이 특기
헤엄칠 때는 물갈퀴가 있는 뒷발로 물을 차 나아가며, 평평한 꼬리로 방향을 잡아요.

▲잠수하는 유럽비버.

217

스미스밭쥐 비단털쥐과
일본 메이지 시대(1868~1912) 때 롯코산에서 이 쥐를 발견한 영국인의 이름이 붙었어요.
- 7~11.7cm, (꼬리 길이)3~5cm 20~35g
- 일본 삼림, 농경지 열매, 씨앗, 잎

일본밭쥐 비단털쥐과
하천 부지나 농경지 등에 터널을 파고 생활해요.
- 9.5~13.6cm, (꼬리 길이)2.9~5cm
- 22~62g 일본 초원, 농경지
- 잎, 뿌리, 씨앗, 곤충

대륙밭쥐 비단털쥐과 🇰🇷
일본 홋카이도에는 아종인 에조북방대륙밭쥐가 살아요.
- 10~14.2cm, (꼬리 길이)2.7~6.3cm
- 27~52g 한국, 일본, 유라시아 북부
- 초원, 삼림 잎, 풀, 열매, 씨앗, 지의류

오키나와가시쥐 쥐과 ◆
2008년에 30년 만에 발견되었어요. 멸종이 우려되고 있어요.
- 11.2~17.5cm, (꼬리 길이)9.2~13.2cm
- 132~169g
- 일본(오키나와섬) 삼림
- 곤충, 씨앗, 게

류큐긴꼬리자이언트쥐 쥐과 ◆
다람쥐처럼 나무 위에서 생활해요. 일본에서 가장 큰 쥐라고 해요.
- 23cm, (꼬리 길이)24.6cm
- 570~587g
- 일본(아마미오섬, 도쿠노섬, 오키나와섬)
- 해발 300~400m의 삼림
- 곤충, 씨앗

흰배숲쥐 쥐과
삼림부터 농경지까지 폭넓은 환경에 서식하며, 밤에 활발하게 돌아다녀요.
- 8~14cm, (꼬리 길이)7~13cm
- 20~60g 일본 삼림, 농경지 씨앗, 열매, 뿌리, 곤충

곰쥐 쥐과 🇰🇷
집 안에 서식하는 쥐 중 가장 일반적인 종이에요.
뭐든 먹는 잡식성이에요.
- 11.6~26cm, (꼬리 길이)12~26cm
- 85~300g
- 한국, 일본, 전 세계 대륙(남극 제외)
- 삼림, 농촌, 도시
- 열매, 씨앗, 잎, 곤충, 새의 알

더 알고 싶어! 오가사와라 제도의 곰쥐
일본 오가사와라 제도에는 원래 곰쥐가 없었으나, 사람의 짐에 섞이는 등의 경로로 인해 섬에 서식하게 됐어요. 그리고 고유종인 오가사와라방울새와 바닷새 등의 귀중한 생물을 잡아먹는 피해를 일으키고 있어요. 해외에는 곰쥐에 의해 멸종한 생물도 있는 등 심각한 영향을 미치고 있어요.

▶곰쥐는 나무를 잘 타며, 나무 위에 있는 새알이나 새끼 새를 먹어 치워요.

멧밭쥐 쥐과 🇰🇷
한반도에 흔한 소형 쥐예요. 억새 등의 풀밭에서, 지면 위로 70~150cm 높이인 줄기 사이에 잎으로 된 구형 둥지를 지어요.
- 4.8~8cm, (꼬리 길이)3.9~7.2cm
- 4~11g
- 한국, 일본, 유라시아 대륙
- 초원, 농경지
- 씨앗, 열매, 뿌리, 이끼

◀멧밭쥐의 둥지.

생쥐 쥐과 🇰🇷
농촌 창고 등에서 자주 보이는 쥐예요.
- 7~10.3cm, (꼬리 길이)6.7~10.4cm
- 12~39g
- 한국, 일본, 전 세계 대륙(남극 제외)
- 인가, 농경지, 삼림
- 곤충, 씨앗

시궁쥐 쥐과 🇰🇷
커다란 쥐로, 대도시에도 살고 있어요.
- 16~29cm, (꼬리 길이)12.2~25cm
- 195~540g
- 한국, 일본, 전 세계 대륙(남극 제외)
- 인가나 그 주변
- 열매, 씨앗, 새, 도마뱀, 사람이 남긴 음식

애기붉은쥐 쥐과
숲에 서식하는 쥐예요. 나무 타기가 특기예요.
- 6.5~10cm, (꼬리 길이)7~11cm
- 10~20g
- 일본
- 삼림, 농경지
- 씨앗, 열매, 곤충

설치목(쥐 무리)

사향쥐 비단털쥐과
물가에 서식하는 쥐예요. 일본의 경우 외래종으로 정착해 있어요. 25.6~29.9cm, (꼬리 길이) 20~25.4cm 700~1,800g 북아메리카
늪, 연못, 강 수초, 물고기, 갑각류

모래쥐 쥐과
사막에 집단으로 서식하는 쥐예요. 몽골리안저빌이라고도 하며, 반려동물로도 길러요.
9.7~13.2cm, (꼬리 길이) 8.5~10.6cm
52~60g 러시아, 몽골, 중국
사막, 초원 씨앗, 풀, 열매

유럽햄스터 비단털쥐과
야생 햄스터로, 급격하게 개체 수가 줄어 멸종이 우려되고 있어요. 유럽비단털쥐라고도 해요.
16.5~32cm, (꼬리 길이) 2.7~6.8cm 146~860g
유럽~중국 북서부
초원, 관목림
뿌리, 씨앗, 잎, 곤충

로보로브스키햄스터 비단털쥐과
반려동물로도 길러지고 있는 작은 햄스터예요.
7.7~7.9cm, (꼬리 길이) 0.9~1.1cm 19~20g
러시아, 카자흐스탄, 몽골, 중국 사막 씨앗, 곤충

Q 세계에서 가장 작은 쥐는 무엇인가요?

A 아프리카에 서식하는 아프리카피그미쥐로 알려져 있어요. 탄생 직후의 몸길이가 1.5cm에 불과하다고 해요.

아프리카피그미쥐 쥐과
둥지 구멍의 출입구에 작은 돌을 두고, 차가워진 작은 돌에 맺히는 물방울을 마시는 습성이 있어요.
4~7.2cm, (꼬리 길이) 2.7~5.7cm 3~12g
사하라 사막 이남 아프리카
삼림, 사바나
곤충, 씨앗, 잎

몸길이 몸무게 분포 서식 환경 주된 먹이 한국에 서식하는 동물 한국에 서식하는 외래종 멸종위기종

더 알고 싶어! 멸종한 브램블케이모자이크꼬리쥐

오스트레일리아 북부의 작은 산호초 섬에 서식하는 고유종 쥐였지만, 2009년에 마지막으로 목격된 후 모습이 보이지 않아 2015년에 멸종이 확정됐어요. 지구 온난화의 영향에 의해 해수면이 상승하고, 서식지인 섬이 침수된 것이 멸종 원인으로 여겨져요.

서부두더지쥐 장님쥐과
지하에 판 구멍에서 생활해 눈이 퇴화했어요. 두더지와는 달리 앞발이 아닌 긴 앞니로 구멍을 파요. 📏 19~31.5cm ⚖ 120~818g
🌍 우크라이나 동부, 러시아 남서부 🌿 초원 🍴 뿌리, 구근, 잎, 꽃, 줄기

브램블케이모자이크꼬리쥐 쥐과
야행성으로 여겨졌으나, 자세한 생태는 알려지지 않은 채 멸종되었어요.
📏 14.8~16.5cm, (꼬리 길이)14.5~18.5cm
⚖ 78~164g 🌍 오스트레일리아(브램블 케이)
🌿 초원 🍴 풀, 바다거북의 알

대나무쥐 장님쥐과
주로 대나무 뿌리나 죽순을 먹는 쥐예요.
📏 21.6~45cm, (꼬리 길이)5~9.6cm
⚖ 1,900g 🌍 중국, 베트남, 미얀마
🌿 대나무숲 🍴 뿌리, 새싹

노르웨이레밍 비단털쥐과
툰드라의 습한 환경을 선호해요. 레밍이라고만 부르기도 해요. 📏 11.2~15cm, (꼬리 길이) 1~1.8cm ⚖ 40~130g 🌍 유럽 북부 (스칸디나비아반도~백해 연안)
🌿 툰드라, 초원 🍴 이끼, 잎, 나무껍질, 열매

붉숲쥐 쥐과
매우 활동적이며 나무 타기, 점프, 수영이 특기예요.
📏 8~11cm, (꼬리 길이)7~11.5cm ⚖ 14~30g
🌍 유럽~러시아 남서부, 북아프리카 🌿 삼림
🍴 씨앗, 열매, 곤충

색인

호랑이의 예
```
       ┌─── 학명
Panthera tigris
  │        │
 속명      종소명
```

시베리아호랑이의 예
```
       ┌─── 학명
Panthera tigris altaica
  │        │       │
 속명     종소명   아종소명
```

가

가지뿔영양 ···················· 122, 131
Antilocapra americana

가지뿔영양 무리 ························ 131

갈기늑대 ································· 87
Chrysocyon brachyurus

갈기세발가락나무늘보 ················ 47
Bradypus torquatus

갈라고 무리 ···························· 169

갈색목세발가락나무늘보 ······ 46, 47
Bradypus variegatus

갈색양털원숭이 ······················· 180
Lagothrix lagotricha

갈색여우원숭이 ······················· 171
Eulemur fulvus

갈색큰갈라고 ·························· 169
Otolemur crassicaudatus

갈색하이에나 ···························· 83
Hyaena brunnea

개 무리 ······························ 84–93

개미핥기 무리 ······················ 44, 45

갠지스강돌고래 ······················· 156
Platanista gangetica

갯첨서 ····································· 52
Neomys fodiens

거미원숭이 무리 ················ 180, 181

검은꼬리프레리도그 ················ 205
Cynomys ludovicianus

검은담비 ································ 103
Martes zibellina

검은등자칼 ······························· 86
Canis mesomelas

검은머리우아카리 ···················· 175
Cacajao melanocephalus

검은머리카푸친 ················ 167, 178
Sapajus apella

검은발살쾡이 ···························· 77
Felis nigripes

검은발족제비 ·························· 102
Mustela nigripes

검은손거미원숭이 ············ 167, 180
Ateles geoffroyi

검은손긴팔원숭이 ···················· 191
Hylobates agilis

검은수염사키원숭이 ················ 175
Chiropotes satanas

검은술마모셋 ·························· 176
Callithrix geoffroyi

검은아구티 ····························· 212
Dasyprocta fuliginosa

검은여우원숭이 ······················· 171
Eulemur macaco

검은영양 ································ 141
Hippotragus niger

검은줄무늬카푸친 ···················· 178
Sapajus libidinosus

검은집박쥐 ······························· 62
Hypsugo alaschanicus

검은짖는원숭이 ······················· 181
Alouatta caraya

검은코뿔소 ······················ 114, 120
Diceros bicornis

검은표범 ································· 70

검정짧은꼬리원숭이 ················ 185
Macaca nigra

게라마사슴(꽃사슴의 아종) ······· 135
Cervus nippon keramae

게잡이바다표범 ················ 111, 154
Lobodon carcinophaga

게잡이여우 ······························· 87
Cerdocyon thous

게잡이원숭이 ·························· 185
Macaca fascicularis

겔라다개코원숭이 ············ 167, 186
Theropithecus gelada

겜스복 ··································· 141
Oryx gazella

겨울잠쥐 ································ 209
Glirulus japonicus

경우제목 ·························· 122–163

고기잡이살쾡이 ························ 74
Prionailurus viverrinus

고라니 ··································· 134
Hydropotes inermis

고래류 ···························· 123, 152–163

고리무늬물범 ···················· 18, 108
Pusa hispida

고산마멋 ·························· 8, 204
Marmota marmota

고슴도치 무리 ······················ 54, 55

고양이 무리 ························ 66–79

고양이고래 ····························· 157
Peponocephala electra

고원우는토끼 ·························· 203
Ochotona curzoniae

곡비원류 ························· 166, 167

골든 리트리버 ··························· 92

곰 무리 ································ 94–99

곰쥐 ······································ 219
Rattus rattus

과나코 ··································· 124
Lama guanicoe

관머리모나원숭이 ···················· 182
Cercopithecus pogonias

관여우원숭이 ·························· 171
Eulemur coronatus

관치목 ····································· 41

광비원류 ········· 166, 167, 176, 178, 179, 180

굔디원숭이 ····························· 176
Callimico goeldii

구름무늬표범 ···························· 70
Neofelis nebulosa

군디 ······································ 214
Ctenodactylus gundi

굴토끼 ··························· 200, 201
Oryctolagus cuniculus

굿펠로우나무타기캥거루 ············ 25
Dendrolagus goodfellowi

귀신고래 ································ 163
Eschrichtius robustus

규슈사슴(꽃사슴의 아종) ·········· 135
Cervus nippon nippon

그랜트가젤 ····························· 143
Nanger granti

그랜트얼룩말(사바나얼룩말의 아종) ··· 115
Equus quagga boehmi

그랜트황금두더지 ················ 22, 43
Eremitalpa granti

그레비얼룩말 ·························· 116
Equus grevyi

그리슨 ··································· 103
Galictis vittata

그리즐리→회색곰 ······················ 95

그물무늬기린(기린의 아종) ······· 129
Giraffa camelopardalis reticulata

금강산관코박쥐 ························ 62
Murina hilgendorfi

금빛원숭이 ····················· 167, 187
Rhinopithecus roxellana

금빛허리코끼리땃쥐 ·················· 43
Rhynchocyon chrysopygus

기니피그 ································ 212

기린 ···························· 11, 128–130
Giraffa camelopardalis

이 도감에 등장하는 동물명이나 키워드를 가나다순으로 정리했습니다. 동물명 아래에 있는 알파벳은 라틴어 등으로 붙여진 세계 공통의 이름으로, 학명이라고 합니다. 학명은 '속명'+'종소명'으로 이루어집니다. 아종은 이 뒤에 '아종소명'이 이어집니다. '속명'이 같은 것은 아주 가까운 친척이라는 의미입니다.

기린 무리 ················· 128–131

기린영양 ························· 143
Litocranius walleri

기제목 ····················· 114–121

긴귀고슴도치 ····················· 55
Hemiechinus auritus

긴귀날쥐 ····················· 17, 215
Euchoreutes naso

긴꼬리수달 ··················· 13, 104
Lontra longicaudis

긴꼬리왈라비 ······················ 25
Notamacropus parryi

긴꼬리원숭이 무리 ········ 182–187

긴꼬리윗수염박쥐 ················· 63
Myotis longicaudatus

긴꼬리천산갑 ······················ 64
Phataginus tetradactyla

긴꼬리친칠라 ···················· 211
Chinchilla lanigera

긴날개박쥐 ······················· 63
Miniopterus fuliginosus

긴발톱첨서 ······················· 53
Sorex unguiculatus

긴부리돌고래 ···················· 154
Stenella longirostris

긴부리참돌고래 ·················· 157
Delphinus capensis

긴코쥐캥거루 ····················· 24
Potorous tridactylus

긴털족제비 ······················ 102
Mustela putorius

긴팔원숭이 무리 ······ 167, 190, 191

긴혀꽃꿀박쥐 ····················· 61
Macroglossus minimus

꼬마돌고래 ·················· 13, 156
Sotalia fluviatilis

꼬마주머니쥐 ····················· 29
Burramys parvus

꽃사슴 ·························· 135
Cervus nippon

꿀주머니쥐 ······················· 29
Tarsipes rostratus

나

나무늘보 무리 ················ 46, 47

나무두더지목 ···················· 164

나무타기천산갑 ··················· 64
Phataginus tricuspis

나사뿔영양 ······················ 141
Addax nasomaculatus

낙타 무리 ······················· 124

난쟁이몽구스 ····················· 81
Helogale parvula

날다람쥐 ························ 208
Petaurista leucogenys

날쌘왈라비 ······················· 24
Notamacropus agilis

날원숭이목 ······················ 165

날쥐 ···························· 215
Pedetes capensis

남방코끼리물범 ·················· 110
Mirounga leonina

남방큰돌고래 ···················· 157
Tursiops aduncus

남방털코웜뱃 ····················· 27
Lasiorhinus latifrons

남방푸두 ························ 134
Pudu puda

남부나무타기너구리 ················ 40
Dendrohyrax arboreus

남부돼지꼬리마카크 ··············· 185
Macaca nemestrina

남부두발가락나무늘보 ········· 12, 46
Choloepus didactylus

남부주머니두더지 ············· 22, 30
Notoryctes typhlops

남부하늘다람쥐 ·············· 22, 208
Glaucomys volans

남아메리카물개 ·················· 113
Arctocephalus australis

남아메리카바다사자 ····· 10, 113, 154
Otaria byronia

남아메리카코아티 ················ 101
Nasua nasua

남아프리카기린(기린의 아종) ····· 129
Giraffa camelopardalis giraffa

낫돌고래 ··················· 158, 159
Lagenorhynchus obliquidens

너구리 ····················· 89, 107
Nyctereutes procyonoides

네발가락고슴도치 ················· 55
Atelerix albiventris

노란발바위왈라비 ················· 25
Petrogale xanthopus

노란뺨긴팔원숭이 ················ 191
Nomascus gabriellae

노랑개코원숭이 ·················· 186
Papio cynocephalus

노랑몽구스 ······················· 81
Cynictis penicillata

노랑반점바위너구리 ················ 40
Heterohyrax brucei

노르웨이 숲고양이 ················ 79

노르웨이레밍 ···················· 221
Lemmus lemmus

누 ··························· 8, 14, 142
Connochaetes taurinus

누비아기린(기린의 아종) ········· 129
Giraffa camelopardalis camelopardalis

눈덧신토끼 ······················ 202
Lepus americanus

눈토끼 ·························· 202
Lepus timidus

눈표범 ······················· 16, 71
Panthera uncia

뉴질랜드바다사자 ················ 113
Phocarctos hookeri

뉴트리아 ························ 213
Myocastor coypu

느림보곰 ························· 98
Melursus ursinus

늑대 ······················ 66, 84, 85
Canis lupus

늘보원숭이 ······················ 168
Nycticebus coucang

늪토끼 ·························· 201
Sylvilagus aquaticus

니알라 ·························· 140
Nyala angasii

닐가이영양 ······················ 140
Boselaphus tragocamelus

다

다람쥐 ·························· 206
Tamias sibiricus

다람쥐 무리 ················ 204–209

다이아나원숭이 ·················· 183
Cercopithecus diana

다이토과일박쥐
(류큐날여우박쥐의 아종) ····· 60, 62
Pteropus dasymallus daitoensis

닥스훈트 ························· 92

단공목 ······················ 20, 21

단봉낙타 ························ 124
Camelus dromedarius

대나무쥐 · · · · · 221
Rhizomys sinensis

대륙밭쥐 · · · · · 218
Craseomys rufocanus

대머리우아카리 · · · · · 175
Cacajao calvus

대왕고래 · · · · · 152, 161, 163
Balaenoptera musculus

대왕판다 · · · · · 99
Ailuropoda melanoleuca

더비경비늘꼬리청서 · · · · · 215
Anomalurus derbianus

덤불개 · · · · · 87
Speothos venaticus

데구 · · · · · 211
Octodon degus

데스마레후티아 · · · · · 212
Capromys piloides

도산코→홋카이도 와종 · · · · · 118

도쿄땃쥐(꼬마뒤쥐의 아종) · · · · · 52, 53
Sorex minutissimus hawkeri

돌산양 · · · · · 145
Ovis dalli

동부고릴라 · · · · · 166, 196, 197
Gorilla beringei

동부긴코가시두더지 · · · · · 21
Zaglossus bartoni

동부양털여우원숭이 · · · · · 172
Avahi laniger

동부얼룩스컹크 · · · · · 104
Spilogale putorius

동부작은대나무여우원숭이 · · · · · 171
Hapalemur griseus

동부저지대고릴라(동부고릴라의 아종) · · · · · 197
Gorilla beringei graueri

동부주머니고양이 · · · · · 30
Dasyurus viverrinus

동부콜로부스 · · · · · 187
Colobus guereza

동부피그미주머니쥐 · · · · · 29
Cercartetus nanus

동부회색청서 · · · · · 207
Sciurus carolinensis

돼지의 품종(가축) · · · · · 148

두건물범 · · · · · 109
Cystophora cristata

두더지 무리 · · · · · 50, 51

두크마른원숭이 · · · · · 187
Pygathrix nemaeus

둥근귀코끼리 · · · · · 36, 198
Loxodonta cyclotis

듀공 · · · · · 38, 39
Dugong dugon

드러밍 · · · · · 197

드릴개코원숭이 · · · · · 186
Mandrillus leucophaeus

들고양이고래 · · · · · 157
Feresa attenuata

딩고 · · · · · 86
Canis lupus dingo

땃쥐 무리 · · · · · 52, 53

땅늑대 · · · · · 15, 83
Proteles cristata

땅돼지 · · · · · 41
Orycteropus afer

라

라마 · · · · · 124
Lama glama

라텔 · · · · · 105
Mellivora capensis

래브라도 리트리버 · · · · · 93

랜드레이스 · · · · · 148

러시안 블루 · · · · · 79

레서스원숭이 · · · · · 185
Macaca mulatta

레서판다 · · · · · 100
Ailurus fulgens

레서판다 무리 · · · · · 100

레오파드바다표범 · · · · · 111
Hydrurga leptonyx

로랜드줄무늬텐렉 · · · · · 42
Hemicentetes semispinosus

로리스 무리 · · · · · 168

로보로브스키햄스터 · · · · · 220
Phodopus roborovskii

로에스트원숭이 · · · · · 167, 182
Allochrocebus lhoesti

롱 헤어드 미니어처 닥스훈트 · · · · · 92

룸홀츠나무타기캥거루 · · · · · 25
Dendrolagus lumholtzi

류큐관코박쥐 · · · · · 62
Murina ryukyuana

류큐긴꼬리자이언트쥐 · · · · · 218
Diplothrix legata

류큐날여우박쥐 · · · · · 60
Pteropus dasymallus

리카온→아프리카들개 · · · · · 88, 89

마

마게사슴(꽃사슴의 아종) · · · · · 135
Cervus nippon mageshimae

마게이 · · · · · 78
Leopardus wiedii

마눌들고양이 · · · · · 77
Otocolobus manul

마다가스카르고슴도치붙이 · · · · · 42
Tenrec ecaudatus

마라 · · · · · 212
Dolichotis patagonum

마모셋원숭이 무리 · · · · · 176, 177

마블살쾡이 · · · · · 77
Pardofelis marmorata

마사이 · · · · · 15

마사이기린(기린의 아종) · · · · · 14, 129
Giraffa camelopardalis tippelskirchi

마운틴고릴라(동부고릴라의 아종) · · · · · 196, 197, 199
Gorilla beringei beringei

마운틴얼룩말 · · · · · 116
Equus zebra

마자마사슴 · · · · · 12, 134
Mazama americana

마젤란투코투코 · · · · · 214
Ctenomys magellanicus

마코르염소 · · · · · 147
Capra falconeri

말 무리 · · · · · 114–118

말레이맥 · · · · · 119
Tapirus indicus

말레이천산갑 · · · · · 65
Manis javanica

말레이호저 · · · · · 210
Hystrix brachyura

말승냥이→늑대 · · · · · 84, 85

말의 품종 · · · · · 118

말코손바닥사슴 · · · · · 9, 132, 133
Alces alces

말티즈 · · · · · 92

망토개코원숭이 · · · · · 186
Papio hamadryas

망토짖는원숭이 · · · · · 181
Alouatta palliata

맥 무리 · · · · · 119

맨드릴개코원숭이 · · · · · 186, 188
Mandrillus sphinx

머리코돌고래 · · · · · 158
Cephalorhynchus commersonii

먼치킨 · · · · · 79

메가테리움 · · · · · 45

메리노 · · · · · 149

메이산 · · · · · 148

메인쿤 · · · · · 79

멕시코늑대(늑대의 아종) · · · · · 85
Canis lupus baileyi

멕시코토끼 · · · · · · · · · · · · · · · · · 201
Romerolagus diazi

멧돼지 · · · · · · · · · · · · · · · · · · 106, 125
Sus scrofa

멧돼지 무리 · · · · · · · · · · · · · · · 125, 126

멧박쥐 · 62
Nyctalus aviator

멧밭쥐 · 219
Micromys minutus

모래고양이 · 77
Felis margarita

모래쥐 · 220
Meriones unguiculatus

목도리티티 · · · · · · · · · · · · · · · · · · · 175
Callicebus torquatus

목도리페커리 · · · · · · · · · · · · · · · · · 126
Pecari tajacu

몽골 유목민 · · · · · · · · · · · · · · · · · · · 17

몽골늑대(늑대의 아종) · · · · · · · · 16, 85
Canis lupus chanco

몽구스 무리 · · · · · · · · · · · · · · · · · 80, 81

몽크사키원숭이 · · · · · · · · · · · · · · · 175
Pithecia monachus

무리 사냥 · 68

물범(바다표범) 무리 · · · · · · · · 108–111

물사슴→삼바 · · · · · · · · · · · · · · · · · 135

물아기사슴 · · · · · · · · · · · · · · · · · · · 127
Hyemoschus aquaticus

물영양 · 141
Kobus ellipsiprymnus

물주머니쥐 · 31
Chironectes minimus

미국너구리 · · · · · · · · · · · · · · · · 66, 101
Procyon lotor

미국너구리 무리 · · · · · · · · · · · · · · · 101

미국흑곰 · 98
Ursus americanus

미니어처 슈나우저 · · · · · · · · · · · · · · 93

미사키 · 118

미어캣 · 80, 81
Suricata suricatta

미주라두더지 · · · · · · · · · · · · · · · · · · 51
Oreoscaptor mizura

밍크고래 · 163
Balaenoptera acutorostrata

바

바다사자 무리 · · · · · · · · · · 109, 112, 113

바다소목 · · · · · · · · · · · · · · · · · · 38, 39

바다코끼리 · · · · · · · · · · 18, 109, 112, 113
Odobenus rosmarus

바다코끼리 무리 · · · · · · · · · · · · · · · 112

바리쿤뛰는쥐 · · · · · · · · · · · · · · 17, 215
Orientallactaga balikunica

바바리마카크 · · · · · · · · · · · · · · · · · 184
Macaca sylvanus

바바리양 · 144
Ammotragus lervia

바위너구리목 · · · · · · · · · · · · · · · · · · 40

바위타기영양 · · · · · · · · · · · · · · · · · 143
Oreotragus oreotragus

바이칼물범 · · · · · · · · · · · · · · · · · · · 109
Pusa sibirica

박쥐목 · 56–63

반디쿠트목 · 30

반지꼬리주머니쥐 · · · · · · · · · · · · · · · 28
Pseudocheirus peregrinus

반추 · 122

반텡 · 138
Bos javanicus

반향정위 · · · · · · 56, 57, 61, 152, 156, 159

버니즈 마운틴 도그 · · · · · · · · · · · · · · 92

버블넷 피딩 · · · · · · · · · · · · · · · · · · 160

버빗원숭이 · · · · · · · · · · · · · · · · 14, 183
Chlorocebus pygerythrus

버지니아주머니쥐 · · · · · · · · · · · · · · · 31
Didelphis virginiana

벌거숭이뻐드렁니쥐 · · · · · · · · · · · · 211
Heterocephalus glaber

범고래 · · · · · · · · · · · · · · · · 18, 154, 155
Orcinus orca

베네수엘라붉은짖는원숭이 · · · · · · · 181
Alouatta seniculus

베록스시파카 · · · · · · · · · · · · · · · · · 173
Propithecus verreauxi

베르그만의 법칙 · · · · · · · · · · 73, 91, 135

베르트부인쥐여우원숭이 · · · · · · · · · 172
Microcebus berthae

베어드맥 · 119
Tapirus bairdii

벨루가→흰고래 · · · · · · · · · · · · · · · 155

벵갈 · 79

별코두더지 · 51
Condylura cristata

보넷긴팔원숭이 · · · · · · · · · · · · 167, 191
Hylobates pileatus

보노보 · 195
Pan paniscus

보더 콜리 · 93

보르네오늘보로리스 · · · · · · · · · · · · 168
Nycticebus borneanus

보르네오오랑우탄 · · · · · · 166, 167, 192, 193
Pongo pygmaeus

보리고래 · 162
Balaenoptera borealis

봉고 · 141
Tragelaphus eurycerus

부시피그 · · · · · · · · · · · · · · · · · 122, 125
Potamochoerus larvatus

북극고래 · · · · · · · · · · · · · · · 18, 19, 163
Balaena mysticetus

북극곰 · · · · · · · · · · · · · · 11, 18, 96, 150
Ursus maritimus

북극늑대(늑대의 아종) · · · · · · · · 19, 85
Canis lupus arctos

북극땅다람쥐 · · · · · · · · · · · · · · 204, 205
Spermophilus parryii

북극여우 · · · · · · · · · · · · · · · · 7, 19, 91
Vulpes lagopus

북극토끼 · · · · · · · · · · · · · · · · · 19, 202
Lepus arcticus

북방긴수염고래 · · · · · · · · · · · · 123, 162
Eubalaena japonica

북방물개 · · · · · · · · · · · · · · · · · 112, 113
Callorhinus ursinus

북방여우(붉은여우의 아종) · · · · · · · 90
Vulpes vulpes schrencki

북방족제비 · · · · · · · · · · · · · · · · 66, 102
Mustela erminea

북방코끼리물범 · · · · · · · · · · · · · · · 110
Mirounga angustirostris

북부나무두더지 · · · · · · · · · · · · · · · 164
Tupaia belangeri

북부양털거미원숭이 · · · · · · · · · · · · 180
Brachyteles hypoxanthus

북부작은개미핥기 · · · · · · · · · · · 22, 45
Tamandua mexicana

북부짧은꼬리땃쥐 · · · · · · · · · · · · · · · 53
Blarina brevicauda

북부평원회색랑구르 · · · · · · · · · · · · 187
Semnopithecus entellus

북부흰코뿔소(흰코뿔소의 아종) · · · · · 120, 121
Ceratotherium simum cottoni

북술라웨시바비루사 · · · · · · · · · · · · 126
Babyrousa celebensis

북숲쥐 · 221
Apodemus sylvaticus

북아메리카수달 · · · · · · · · · · · · · · · 104
Lontra canadensis

북아프리카코끼리땃쥐 · · · · · · · · · · · 43
Petrosaltator rozeti

불곰 · · · · · · · · · · · · · · · · · 6, 66, 94, 95
Ursus arctos

붉은꼬리원숭이 · · · · · · · · · · · · · · · 182
Cercopithecus ascanius

붉은물소(아프리카들소의 아종) · · · · 139
Syncerus caffer nanus

붉은박쥐 · 62
Myotis rufoniger

붉은사슴 · 133
Cervus elaphus

붉은손타마린 · 177
Saguinus midas

붉은스라소니 · 76
Lynx rufus

붉은여우 · 17, 25, 90, 107
Vulpes vulpes

붉은왈라루 · 24
Osphranter antilopinus

붉은점살쾡이 · 74
Prionailurus rubiginosus

붉은캥거루 · 6, 8, 24
Osphranter rufus

붉은코끼리땃쥐 · 43
Elephantulus rufescens

붉은홀쭉이로리스 · 168
Loris tardigradus

붓꼬리나무두더지 · 164
Ptilocercus lowii

브라이드고래 · 163
Balaenoptera edeni

브라자원숭이 · 182
Cercopithecus neglectus

브라질맥 · 13, 114, 119
Tapirus terrestris

브라질세띠아르마딜로 · 49
Tolypeutes tricinctus

브라질솜꼬리토끼 · 201
Sylvilagus brasiliensis

브라질자유꼬리박쥐 · 59
Tadarida brasiliensis

브라질호저 · 210
Coendou prehensilis

브래키에이션 · 167, 190

브램블케이모자이크꼬리쥐 · · · · · · · · · · · · · · · · · 221
Melomys rubicola

브리칭 · 160

비글 · 92

비단마모셋 · 176
Callithrix jacchus

비숑 프리제 · 93

비스카차 · 211
Lagostomus maximus

비쿠냐 · 122, 124
Vicugna vicugna

빈투롱 · 82
Arctictis binturong

빌비 · 30
Macrotis lagotis

사

사라왁돌고래 · 158
Lagenodelphis hosei

사람 무리 · 192–199

사막 · 16, 17

사막캥거루쥐 · 215

사바나 · 14, 15

사바나얼룩말 · · · · · · · · · · · · · · · · 8, 14, 114, 115, 116
Equus quagga

사바나천산갑 · 65
Smutsia temminckii

사불상 · 135
Elaphurus davidianus

사슴 무리 · 132–135

사슴영양 · 143
Alcelaphus buselaphus

사올라 · 140
Pseudoryx nghetinhensis

사이가산양 · 143
Saiga tatarica

사자 · · · · · · · · · · · · · 6, 7, 9, 15, 66–68, 130, 139
Panthera leo

사자꼬리마카크 · 185
Macaca silenus

사키원숭이 무리 · 175

사향고양이 등의 무리 · 82

사향노루 · 127
Moschus moschiferus

사향노루 무리 · 127

사향소 · 19, 147
Ovibos moschatus

사향쥐 · 220
Ondatra zibethicus

산달 · 103, 106
Martes melampus

산미치광이 무리 · 210–214

산비버 · 209
Aplodontia rufa

산사향노루 · 127
Moschus chrysogaster

산솜꼬리토끼 · 201
Sylvilagus nuttallii

산악맥 · 119
Tapirus pinchaque

산지기니피그 · 212
Cavia tschudii

산지나무두더지 · 164
Tupaia montana

산지땃쥐텐렉 · 42
Microgale monticola

삵 · 74
Prionailurus bengalensis

삼림겨울잠쥐 · 209
Graphiurus murinus

삼바 · 135
Rusa unicolor

생쥐 · 219
Mus musculus

서러브레드 · 118

서벌 · 78
Leptailurus serval

서부고릴라 · · · · · · · · · · · · · · · · · · 167, 197, 198, 199
Gorilla gorilla

서부나무타기너구리 · 40
Dendrohyrax dorsalis

서부두더지쥐 · 221
Spalax microphthalmus

서부로랜드고릴라
(서부고릴라의 아종) · · · · · · · · · · · 197, 198, 199
Gorilla gorilla gorilla

서부흰눈썹긴팔원숭이 · · · · · · · · · · · · · · · · · · · 191
Hoolock hoolock

서유럽고슴도치 · 54
Erinaceus europaeus

서인도제도매너티 · 38, 39
Trichechus manatus

서포크 · 149

설치목 · 204–221

세네갈갈라고 · 167, 169
Galago senegalensis

세줄무늬올빼미원숭이 · · · · · · · · · · · · · · · · · · · 179
Aotus trivirgatus

셀레베스들소 · 138
Bubalus depressicornis

소 무리 · 136–149

소의 품종(가축) · 148

소형 박쥐 · 56–59

솔레노돈 무리 · 54

솜털머리타마린 · 177
Saguinus oedipus

쇠갈라고 · 169
Galagoides demidovii

쇠돌고래 · 123, 158
Phocoena phocoena

쇠향고래 · 153
Kogia sima

수렴 진화 · 22, 42

수마트라산양 · 146
Capricornis sumatraensis

수마트라오랑우탄 · 193
Pongo abelii

수마트라줄무늬토끼 · 200
Nesolagus netscheri

수마트라코끼리(아시아코끼리의 아종) · · · · · 37
Elephas maximus sumatranus

수마트라코뿔소 · 121
Dicerorhinus sumatrensis

수마트라호랑이(호랑이의 아종) · · · · · · · · · · · 73
Panthera tigris sumatrae

수염고래 무리 · · · · · · · · · · · · · · · · · 123, 152, 160–163

순다날원숭이 · 165
Galeopterus Thomas

순록 · 19, 122, 134
Rangifer tarandus
스라소니 · 17, 76
Lynx lynx
스미스밭쥐 · 218
Craseomys smithii
스컹크 무리 · 104
스코티시 폴드 · 79
스텔러바다소 · 39
스파이홉 · 161
스페인스라소니 · 76
Lynx pardinus
스프링복 · 142
Antidorcas marsupialis
스픽스올빼미원숭이 · · · · · · · · · · · · · · · · · 12, 179
Aotus vociferans
스핑크스 · 79
승냥이 · 89
Cuon alpinus
시궁쥐 · 219
Rattus norvegicus
시그니처 휘슬 · 159
시바견 · 92
시바염소 · 149
시베리아아이벡스 · · · · · · · · · · · · · · · · · · · 17, 145
Capra sibirica
시베리아호랑이(호랑이의 아종) · · · · · · · · · · · · 73
Panthera tigris altaica
시추 · 92
식육목 · · · · · · · · · · · · · · · · · · · 66–105, 108–113
실버백 · 197, 199
쌍봉낙타 · 16, 124
Camelus bactrianus
쓰시마사슴(꽃사슴의 아종) · · · · · · · · · · · · · · 135
Cervus nippon pulchellus
쓰시마삵(삵의 아종) · 75
Prionailurus bengalensis euptilurus

아

아기사슴 · 122, 134
Muntiacus reevesi
아라비아늑대(늑대의 아종) · · · · · · · · · · · · · · · 85
Canis lupus arabs
아랍 · 118
아르갈리양 · 16, 145
Ovis ammon

아마미검은멧토끼 · · · · · · · · · · · · · · · · · · 81, 201
Pentalagus furnessi
아마존강돌고래 · · · · · · · · · · · · 13, 123, 156, 157
Inia geoffrensis
아마존매너티 · 13, 39
Trichechus inunguis
아메리카들소 · · · · · · · · · · · · · · · · · 122, 136, 137
Bos bison
아메리카밍크 · 103
Neovison vison
아메리카붉은다람쥐 · · · · · · · · · · · · · · · · · · · 207
Tamiasciurus hudsonicus
아메리카비버 · 216, 217
Castor canadensis
아메리카오소리 · 105
Taxidea taxus
아메리카우는토끼 · 203
Ochotona princeps
아메리칸 쇼트헤어 · 79
아무르고슴도치 · 55
Erinaceus amurensis
아시아당나귀 · 17, 117
Equus hemionus
아시아물소 · 138
Bubalus arnee
아시아코끼리 · · · · · · · · · · · · · · · · · · 33, 36, 37
Elephas maximus
아시아황금고양이 · 76
Catopuma temminckii
아시아흑곰 · 97, 107
Ursus thibetanus
아이아이원숭이 · 173
Daubentonia madagascariensis
아이티솔레노돈 · 54
Solenodon paradoxus
아키타견 · 93
아프리카들개 · · · · · · · · · · · · · · · · · · · 10, 88, 89
Lycaon pictus
아프리카들고양이(유럽살쾡이의 아종) · · · · · · 79
Felis silvestris lybica
아프리카들소 · · · · · · · · · · · · · · · · · · · 10, 68, 139
Syncerus caffer
아프리카땃쥐목 · 42
아프리카매너티 · 39
Trichechus senegalensis
아프리카야생당나귀 · · · · · · · · · · · · · · · · · · · 117
Equus asinus
아프리카코끼리 · · · · 10, 15, 32, 33, 34, 35, 36
Loxodonta africana
아프리카피그미쥐 · 220
Mus minutoides
아프리카황금늑대 · 86
Canis lupaster
아홉띠아르마딜로 · · · · · · · · · · · · · · · · · · · 12, 49
Dasypus novemcinctus
안경곰 · 98
Tremarctos ornatus
안경원숭이 · 166, 167

안경원숭이 무리 · 174
안주애기박쥐 · 63
Vespertilio sinensis
알래스카불곰(불곰의 아종) · · · · · · · · · · · · · · · 95
Ursus arctos middendorffi
알렌원숭이 · 183
Allenopithecus nigroviridis
알렌의 법칙 · 91
알파인아이벡스 · 144
Capra ibex
알파카 · 124
Vicugna pacos
알프스산양 · 144
Rupicapra rupicapra
앙고라염소 · 149
애기개미핥기 · 45
Cyclopes didactylus
애기붉은쥐 · 219
Apodemus argenteus
애기아르마딜로 · 48
Chlamyphorus truncatus
애기웜뱃 · 22, 27
Vombatus ursinus
애버트청서 · 207
Sciurus aberti
액시스사슴 · 135
Axis axis
야생 복귀 · 117, 135, 137
야에야마과일박쥐
(류큐날여우박쥐의 아종) · · · · · · · · · · · · · 60
Pteropus dasymallus yayeyamae
야쿠사슴(꽃사슴의 아종) · · · · · · · · · · · · · · · · 135
Cervus nippon yakushimae
야크 · 138
Bos mutus
양의 품종(가축) · 149
양쯔강돌고래 · 156
Lipotes vexillifer
얼룩말 · 115, 116
얼룩쿠스쿠스 · 28
Spilocuscus maculatus
에라부과일박쥐
(류큐날여우박쥐의 아종) · · · · · · · · · · 60, 62
Pteropus dasymallus dasymallus
에조검은담비(검은담비의 아종) · · · · · · · · · · 103
Martes zibellina brachyura
에조눈토끼(눈토끼의 아종) · · · · · · · · · · · · · · 202
Lepus timidus ainu
에조늑대(늑대의 아종) · · · · · · · · · · · · · · · · · · 85
Canis lupus hattai
에조다람쥐(다람쥐의 아종) · · · · · · · · · · · · · · 206
Tamias sibiricus lineatus
에조북방대륙밭쥐(대륙밭쥐의 아종) · · · · · · 218
Craseomys rufocanus bedfordiae
에조불곰(불곰의 아종) · · · · · · · · · · · · · · · · · · 95
Ursus arctos yesoensis

에조사슴(꽃사슴의 아종) · · · · · · · · · · · · · · · · · 135
Cervus nippon yesoensis

에조우는토끼(우는토끼의 아종) · · · · · · · · · 203
Ochotona hyperborea yesoensis

에조청서(청서의 아종) · · · · · · · · · · · · · · · · · · · 206
Sciurus vulgaris orientis

에조하늘다람쥐(하늘다람쥐의 아종) · · · · · 208
Pteromys volans orii

에티오피아늑대 · 86
Canis simensis

엘크→와피티사슴 · 133

여섯띠아르마딜로 · 48
Euphractus sexcinctus

여우원숭이 무리 · · · · · · · · · · · · · · · · · · · 170–173

열대 우림 · 12, 13, 188, 189

열세줄땅다람쥐 · 205
Ictidomys tridecemlineatus

넓은목세발가락나무늘보 · · · · · · · · · · · · · · · · 47
Bradypus tridactylus

염소의 품종(가축) · 149

영장목 · · · · · · · · · · · · · · · · · · · 166–187, 190–199

오가사와라큰박쥐 · 63
Pteropus pselaphon

오렌지색꿀박쥐 · 58
Lonchophylla robusta

오리과일박쥐(류큐날여우박쥐의 아종) · · · · · 60
Pteropus dasymallus inopinatus

오리너구리 · 20, 21
Ornithorhynchus anatinus

오실롯 · 78
Leopardus pardalis

오카피 · 122, 131
Okapia johnstoni

오키나와가시쥐 · 218
Tokudaia muenninki

온두라스흰박쥐 · 58
Ectophylla alba

올리브개코원숭이 · · · · · · · · · · · · · · · · · · · 14, 186
Papio anubis

올빼미원숭이 무리 · 179

와피티사슴 · 133
Cervus canadensis

왈라루 · 24
Osphranter robustus

왈라비아 · 24
Wallabia bicolor

왕관시파카 · 173
Propithecus diadema

왕아르마딜로 · 12, 48
Priodontes maximus

왕캥거루 · 23
Macropus giganteus

요나구니 · 118

요크셔 · 148

요크셔 테리어 · 93

우는토끼 · 203
Ochotona hyperborea

우는토끼 무리 · 203

우드척 · 204
Marmota monax

우제류 · · · · · · · · · · · · · · · · · 122, 123, 124–151, 152

울버린 · 19, 103
Gulo gulo

웨들바다표범 · 111
Leptonychotes weddellii

웰시 코기 펨브로크 · 93

유대류 · 22

유대하늘다람쥐 · 22, 29
Petaurus breviceps

유라시아불곰(불곰의 아종) · · · · · · · · · · · · · · 95
Ursus arctos arctos

유럽겨울잠쥐 · 209
Muscardinus avellanarius

유럽노루 · 135
Capreolus capreolus

유럽두더지 · 51
Talpa europaea

유럽들소 · 137
Bison bonasus

유럽땅다람쥐 · 205
Spermophilus citellus

유럽불곰→유라시아불곰 · · · · · · · · · · · · · · · · 95

유럽비버 · 216, 217
Castor fiber

유럽살쾡이 · 74, 79
Felis silvestris

유럽제넷고양이 · 82
Genetta genetta

유럽햄스터 · 220
Cricetus cricetus

유령안경원숭이 · 174
Tarsius tarsier

유린목 · 64, 65

유모목 · 44–47

유인원 · · · · · · · · · · · · · · · · · · · 166, 167, 190, 192

은색랑구르 · 187
Trachypithecus cristatus

은색마모셋 · 167, 176
Mico argentatus

은행이빨부리고래 · · · · · · · · · · · · · · · · · · 123, 153
Mesoplodon ginkgodens

이그저틱 쇼트헤어 · 79

이누이트 · 19

이라와디돌고래 · 157
Orcaella brevirostris

이리오모테살쾡이(삵의 아종) · · · · · · · · · 75, 79
Prionailurus bengalensis iriomotensis

이빨고래 무리 · · · · · · · · · · 7, 123, 152, 153–159

이색땃쥐 · 53
Crocidura leucodon

이집트과일박쥐 · 61
Rousettus aegyptiacus

이탈리아늑대(늑대의 아종) · · · · · · · · · · · · · · 85
Canis lupus italicus

인도들소 · 138
Bos gaurus

인도사자(사자의 아종) · · · · · · · · · · · · · · · · · · 66
Panthera leo persica

인도얼룩무늬아기사슴 · · · · · · · · · · · · · · · · · · 127
Moschiola indica

인도코끼리→아시아코끼리 · · · · · · · · · · · · · · 37
Elephas maximus indicus

인도코뿔소 · 121
Rhinoceros unicornis

인도큰다람쥐 · 207
Ratufa indica

인도호랑이(호랑이의 아종) · · · · · · · · · · · · · · 73
Panthera tigris tigris

인드리원숭이 · 167, 172
Indri indri

인디아영양 · 142
Antilope cervicapra

일각돌고래 · 19, 155
Monodon monoceros

일런드영양 · 140
Taurotragus oryx

일본 마을 근처 · 106, 107

일본갯첨서 · 52
Chimarrogale platycephalus

일본긴귀박쥐 · 63
Plecotus sacrimontis

일본늑대(늑대의 아종) · · · · · · · · · · · · · · · · · · 85
Canis lupus hodophilax

일본뒤쥐 · 51
Urotrichus talpoides

일본멧토끼 · 202
Lepus brachyurus

일본바바스텔박쥐 · 63
Barbastella pacifica

일본밭쥐 · 218
Alexandromys montebelli

일본산양 · 146
Capricornis crispus

일본수달 · 10
Lutra nippon

일본에 서식하는 박쥐 무리 · · · · · · · · · · · 62, 63

일본여우(붉은여우의 아종) · · · · · · · · · · · · · · 90
Vulpes vulpes japonica

일본오소리 · 105, 106
Meles anakuma

일본원숭이 · 106, 167, 184
Macaca fuscata

일본족제비 · 102, 106
Mustela itatsi

일본청서 · 106, 206
Sciurus lis

일본하늘다람쥐 · 208
Pteromys momonga

임팔라 · 14, 142
Aepyceros melampus

자

자넨종 · 149

자바늘보로리스 · · · · · · · · · · · · · · · · · · · 167, 168
Nycticebus javanicus

자바애기사슴 · 122, 127
Tragulus javanicus

자바코뿔소 · 121
Rhinoceros sondaicus

자이언트수달 · 104
Pteronura brasiliensis

자이언트숲멧돼지 · 126
Hylochoerus meinertzhageni

작은갈색박쥐 · 56
Myotis lucifugus

작은개미핥기 · 12, 45
Tamandua tetradactyla

작은개얼굴과일박쥐 · 61
Cynopterus brachyotis

작은그레이트잎코박쥐 · 62
Hipposideros turpis

작은발톱수달 · 104
Aonyx cinereus

작은사슴 무리 · 127

작은이집트뛰는쥐 · 215
Jaculus jaculus

작은인도몽구스 · 81
Herpestes auropunctatus

작은일본관박쥐 · · · · · · · · · · · · · · · · · · 56, 57, 63
Rhinolophus cornutus

작은일본두더지 · 51
Mogera imaizumii

잔점박이물범 · 108, 109
Phoca vitulina

잔지바르붉은콜로부스 · · · · · · · · · · · · · · · · · · · 187
Piliocolobus kirkii

장비목 · 32–37

재규어 · 12, 71
Panthera onca

재규어런디 · 78
Herpailurus yagouaroundi

잭 러셀 테리어 · 92

저먼 셰퍼드 · 93

저지 · 148

저지대파카 · 12, 213
Cuniculus paca

점박이물범 · 66, 108
Phoca largha

점박이하이에나 · 66, 83
Crocuta crocuta

정글살쾡이 · 77
Felis chaus

정령곰 · 98

정원겨울잠쥐 · 209
Eliomys quercinus

제주땃쥐 · 52
Crocidura dsinezumi

조릴라 · 103
Ictonyx striatus

조이터가젤 · 17, 143
Gazella subgutturosa

족제비 무리 · 102–105

주머니개미핥기 · 22, 30
Myrmecobius fasciatus

주머니고양이목 · 30

주머니긴팔원숭이 · 191
Symphalangus syndactylus

주머니날다람쥐 · 28
Petauroides volans

주머니두더지목 · 30

주머니여우 · 28, 29
Trichosurus vulpecula

주머니쥐목 · 31

줄무늬돌고래 · 152, 158
Stenella coeruleoalba

줄무늬몽구스 · 15, 66, 81
Mungos mungo

줄무늬스컹크 · 104
Mephitis mephitis

줄무늬주머니쥐 · 29
Dactylopsila trivirgata

줄무늬하이에나 · 83
Hyaena hyaena

쥐 무리 · 215–221

지중해몽크물범 · 111
Monachus monachus

직비원류 · · · · · · · · · · · · · · · · · · · 166, 167, 174, 176

진무맹장목 · 50–55

짐누라고슴도치 · 55
Echinosorex gymnura

집개 · 92–93

집고양이 · 79

집땃쥐 · 53
Suncus murinus

집박쥐 · 62, 63, 107
Pipistrellus abramus

집토끼 · 200

짧은꼬리마카크 · 184
Macaca arctoides

짧은코가시두더지 · 21
Tachyglossus aculeatus

차

참고래 · 6, 162
Balaenoptera physalus

참돌고래 · 154
Delphinus delphis

채프먼얼룩말(사바나얼룩말의 아종) · · · · · · 115
Equus quagga chapmani

천막박쥐 · 59
Uroderma bilobatum

청서 · 206
Sciurus vulgaris

치와와 · 92

치타 · 14, 69, 71
Acinonyx jubatus

침팬지 · · · · · · · · · · · · · · · · 7, 11, 166, 167, 194, 195
Pan troglodytes

카

카라칼 · 14, 78
Caracal caracal

카발리에 킹 찰스 스패니얼 · · · · · · · · · · · · · · · · 93

카푸친원숭이 무리 · · · · · · · · · · · · · · · · · · 178, 179

카피바라 · 13, 150, 214
Hydrochoerus hydrochaeris

칼라맹거베이 · 185
Cercocebus torquatus

캐나다산미치광이 · 210
Erethizon dorsatum

캐시미어염소 · 149

캘리포니아강치 · 113
Zalophus californianus

캘리포니아멧토끼 · 202
Lepus californicus

캥거루 무리 · 23–25

캥거루목 · 23–29

컁당나귀 · 117
Equus kiang

커먼다람쥐원숭이 · 179
Saimiri sciureus

케윌영양 · 140
Tragelaphus scriptus

케이프바위너구리 · 40
Procavia capensis

케이프호저 · 7, 15, 210
Hystrix africaeaustralis

케이프황금두더지 · 43
Chrysochloris asiatica

코끼리땃쥐목 · 43

코디액곰→알래스카불곰 · · · · · · · · · · · · · · 95

코리데일종 · 149

코뿔소 무리 · 120, 121

코알라 · 26, 27
Phascolarctos cinereus

코알라 등의 무리 · · · · · · · · · · · · · · · · · · 26–29

코요테 · 86, 87
Canis latrans

코주부원숭이 · 187
Nasalis larvatus

코쿠렐시파카 · 173
Propithecus coquereli

콧수염타마린 · 177
Saguinus mystax

콰가얼룩말(사바나얼룩말의 아종) · · · · · · · · 115
Equus quagga quagga

쿠바꽃박쥐 · 59
Phyllonycteris poeyi

쿠바솔레노돈 · 54
Atopogale cubana

쿼카 · 25
Setonix brachyurus

크로스강고릴라 · · · · · · · · · · · · · · · · · 197, 198
Gorilla gorilla diehli

큰개미핥기 · 11, 44
Myrmecophaga tridactyla

큰고슴도치텐렉 · 42
Setifer setosus

큰귀박쥐 · 63
Tadarida insignis

큰귀여우 · 89
Otocyon megalotis

큰귀우는토끼 · 203
Ochotona macrotis

큰나무두더지 · 164
Tupaia tana

큰돌고래 · · · · · · · · · · · · · 7, 123, 152, 155, 159
Tursiops truncatus

큰두더지 · 50
Mogera wogura

큰바다사자 · 66, 112
Eumetopias jubatus

큰박쥐 무리 · 60, 61

큰발윗수염박쥐 · 62
Myotis macrodactylus

큰불독박쥐 · 56
Noctilio leporinus

큰뿔야생양 · 145
Ovis canadensis

큰사탕수수쥐 · · · · · · · · · · · · · · · · · · · 14, 211
Thryonomys swinderianus

큰아기사슴 · 127
Tragulus napu

큰위흡혈박쥐 · 57
Lyroderma lyra

큰이빨부리고래 · 153
Mesoplodon stejnegeri

큰천산갑 · 64
Smutsia gigantea

큰쿠두 · 140
Strepsiceros strepsiceros

키소 · 118

키트여우 · 91
Vulpes macrotis

킨카주너구리 · · · · · · · · · · · · · · · · · 9, 12, 101
Potos flavus

타

타르바간마멋 · 205
Marmota sibirica

타이완다람쥐(팔라스다람쥐의 아종) · · · · · 206
Callosciurus erythraeus thaiwanensis

타이완원숭이 · 184
Macaca cyclopis

타킨 · 147
Budorcas taxicolor

타파눌리오랑우탄 · · · · · · · · · · · · · · · · · · · 193
Pongo tapanuliensis

태양곰 · 98
Helarctos malayanus

태즈메이니아데빌 · · · · · · · · · · · · · · 22, 30, 31
Sarcophilus harrisii

턱수염바다물범 · · · · · · · · · · · · · · · · · 96, 108
Erignathus barbatus

토끼 무리 · 200–202

토끼목 · 200–203

토이 푸들 · 92

톰슨가젤 · 14, 83, 142
Eudorcas thomsonii

툰드라 · 18, 19

티베트푸른양 · 145
Pseudois nayaur

티쿠나 · 13

파

파라케라테리움 · 114

파란다이커 · 143
Philantomba monticola

파카라나 · 213
Dinomys branickii

파키세투스 · 123

파타스원숭이 · 183
Erythrocebus patas

판다 · 99

팔라스다람쥐 · 206
Callosciurus erythraeus

팜시벳 · 82
Paradoxurus hermaphroditus

팜파스사슴 · 134
Ozotoceros bezoarticus

퍼그 · 93

페넥여우 · 91
Vulpes zerda

페럿 · 102

페루거미원숭이 · 180
Ateles chamek

페루비스카차 · 211
Lagidium peruanum

페르슈롱 · 118

페커리 무리 · 126

포메라니안 · 93

포사 · 82
Cryptoprocta ferox

포토원숭이 · 168
Perodicticus potto

표범 · 70, 71
Panthera pardus

푸들 · 92

푸른원숭이 · 182
Cercopithecus mitis

퓨마 · 13, 78
Puma concolor

프레보스트다람쥐 · · · · · · · · · · · · · · · · · · 207
Callosciurus prevostii

프렌치 불도그 · 92

프셰발스키말 · 117
Equus przewalskii

피갑목 · 48, 49

피그미나무두더지 · · · · · · · · · · · · · · · · · · 164
Tupaia minor

피그미마모셋 · · · · · · · · · · · · · · · · · · 166, 176
Cebuella pygmaea

피그미세발가락나무늘보 · · · · · · · · · · · · · · 47
Bradypus pygmaeus

피그미침팬지→보노보 · · · · · · · · · · · · · · · 195

피그미하마 · 122, 151
Choeropsis liberiensis

피그미호그 · 125
Porcula salvania

피레네데스만 · 51
Galemys pyrenaicus

피셔 · 103
Martes pennanti

필리핀날원숭이 ·········· 165
Cynocephalus volans
필리핀안경원숭이 ·········· 174
Carlito syrichta
필리핀워티피그 ·········· 125
Sus philippensis

하

하늘다람쥐 ·········· 208
Pteromys volans
하마 ·········· 8, 14, 34, 150, 151
Hippopotamus amphibius
하마 무리 ·········· 150, 151
하얀 반점 무늬 ·········· 73, 79
하이에나 무리 ·········· 83
하프물범 ·········· 109
Pagophilus groenlandicus
해달 ·········· 9, 105
Enhydra lutris
햄린원숭이 ·········· 183
Cercopithecus hamlyni
햄스터 ·········· 220
향유고래 ·········· 6, 123, 152, 153
Physeter macrocephalus
헤리퍼드 ·········· 148
협비원류 ·········· 166, 167, 182
호랑꼬리여우원숭이 ·········· 167, 170
Lemur catta
호랑이 ·········· 66, 72, 73
Panthera tigris
호랑이꼬리고양이 ·········· 101
Bassariscus astutus
호리여우 ·········· 87
Lycalopex vetulus
호스필드안경원숭이 ·········· 167, 174
Cephalopachus bancanus
호프만두발가락나무늘보 ·········· 46
Choloepus hoffmanni
혹등고래 ·········· 9, 123, 152, 160, 161
Megaptera novaeangliae
혹멧돼지 ·········· 88, 125
Phacochoerus africanus
혼슈사슴(꽃사슴의 아종) ·········· 135
Cervus nippon centralis
홀스타인 ·········· 148
홋카이도 와종 ·········· 118
황금사자타마린 ·········· 177
Leontopithecus rosalia
황제타마린 ·········· 177
Saguinus imperator

회색곰(불곰의 아종) ·········· 95
Ursus arctos horribilis
회색네눈주머니쥐 ·········· 31
Philander opossum
회색늑대→늑대 ·········· 84, 85
회색머리날여우박쥐 ·········· 60
Pteropus poliocephalus
회색배올빼미원숭이 ·········· 179
Aotus lemurinus
회색여우 ·········· 91
Urocyon cinereoargenteus
회색쥐여우원숭이 ·········· 172
Microcebus murinus
휘판 ·········· 172, 174, 179
흑모화우 ·········· 148
흑백목도리여우원숭이 ·········· 171
Varecia variegata
흡혈박쥐 ·········· 57
Desmodus rotundus
흰고래 ·········· 18, 19, 123, 155
Delphinapterus leucas
흰귀주머니쥐 ·········· 31
Didelphis albiventris
흰꼬리사슴 ·········· 132, 133
Odocoileus virginianus
흰띠박이바다표범 ·········· 108
Histriophoca fasciata
흰머리카푸친 ·········· 178
Cebus capucinus
흰바위산양 ·········· 144
Oreamnos americanus
흰배숲쥐 ·········· 107, 218
Apodemus speciosus
흰세점박이박쥐 ·········· 58
Euderma maculatum
흰손긴팔원숭이 ·········· 190
Hylobates lar
흰얼굴사키원숭이 ·········· 175
Pithecia pithecia
흰이마카푸친 ·········· 179
Cebus albifrons
흰입페커리 ·········· 126
Tayassu pecari
흰족제비 ·········· 102
Mustela nivalis
흰코뿔소 ·········· 14, 120
Ceratotherium simum
흰코사향고양이 ·········· 66, 82
Paguma larvata
히메히미즈 ·········· 51
Dymecodon pilirostris

[감수]
혼고 슌(교토대학 하쿠비 센터/아시아·아프리카 지역연구 연구과 특별 교사)
야마기와 주이치(종합 지구환경학 연구소 소장)

[집필]
시바타 요시히데

[감수 협력]
오하시 마리코(교토대학/일본 학술진흥회 특별연구원) : 12-13
이케야 가즈노부(국립민족학박물관 명예교수) : 14-15
시마무라 잇페이(국립민족학박물관 교수) : 16-17
기시가미 노부히로(국립민족학박물관 명예교수) : 18-19
오사와 케이코·오사와 유시 : 56-63
재팬캣클럽 : 79
일반사단법인 재팬켄넬클럽(일본애견협회) : 92, 93
츠지 야마토(이시노마키 센슈대학 준교수) : 165

[일러스트·도판]
하시즈메 요시히로 : 커버, *12-19, 45*
오카타 타다아키 : *85*
카미조노 코스케 : *12, 14, 16, 18*
카미무라 카즈키 : *76, 104, 159, 210*
가와사키 사토루 : *114, 143*
가와바타 슈지 : *21, 22, 205*
코보리 후미히코 : *123, 153, 163*
타마키 사토시 : *56, 62, 63, 109, 122, 133*
니시무라 모모 : *27, 36, 50, 164, 217*
마카베 아키오 : *68*
야나기사와 히데노리 : *39, 106, 107, 114, 123*
Magic Group : *104, 123, 162, 163, 200*

[편집 협력]
사사지마 유스케 : *12-19*
사이토 히데미 : *79, 92, 93*
시바타 스미레
마쓰모토 준코

[장정]
기도코로 준+세키구치 신페이(JUN KIDOKORO DESIGN)

[본문 디자인]
아마노 히로카즈, 야마우치 나오, 도이 쇼시(주식회사 DAI-ART PLANNING)

[사진·화상]
특별 협력
아프로 : 1-3, 6-11, 13, 17, 19-49, 51, 53-61, 64-67, 69-78, 80-91, 94-105, 108-158, 160, 161, 164, 166-187, 190-221, 후면지
아마나 이메지스 : 20-22, 24, 29-31, 36, 42, 48-60, 62-65, 68, 73, 74, 77, 81, 83, 86, 87, 89, 95, 97-99, 101-103, 108, 109, 113, 114, 116, 117, 119, 120, 122, 125, 127, 129, 131, 142, 143, 146, 149, 151, 152, 155, 164-166, 168, 171, 174-179, 182, 184, 185, 187, 190-193, 195, 198, 200, 202, 203, 205-212, 215, 216, 218-221 후면지
Getty Images : 15, 29
Cynet Photo : 58, 59, 116, 165

아프로 : 커버, *34* / 아사오 쇼고(아프로): *10, 46, 73, 75, 95, 103* / 아사히 신문사(Cynet Photo): *116* / 아비코 요시히로(아프로): *206* / 이와사와 카츠마사(아프로): *118* / 우에무라 타카유키(아프로): *206* / 주식회사 Gakken(아프로): *118, 148, 149* / 가와구치 노부오(아프로): *118* / 가와무라 요시사키(아프로): *97* / 기시가미 노부히로 : *19* / 국립과학박물관 : *41, 99, 123* / 삿포로시 마루야마 동물원: *96* / 지도화상 : *25* / 시바타 요시히데: *89, 97, 102, 114* / 다케바야시 오사무(아프로): *90* / 다나카 코죠: *118, 208* / 나카지마 야스키(아프로): *90, 218* / 히가시촌립 산과 물의 생활 박물관: *38* / 히가시다 유지(아프로): *148* / 히로시마시 아사 동물공원: *40* / 홋카이도대학 식물원·박물관: *85* / 혼고 슌: *188, 189* / 마이니치 신문사 : *75* / 마에카와 다카유키(아프로): *125* / 미나쿠치 히로야(아프로): *33, 156, 160, 206* / 모로즈미 도시카즈(아프로): *89* / 야부치 류타: *201* / 야베 시로(아프로): *218* / 야마가타 고(아프로): *35* / 야마구치 요시모리(아프로): *81, 97, 108, 201, 218* / 야마모토 쓰네오(아프로): *146* / 요코츠카 마코토: *75, 79, 165, 204* / Adobe Stock: *22, 66, 71, 79, 92, 93, 114, 116, 122, 123, 129, 131, 167*, 후면지 / AfriPics(아프로): *11, 41* / AGEFOTOSTOCK(아프로): *110, 112, 113, 124* / Alamy(아프로): *10, 13, 19, 22, 24, 25, 27, 29, 30, 39, 41, 44, 45, 74, 78, 82, 83, 89, 98, 100, 102, 111, 115, 118, 131, 134-137, 148, 149, 155, 181, 183, 184, 198, 201, 215, 217* / All Canada Photos(아프로): *44, 209* / ANP Photo(아프로): *129* / Arco Images(아프로): *31* / Ardea(아프로): *26, 36, 43, 47, 64, 110, 117, 127, 134, 143, 144, 148, 149, 161, 203, 211* / AWL Images(아프로): *10, 35, 40, 81, 126, 135* / Biosphoto(아프로): *17, 35, 37, 43, 44, 53, 57, 70, 78, 82, 85, 88, 89, 91, 108, 109, 113, 120, 121, 125, 127, 134, 141, 144, 152, 155, 157, 168, 172, 191, 209-211* / Blinkwinkel(아프로): *36, 53, 66, 91, 120, 179, 192, 200, 211, 215* / Bluegreen Pictures(아프로): *6-8, 28, 32, 36-39, 44, 47, 51, 57, 59, 72, 77, 78, 81, 82, 85, 100, 102, 103, 105, 109, 117, 123, 124, 126, 127, 129, 131, 135, 138-142, 145-147, 149, 151, 153, 154, 156-158, 164, 168-174, 176-179, 185, 187, 190, 192, 193, 195-199, 201-204, 207, 212, 214, 216, 217, 220, 221,* 후면지 / Blue Planet Archive(아프로): *157* / Danita Delimont(아프로): *111, 131, 145* / Dorling Kindersley(아프로): *33* / FLPA(아프로): *3, 27, 37, 71, 87, 126, 148, 149* / Helmut Heintges: *52* / HEMIS(아프로): *17, 38, 40, 54, 140, 156* / imagebroker(아프로): *7, 11, 24, 39, 67, 74, 77, 81, 82, 94, 96, 103, 109, 119, 120, 128, 129, 133, 190, 198* / iStock: *13, 23, 31, 55, 66, 70, 73, 79, 91, 94, 98, 101, 112, 167, 217* / Juergen & Christine Sohns(아프로): *23* / Juniors Bildarchiv(아프로): *8, 21, 36, 38, 66, 78, 102, 118, 119, 140* / Martin Harvey(아프로): *32, 35* / Minden Pictures: *150, 165, 221* / Minden Pictures(아프로): *1, 6-9, 11, 20, 21, 23-32, 35, 40, 42, 43, 45-48, 51, 54-58, 60, 61, 64, 65, 67, 69, 71, 73, 74, 76, 78, 80, 82-91, 95, 96, 98, 99, 101-105, 108, 110-112, 114-117, 119-130, 132-135, 137-145, 147, 150-152, 154-158, 160, 161, 164, 169-187, 190, 191, 193-197, 199, 201-205, 207, 208, 210, 215, 217, 219-221* / Nature Picture Library(아마나 이메지스): *20, 54, 59, 60, 73, 77, 83, 100, 103, 113, 117, 119, 120, 127, 143, 152, 177, 178, 185, 193, 198, 202, 205, 207, 209, 211, 215, 220, 221* / Photoshot(아프로): *20, 37, 53, 91, 143, 167, 168, 175, 211* / picture alliance(아프로): *73* / Picture Press(아프로): *27, 125* / PIXTA: *51, 79, 92, 93, 97, 101, 103, 105, 125, 135, 146, 167, 184, 206, 208, 209, 212, 213, 219* / Projet Coméca: *189* / Rian van Schalkwyk: *34* / Robert Harding(아프로): *10, 134, 158, 187* / Roland Seitre(아프로): *20, 30, 42, 46, 49, 76, 86, 100, 103-105, 109, 115, 125, 141, 144, 145, 168, 200, 204, 212, 214, 215, 219, 220* / Science Photo Library(아프로): *6, 7, 25, 27, 33, 38, 41, 128, 140, 152, 200* / Science Source: *58, 59* / Science Source(아프로): *43, 49, 54, 132* / Super Stock(아프로): *118* / Tierfo-toagentur(아프로): *55* / VWPics(아프로): *82*

[참고 문헌·사이트]
『Handbook of the Mammals of the World - Volumes 1~9』
2009~2019(Lynx Edicions)

『The Encyclopedia of Mammals』 2009 3rd edition(Oxford University Press)
『식별 도감 일본의 박쥐』 2023(분이치종합출판)
『일본 동물 대백과 포유류 1·2』 1996(헤이본샤)
『계통수를 거슬러 올라 보이는 진화의 역사』 2014(베렛출판)
『포유류 생물학 1 분류 신장판』 2020(도쿄대학출판회)
『진화생물학자, 친숙한 생물의 기원을 찾다』 2023(베렛출판)
『포유류의 진화』 2002(도쿄대학출판회)

「세계 포유류 표준 일본명 리스트 2021 년도판」(일본 포유류학회) : https://www.mammalogy.jp/list/index.html

「환경성 적색 목록 2020」 : https://www.env.go.jp/press/files/jp/114457.pdf

UCN 2024.The IUCN Red List of Threatened Species.Version 2023-1. : https://www.iucnredlist.org/

Animal Diversity Web : https://animaldiversity.org/

The Society for Marine Mammalogy : https://marinemammalscience.org/

Development and Maintenance of Studbooks for Selected Endangered Species in Indian Zoos : https://cza.nic.in/uploads/documents/publications/english/Final%20Studbook.pdf

New England Primate Conservancy : https://neprimateconservancy.org/

「Rodent systematics in an age of discovery: recent advances and prospects」 *Journal of Mammalogy, Volume 100, Issue 3, 23 May 2019, Pages 852–871* : https://doi.org/10.1093/jmammal/gyy179

「수수께끼의 희소 동물『쿠바솔레노돈』의 연구 최전선 : 종래의 설을 뒤집다 !」 *academist Journal* : http://hdl.handle.net/2115/64497

<KODANSHA no Ugoku Zukan MOVE DOBUTSU>
© KODANSHA 2024
All rights reserved.
Original Japanese edition published by KODANSHA LTD.
Korean translation rights arranged with KODANSHA LTD.
through Shinwon Agency Co.

이 책의 한국어판 저작권은 ㈜신원에이전시를 통해 저작권자와 독점 계약한 루덴스미디어㈜에 있습니다.
저작권법에 의하여 한국 내에서 보호를 받는 저작물이므로 무단 전재 및 복제를 금합니다.

[역자] 나정환
고려대학교 생명과학과를 졸업하고 서울대학교에서 뇌과학을 연구하고 있다. 일본 문화에 흥미를 느껴 자연스럽게
일본어를 공부하게 되었고, 우연한 기회를 통해 번역 일을 시작하게 되었다. 번역한 책으로는 『난 억울해요!』,
『난 진짜예요!』, 『깜짝 놀랄 심해 생물 백과』, 『깜짝 놀랄 독 생물 백과』, 『생물의 엄청난 집 도감』, 『깜짝 놀랄 별미 생물 백과』(코믹컴),
『움직이는 도감 MOVE 식물, 위험생물, 인체, 생물의 불가사의, 새』(루덴스미디어) 등이 있다.

루덴스미디어

움직이는 도감
MOVE 동물 [포유류]

편저 고단샤
감수 혼고 슌, 야마기와 주이치
역자 나정환
찍은날 2025년 7월 7일 초판 1쇄
펴낸날 2025년 7월 15일 초판 1쇄
펴낸이 홍재철
편집 이호경
이커머스 홍주호
디자인 장지윤
마케팅 황기철·안소영
펴낸곳 루덴스미디어(주)
주소 경기도 고양시 일산동구 무궁화로 43-55, 604호(성우사카르타워)
홈페이지 http://www.ludensmedia.co.kr
전화 031)912-4292 | **팩스** 031)912-4294
등록 번호 제 396-3210000251002008000001호
등록 일자 2008년 1월 2일

ISBN 979-11-93026-80-9 74400
ISBN 979-11-88406-60-9(세트)

결함이 있는 책은 구입하신 곳에서 바꾸어 드립니다.
값은 뒤표지에 있습니다.

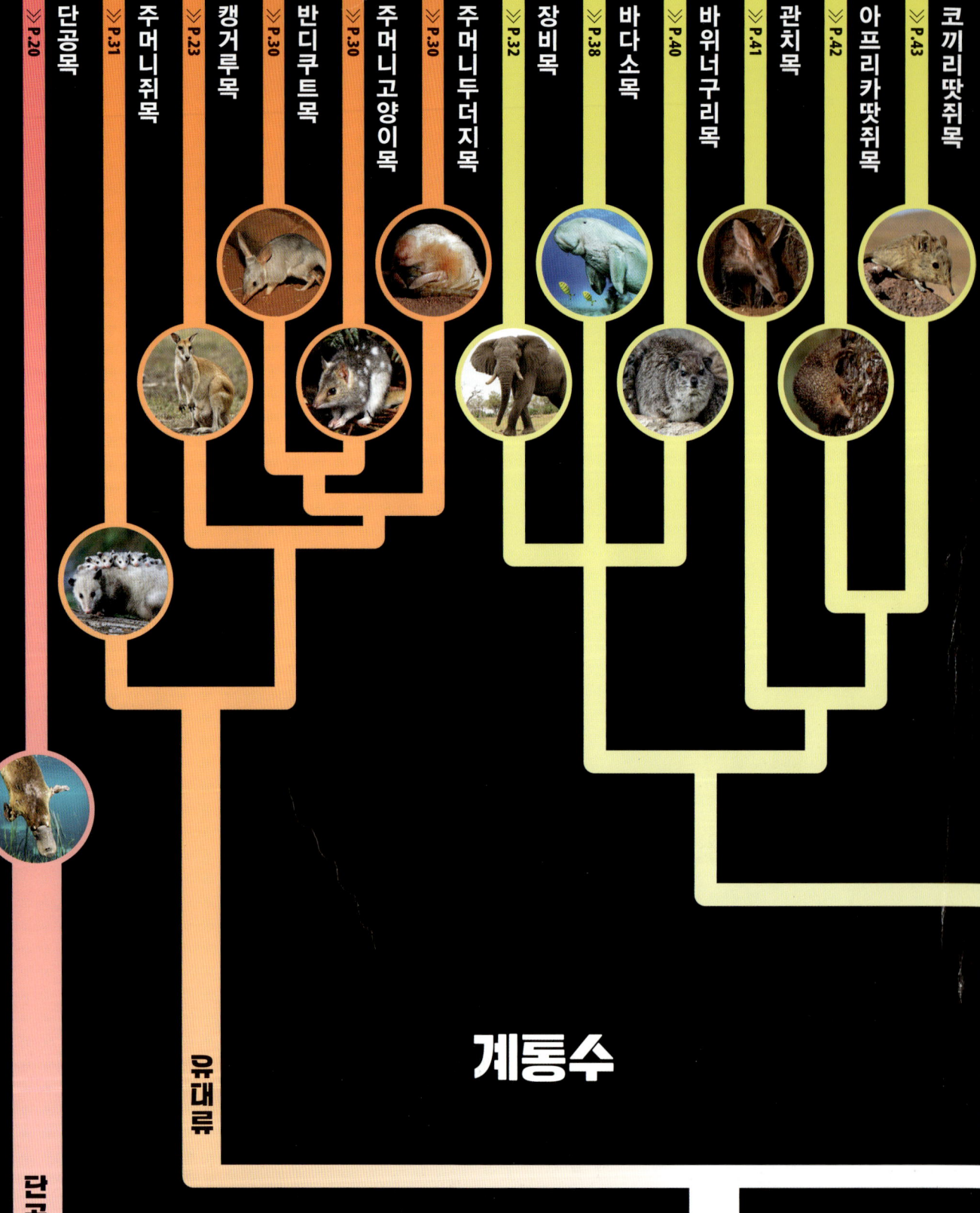